중국은 무엇으로 세계를 움직이는가

中國憑什麼影響世界

作者：高先民, 張凱華 著
copyright ⓒ 2010 by 四川教育出版社
All rights reserved.
Korean Translation Copyright ⓒ 2011 by GLOYEON
Korean edition is published by arrangement with 四川教育出版社
through EntersKorea Co., Ltd, Seoul.

이 책의 한국어판 저작권은 ㈜엔터스코리아를 통한
중국의 四川教育出版社와의 계약으로
㈜하니커뮤니케이션즈 〈글로연〉이 소유합니다.
신 저작권법에 의하여 한국 내에서 보호를 받는 저작물이므로
무단전재와 무단복제를 금합니다.

중국은 무엇으로 세계를 움직이는가

가오셴민·장카이화 지음
오수현 옮김

6가지 키워드로 읽는 차이나 파워
CHINA KEYWORD 6

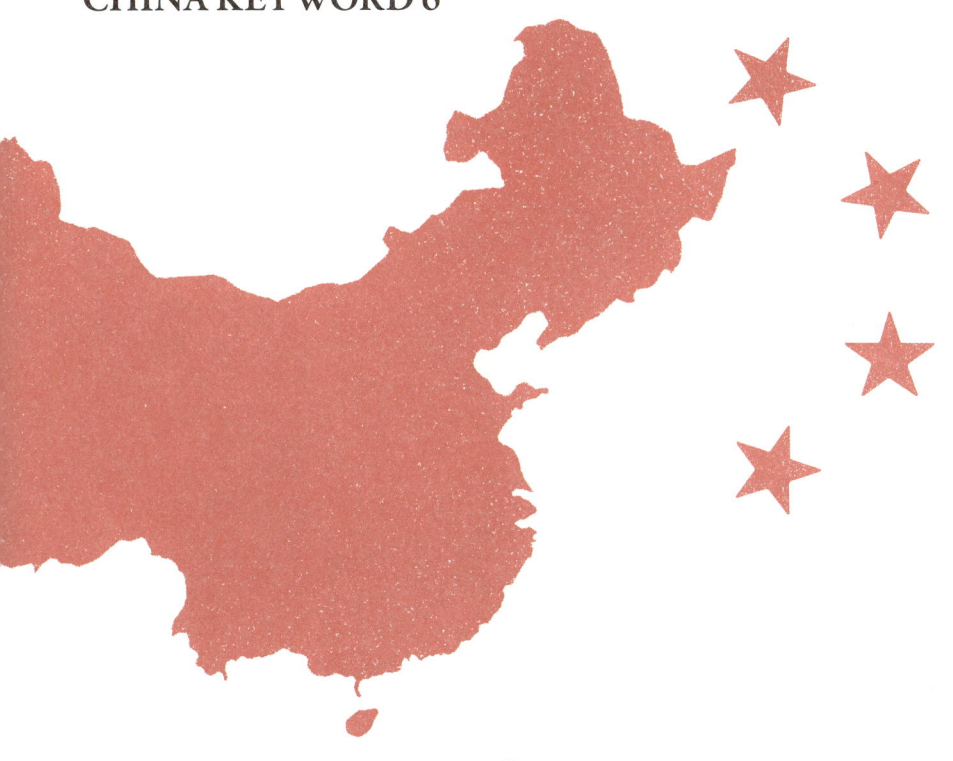

글로연

중국은 무엇으로 세계를 움직이는가

제1판 1쇄 인쇄 2011년 3월 25일
제1판 1쇄 발행 2011년 4월 4일

지은이	가오셴민, 장카이화
옮긴이	오수현
편 집	류방승
마케팅	유나경
디자인	서미선
경영지원	이은영
발행인	이희원
발행처	(주)하니커뮤니케이션즈 〈글로연〉
주 소	서울시 마포구 동교동 203-40 ST빌딩 4층
전 화	(02) 325-9889, 8558
팩 스	(02) 325-8586
이메일	bsryu@gloyeon.com
홈페이지	http://cafe.naver.com/gloyeon

출판등록   2004년 8월 23일
등록번호   제313-2004-196호
ISBN 978-89-92704-30-4 (03320)
값 18,000원

이 책은 저작권법에 따라 보호받는 저작물이므로 무단전재와 무단복제를 금합니다.
잘못 만들어진 책은 구입하신 서점에서 교환해 드립니다.

추천의 글

리양(李揚, 중국 사회과학원 부원장 겸 중국 사회과학원 금융연구소 소장)

중국 CCTV 〈경제 30분〉은 1989년 첫 전파를 탄 후 20여 년을 이어온 장수 프로그램으로 중국 경제의 최전선에서 시청자의 눈과 귀가 되어왔다. 지난 20세기에는 '3.15 소비자의 밤'(매년 3월 15일, 소비자 권리의 날을 맞아 방송하는 특별 프로그램), '중국 품질 향상의 길'(제품, 서비스 등에 관한 우수 품질 사례를 보도하여 중국인의 인식을 높임), '국유기업 개혁, 전국민 토론회' 등의 프로그램을 기획했고, 'CCTV 올해의 경제계 인물' 선정 작업도 순조롭게 마무리했다.

21세기에 들어선 후 중국 안팎의 증시, 부동산, 물가 등과 관련된 주요 이슈를 해부하는 일도 여전히 〈경제 30분〉의 몫이다. 그래서 미국발 금융위기가 터졌을 때는 관련 내용을 발 빠르게 보도했고, 정부의 중대 경제정책이 발표될 때마다 깊이 있는 분석을 내놨다. 그 외에 민생 관련 보도에도 힘써 시청자와 친근한 보도매체가 되기 위해 노력했다. 이 모든 노력과 성과들을 볼 때 〈경제 30분〉이 최고의 경제 보도매체로 불리게 된 것은 참으로 당연하다.

이러한 최고의 경제전문 보도매체 〈경제 30분〉이 최근 새로운 시도를 감행했다. 중국 문화산업의 선봉인 '쓰촨신화문헌(四川新華文獻)'사와 손을 잡고 '중국 경제총서' 시리즈를 출간하기로 한 것이다. 두 회사는 각각 TV와 도서출판에서 얻은 지식과 노하우를 이 시리즈에 담아냈다. 이 책은 기존의 책에서 보지 못한 새로운 경제적 시각을 제시하며 중국 경제 도서계의 새로운 지평을 열 것으로 기대한다.

중국 경제총서의 첫 번째 책, 『화폐전쟁의 진상과 미래(貨幣戰爭:眞相與未來)』는 백 년 만에 한 번 올까 말까 한 세계 금융위기를 배경으로 출간되었다. 금융위기는 세계경제에 막대한 위기를 불러왔지만 과연 회복할 수 있을지 아무도 확신할 수 없다. 이 문제는 시간을 두고 다양한 각도에서 체계적으로 연구되어야 한다. 이런 점에서 경제총서는 현 상황을 꿰뚫는 깊이 있는 시각과 해결 방안에 대한 새로운 접근법을 제시할 것이다.

세계는 지금 최악의 고비를 막 넘겼고 금융위기의 기세도 한풀 꺾인 듯하다. 하지만 위기는 이제 새로운 양상으로 전개되고 있다. 사실 오늘날 세계경제를 바라보는 전문가들의 시각은 엇갈리고 있다. 첫째, 세계경제가 이미 경제 회복기에 접어들어 이제 성장하는 길만 남았다는 주장이다. 둘째, 전 세계가 일단 경제위기를 넘겼다는 의견으로, 이들은 위기가 대체로 한 발 물러섰다고 주장한다. 셋째, 포스트 경제위기라는 관점이다. 아직도 세계경제는 위기를 향해 달려가고 있으며, 지금 우리가 선 곳도 언제든지 위기의 진앙지로 변할 수 있다는 주장이다. 종종 회복의 기미가 보여도 그것은 일시적인 현상에 불과하다고 경고한다.

경제학자들은 대부분 '포스트 경제위기'라는 관점에 동의하는 추세이다. 얼마 전 막을 내린 중국 중앙경제업무회의에서 후진타오(胡錦濤)

주석은 '포스트 경제위기'라는 개념을 들어 현 상황을 지적한 바 있다. 지금이 '포스트 경제위기'라고 하는 이유는 금융위기의 근본적인 원인이 완전히 제거되지 않았고, 위기 당시 각국이 취한 비상 대책이 지금에 와서 부작용을 드러내고 있기 때문이다.

위기의 근본적인 원인을 찾자면 이렇다. 우선 실물경제에서는 글로벌 경제의 불균형 및 글로벌 경제의 연장선에 있는 각국 경제의 불균형을 들 수 있다. 오늘날 이 문제들은 해결되기는커녕 오히려 더 악화되는 추세이다. 금융 분야의 원인을 들자면 비합리적인 국제 화폐시스템, 금융과 실물경제 간의 괴리, 화폐정책 효력의 감소, 금융관리 메커니즘의 왜곡 등이다. 이런 문제들은 우리 삶 깊숙이 뿌리를 내리고 경제를 왜곡시키고 있다.

얼마 전 각국 정부는 위기 탈출을 위한 각종 대책을 내놓았다. 이런 조치들은 경제의 급속한 추락을 막아냈다는 측면에서 공로를 인정받았다. 하지만 경제의 체질을 약화시켜 회복을 더디게 했으며 앞으로 부작용이 점점 부각될 것이라는 우려를 낳았다. 천문학적 규모의 신용대출, 심각한 재정적자, 시장 질서 붕괴로 이어지는 일련의 현상들도 이런 우려를 가시화하고 있다. 이렇게 구태의연한 병폐들이 없어지지 않는다면 위기 극복에 대한 희망은 사라질 것이고, 경제 회복은 기약 없이 연기될 것이다.

이 가운데 우리에게 주어진 과제가 있다. 그것은 바로 경제 전반에 관한 연구 역량을 강화하고 한시라도 빨리 위기에 대한 해결책을 마련하는 일이다. 그러기 위해서는 전문가를 주축으로 한 전 방위적이고도 다각적인 연구가 진행되어야 한다. 이런 측면에서 중국 경제총서의 출간을 환영한다. 경제총서 연구팀이 부족한 나에게 추천의 글을 의뢰한 것도 크나큰 영광이다. 즐거운 마음으로 기꺼이 몇 자 적어 보낸다.

차례

추천의 글　5

KEYWORD 1
메이드 인 차이나
새롭게 부상한 '세계의 공장'

01　'메이드 인 차이나' 없이 살아보기　13
02　황무지에서 일궈낸 기적　17
03　개혁개방, 시간은 우리를 기다려주지 않는다　25
04　'단순 하청'에서 '세계의 공장'으로　31
05　위기의 '메이드 인 차이나', 그리고 돌파구　37
왕샤오야, 상하이 엑스포에서 차이나 키워드를 말하다

KEYWORD 2
13억
상상을 초월하는 거대 시장

01　계획경제 아래 부족했던 나날들　51
02　개혁개방 초기 소비품 시장의 번영　55
03　전 세계를 매료시킨 거대 시장, 차이나　60
04　위기 속 세계경제를 견인하는 중국　65
05　기회와 도전이 병존하다　68
왕샤오야, 상하이 엑스포에서 차이나 키워드를 말하다

KEYWORD 3
위안화
전 세계인이 주목한 차이나 금융 코드

01　환율제도, 무에서 유를 창조하다　76
02　힘 있는 국가가 강력한 화폐를 만든다　82
03　위안화, 세계를 향해 날개를 펴다　87
왕샤오야, 상하이 엑스포에서 차이나 키워드를 말하다

KEYWORD 4
A주
글로벌 자본시장의 기적

01　주식시장을 시험하다　99
02　초기 증시, 굴곡의 역사　105
03　성장통　114
04　울타리를 뽑아 없애다　122
왕샤오야, 상하이 엑스포에서 차이나 키워드를 말하다

KEYWORD 5

닷시엔(.cn)
세계 최고의 중국 인터넷

01 꿈을 좇는 여행　131
02 성충에서 나비로　139
03 '닷시엔(.cn)' 시대　146
왕샤오야, 상하이 엑스포에서 차이나 키워드를 말하다

KEYWORD 6

개혁개방
차이나 파워를 일궈낸 추진 동력

01 격변의 30년　155
02 '위험한' 계약　159
03 혈로를 뚫다　163
04 비(非)공유제의 합법화　168
05 국유기업 구조조정의 머나먼 여정　172
06 중국 경제의 초고속 질주　175
왕샤오야, 상하이 엑스포에서 차이나 키워드를 말하다

부록 :
미처 말 못한
차이나 파워의 원천

01 춘제 : 전 세계인의 페스티벌　180
02 중국 영화 : 전 세계를 향한 중국 문화의 얼굴　203
03 메이란팡 : 다채롭고 경이로운 중국 무대예술의 산증인　227
04 'YAO' : 야오밍이 이끄는 시대　251
05 올림픽, 엑스포 건축물 : 도시 문명과 세계 유산　265

역자 후기　282

KEYWORD
1

메이드 인 차이나

새롭게 부상한 '세계의 공장'

'메이드 인 차이나'에는 쇄신에 대한 혁신 의지와 독자적인 브랜드 역량이 부족하다는 약점이 있다. 따라서 중국 제조업이 해결해야 할 가장 시급한 문제는 바로 '산업의 체질을 개선해서 기술 수준을 높이고 혁신적인 제품을 만들어내는 것'이다.

'메이드 인 차이나'의 성장은 결국 중국의 노력 여하에 달렸다. 현실에 안주한 채 전진하지 않고 머뭇거리는 태도를 버리고 내부 역량을 쌓아 경쟁력을 높여야 할 것이다. 이것만이 '메이드 인 차이나'가 위기에서 벗어나 세계적인 브랜드로 성장할 수 있는 비결이다. 노자는 "남을 이기는 자는 '힘 있는' 사람이고, 자기를 이기는 자는 '강한' 사람이다"라고 했다. '메이드 인 차이나'가 '크리에이티드 인 차이나'로 환골탈태하기 위한 첫 행보는 바로 중국이 자신의 한계를 벗어나 자기 자신을 이기는 일일 것이다.

들어가며

1851년, 영국 런던에서는 엑스포의 전신이라고 할 수 있는 만국박람회가 열렸다. 당시 영국은 이미 산업혁명을 끝내고 세계 최고의 강대국으로 등극한 상태였다. 1851년, 영국의 철강 생산량은 전 세계 생산량의 50%나 됐고 석탄 채굴량은 60%를 넘어섰다. 영국의 산업 라인은 최고의 가동률을 구가하며 '세계 공장'의 역할을 담당했다. 각지에 유통되는 공산품 중 절반이 영국산이었을 정도니 말이다. 반면 지구 반대편 중국은 그 무렵 아편전쟁을 끝내고 굳게 닫았던 문호를 개방했다. 대국의 면모를 상실하게 된 중국은 패권국의 지위를 제국 열강에 내줘야 했다. 그리고 세월이 흘러 다시금 세계무대에 등장한 중국이 백 년의 침묵을 깨고 개혁개방의 여정에 닻을 올렸다. 그 후 30년, 1978년에서 2008년까지 중국 경제는 연평균 9.8%라는 경이로운 속도를 구가하며 성장의 황금기를 누렸다.

 2005년 일본 아이치(愛知) 엑스포 전시장에는 마스코트인 모리조와 키코로가 세계 각지로부터 온 손님을 맞이하고 있었다. 그러나 일본을 대표하는 이들이 중국에서 가공되었다는 사실은 참으로 아이러니하다. 여기에는 물론, 5년 후 엑스포 개최지인 중국을 홍보하려는 의도도 숨어 있다. 하지만 사람들은 이를 통해 새삼 세계 곳곳에서 '메이드 인 차이나'로부터 자유로운 곳은 없다는 사실을 느낀다. 이제 '메이드 인 차이나'는 세계 최고로 부상한 중국 제조업을 상징하는 한편, 중국인들이 가장 자랑스러워하는 문구가 됐다. 어떤 이는 '2010년 상하이 엑스포가 중국 제조업의 위상을 상징하는 행사'라고 분석하기도 한다. 역대 엑스포 개최지였던 런던, 시카고, 오사카가 각각 1851년, 1933년, 1970년에 세계 산업의 메카이자 세계의 공장이었던 점을 감안하면 고개가 절로 끄덕여진다. 그 뒤를 잇는 2010년 상하이 엑스포가 중국으로 옮겨진 '세계의 공장'을 상징한다는 말이다. 과연 이들의 말처럼 중국이 세계 공장의 바통을 이어받은 것일까?

01 '메이드 인 차이나' 없이 살아보기

사라 본지오르니(Sara Bongiorni)는 미국 루이지애나주 배턴루지(Baton Rouge)시의 프리랜서 기자다. 2004년 12월 그녀는 크리스마스를 맞아 수많은 성탄 선물을 받게 되는데, 받은 선물 39개 중에서 무려 25개가 중국산이라는 사실을 우연히 발견했다. 그뿐만이 아니었다. 집 안의 DVD, 신발, 양말, 탁상용 전등, 장난감 등 대부분이 중국산이었다. 본지오르니의 마음속에는 돌연 '미국인들에게 중국산 제품이 없다면 과연 제대로 살 수나 있을까?'라는 의문이 들었다. 그래서 2005년 1월 1일을 기점으로 그녀와 그녀의 가족은 모두 '중국산 없이 1년을 살아보기'라는 모험을 감행했다.

하지만 그녀와 가족은 생각지도 못한 어려움에 부딪히고 말았다. 처음에는 중국산 없이 사는 것이 만만하게 느껴졌지만 막상 그것이 현실이 되니 불편한 것이 한두 가지가 아니었다. 중국산 아닌 제품을 찾는 일이란 거의 불가능했다. 의복에서부터 신발, 장난감에 이르기까지 거의 모든 것이 '메이드 인 차이나'였다. 기존에 산 중국산 물건들을 교체하는 것도

사라 본지오르니는 1년간 '메이드 인 차이나'를 사용하지 않은 경험을 바탕으로 『메이드 인 차이나 없이 살아보기』란 책을 출간했다.

골치 아픈 일이었다. 이러다 가전제품이 고장 나는 날에는 수리할 방법도 없게 생겼다. 부품 대부분이 '메이드 인 차이나'이기 때문이다. 제품을 살 때마다 라벨을 들여다보는 것도 여간 귀찮은 일이 아니었다. 물건 하나만 사려 해도 금세 기진맥진해지자 그녀는 결국 백기를 들었다.

"시중에 미국이나 유럽산이 꽤 있을 거라고 생각하지만 현실은 그렇지 않아요. 중국에서 만든 제품은 이제 없는 곳이 없을 정도로 세계를 가득 메우고 있습니다. 아무리 노력해도 피할 수 없는 현실이 된 거죠. '메이드 인 차이나' 없이 사는 것이란 완전히 불가능합니다."

1년 후 본지오르니의 보이콧은 막을 내렸고, 그녀는 드디어 '메이드 인 차이나' 없는 세상에서 '해방'됐다.

본지오르니는 일 년간의 체험을 통해 미국과 중국, 그리고 세계가 긴밀하게 연결됐음을 실감했다. 이것은 인정하지 않을 수 없는 사실이다. 그녀는 훗날 『메이드 인 차이나 없이 살아보기(A Year Without "Made in China")』라는 책에서 "일 년간의 체험을 통해 얻은 결론은 우리 삶이 이미 중국과 떼려야 뗄 수 없는 관계가 되었다는 사실이다"라고 밝혔다.

그녀의 말대로 지금 우리 삶은 '메이드 인 차이나' 없이 사는 것이 불

미국 뉴욕의 디즈니 스토어, 메이시 백화점 등에는 온통 '메이드 인 차이나' 천지이다.

가능해졌다. 그것은 중국 제조업이 과거 20여 년간 공전의 속도로 성장하며 막대한 생산능력을 창출해낸 덕이다. 그 결과 중국은 지금 200여 개의 제품에서 생산량 1위를 기록하고 있다. 하지만 이 때문에 덕을 보는 것은 비단 중국뿐만이 아니다. 중국에 투자한 다국적기업들도 막대한 이익을 보고 있는데, 이는 중국에서 생산되는 제품의 58%가 외국 기업의 해외 수출용인 것을 보면 알 수 있다. 그 외에도 '메이드 인 차이나'는 전 세계 소비자들이 품질 좋은 제품을 저렴하게 구입할 수 있게 한 주역이다. 미국 매체의 추산에 따르면, 미국 소비자들이 과거 10년간 '메이드 인 차이나'를 통해 절감한 소비액은 자그마치 6,000억 달러에 달한다고 한다.

2009년, 중국은 전 세계 제조업 부가가치의 17%를 창출하면서 16%를 기록한 미국을 넘어섰다. 이로써 미국은 지난 100년간 누려왔던 부동의 1위 자리를 중국에 넘겨줘야 했다. 중국도 감회가 남다르다. 과거 1830년, 제조업 강국으로 이름을 날리던 옛 중국의 영광을 되찾는 순간이었기 때문이다. 이는 미국 역사학자 폴 케네디(Paul M. Kennedy)가 그의 저서 『강대국의 흥망(The Rise and Fall of the Great Powers)』을 통해 "1830년 전 세계 제조업 생산량 중 중국의 비중은 29.8%로, 이는 유럽의 34.2%보다 다소 낮지만 영국(9.5%), 일본(2.8%)을 크게 웃도는 수치다"라고 증명한 사실이다. 이에 대해 중국 국가경제무역위원회의 천칭타이(陳淸泰) 전 부주임은 "중국은 우수한 자원을 이용해 전 세계 제조업의 메카로 성장했습니다. 이제 중국은 '세계의 공장'입니다"라고 말했다.

02 황무지에서 일궈낸 기적

40년 전, 미국의 종군 기자였던 잭 벨든(Jack Belden)은 자신의 저서 『중국이 세계를 뒤흔든다(China Shakes the World)』를 통해 전쟁 후 근대 중국에 나타났던 참상을 묘사했다. 그때 중국은 모든 것이 엉망이었고, 가진 것이라고는 아무것도 없는 황폐한 땅이었다. 간단한 생활용품조차 자체 생산이 안 돼서 수입에 의존해야만 했다. 그래서 중국인들은 성냥을 '양불', 쇠못을 '양못', 세숫대야를 '양대야', 실을 '양사', 자전거를 '양차'라고 불렀다. 중화인민공화국 건국 초기에 마오쩌둥(毛澤東)은 낙후한 중국 산업의 현실을 바라보며 이렇게 말했다.

"지금 중국이 만들 줄 아는 게 뭐가 있습니까? 책걸상, 주전자나 찻잔은 만들 수 있죠. 제분(製粉), 제지(製紙), 농사짓는 것도 할 수는 있습니다. 하지만 자동차나 비행기, 탱크, 트랙터처럼 국가 발전에 필수적인 산업 설비는 전혀 만들지 못하고 있어요."

중국 사회과학원 산업경제연구소의 리핑(李平) 당서기는 당시 상황을 이렇게 회상했다.

신중국 최초로 대형 트럭을 생산해낸 창춘 제일자동차는 '1·5 계획'으로 탄생했다.

"그때 중국의 산업 수준은 선진국에 비해서 100년 정도 낙후했었죠."
이런 상황에서 1953년, 중국은 '제1차 5개년 계획(이하 1·5계획)'[주1]에 착수했다. '1·5계획'의 목표는 산업화의 초기 기반을 구축하는 것이다. '1·5계획' 후 중국의 제조업은 무에서 유를 창조하는 기적을 맛보며 여러 분야에서 최초의 기록을 세웠다. 최초로 대형 공작기계를 만드는 데 성공한 선양(瀋陽) 기계선반, 최초로 진공관을 대량 생산한 베이징 진공관, 최초로 비행기 시험 제작에 성공한 선양 비행기, 최초로 대형 트럭을 생산해낸 창춘(長春) 제일자동차가 그것이다. 더불어 중국 북부에는 안산(鞍山) 철강회사를 주축으로 하는 둥베이(東北) 산업단지가 생기고, 화베이(華北)와 시베이(西北) 지역에도 새로운 공업단지가 들어서게 되었다.
중국의 산업기반이 초기 형태를 갖추게 될 즈음, 마오쩌둥에 의해 '대약진운동'[주2]이 추진되고, 이어서 '문화대혁명'[주3]이 발발했다. 연이은 대참사로 산업 기반은 다시 훼손되고 공업기업의 결산 지표도 바닥으로 추락하고 말았다. 고정자산 실현 총생산액(단위 고정자산으로 실현한 생산액–옮긴이)과 순이익은 각각 12.7%, 37.8%씩 하락했으며, 공업총생산액의 실현이익(단위 공업생산액으로 실현한 이익–옮긴이)은 42.5%나 하락했다. 당시 한 일본 기자는 충칭(重慶) 제철소를 방문 취재한 후 중국 제조업이 너무나도 낙후했다고 느꼈다. 백여 년 전 영국에서 들여온 증기식 압연기가 그때까지 사용되고 있는 것을 본 기자는 자기 눈을 의심하지 않을 수 없었다.

개혁개방 원년인 1978년, 국무원 구무(谷牧) 부총리를 포함한 산업시찰단은 유럽 순방길에 나섰다. 1개월에 걸친 일정 속에서 대표단은 공장과 광산, 항구 등 유럽의 선진 산업시설들을 참관했다. 구무 부총리는 중국의 경제정책을 담당하는 책임자로서, 이미 높은 수준을 일궈낸 서양 제조업의 성과에 탄복하지 않을 수 없었다. 그는 당시를 회상하며 "국제 상황을 둘러보고 나니 그제야 중국의 낙후한 실정이 보이더라고요. 더 이상 지체해서는 안 되겠다는 생각이 들었습니다"라고 말했다.

그러나 그 시기 서양의 선진국들은 성장 최고점을 찍고 돌아섰던 터라 산업 구조조정, 저성장, 고실업, 통화팽창 등의 어려움에 빠져 있었다. 돌파구를 모색하던 그들은 그때 마침 문호를 개방한 중국으로 시선을

주1. 경제성장을 목표로 계획적, 체계적으로 진행하는 5개년 경제발전 계획. 1953년 '제1차 5개년 경제발전 계획'이 시작된 이래 현재(2011년 기준)는 '12차 5개년 경제발전 계획(2011~2015년)' 단계임.
주2. 1958~1960년, 마오쩌둥 주도 하에 '근대적 공산주의사회 건설'을 목표로 진행된 농공업 증산정책. 집단 농장화나 농촌 철강생산 등 농촌의 현실을 무시한 무리한 활동을 펴서, 결국 2~5천만 명의 아사자를 낸 채 실패로 끝남.
주3. 1966~1976년에 마오쩌둥이 '공산당 내에 자본주의 요소를 제거하자'라고 주장하면서 시작된 사회·정치적 격동. 마오쩌둥이 중국 젊은이들의 참여를 호소하자 홍위병이 일어나 격동을 주도함. 마오쩌둥이 대약진 운동 실패 후 권권을 빼앗기자 이를 만회하기 위해 시도했다는 설도 있음. 문화대혁명에 대해서는 지금 중국 공산당조차도 국가적 재난으로 간주하고 있음.

돌렸다. 불황을 해결하고 새로운 성장점을 찾기 위해서였다.

1978년 10월, 미국 제너럴모터스(GM)가 중국 정부와 자동차 생산에 관한 협력 방안을 논의하기 위해 중국에 대표단을 파견했다. 협상 과정에서 중국은 줄곧 기술 도입을 주장했지만 미국은 의외의 협상카드를 내놓았다. 대표단 단장 토마스 머피(Thomas Murphy, 당시 GM의 이사장 겸 CEO-옮긴이)가 '합자'라는 형태의 새로운 협력 방식을 제안한 것이다. 전 국무원 부총리이자 대외경제무역부 외자관리국 국장이었던 리란칭(李嵐淸)은 그때 상황을 뚜렷하게 기억한다.

"갑자기 그 친구(토마스 머피)가 저더러 지갑을 꺼내라고 하더군요. 그러더니 자기 지갑도 탁자 위에 내놓으면서 이렇게 말했습니다. '합자란 이렇게 두 사람이 낸 돈을 합해서 기업을 경영하되, 그때 버는 돈을 두 사람의 공동소유로 하는 것입니다. 손해를 보더라도 같이 손해 보는 거고요.' 그 사람이 우리에게 설명한 건 이익공동체였습니다. 간단히 말해 두 사람이 결혼을 해서 가정을 이루는 거죠. 공동의 가정 말입니다."

뜬금없는 제안에 중국 측은 초반에 거부 반응을 보였다.

"아직 중국 상황을 잘 모르시나 본데, 공산당과 자본가가 어떻게 맺어진단 말입니까?"

중국측 대표는 GM이 제안한 합자 방식이 전혀 불가능한 일처럼 보였다. 그러나 협상 결과를 보고받은 덩샤오핑(鄧小平)은 "합자도 할 수 있는 거 아닌가?"라고 하면서 흔쾌히 허락했다. 덩샤오핑이 합자를 인정하면서 중·외 제조업의 협력은 새로운 국면을 맞이하게 되었다.

요란한 폭죽 소리를 앞세우고 사방 2.14킬로미터의 '서커우(蛇口, 광둥성 선전시 소재 도시-옮긴이) 공업단지' 완공식이 열렸다. 서커우 공업단

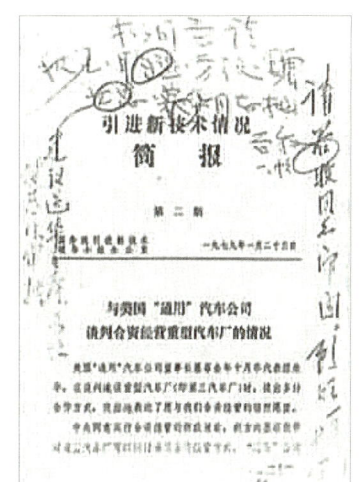

GM이 제시한 '합자' 경영 방식은
덩샤오핑의 흔쾌한 동의를 받았다.
이는 당시 중앙 지도부의 승인 문건이다.

지가 세워지는 모습을 보며 광둥성(廣東省)의 한 책임자는 더욱 대담한 발상을 하게 된다. 정부 허락만 떨어진다면 홍콩, 마카오에서 가까운 주하이(珠海)와 산터우(汕頭) 지역에 '수출 공업단지'를 건설하겠다는 것이다. 덩샤오핑은 그의 구상에 찬성했다.

"맞아. 경제특별구역을 하나 만드는 것도 괜찮지. 예전에도 산시(陝西)성, 간쑤(甘肅)성, 닝샤(寧夏)자치구는 '산간닝 구역'이라고 부르면서 특별구역으로 관리했으니까. 그런데 정부가 돈이 없으니 자체적으로 마련해서 혈로를 뚫도록 하시오."

그로부터 얼마 되지 않아 선전, 주하이, 산터우, 샤먼(廈門) 지역이 경제특구로 지정됐다. 외국 업체와 화교, 홍콩·마카오 기업들은 서로 뒤질세라 경제특구로 진출하여 공장을 세웠다.

그때 중국은 자금과 기술이 부족하고 국제시장의 정세도 잘 몰랐다. 그래서 외국 업체와의 협력에서 중국이 꺼낼 수 있는 카드라고는 저렴한 노동력과 토지뿐이었다. '싼라이이부(三來一補)'라는 무역 방식도 이런 시대적 상황에서 태어났다. 이는 위탁가공의 일종으로 각각 '원료제공 방식', '녹다운 방식'[주4], '샘플제공 방식'과 '보상무역'[주5]을 뜻한다. 이 외에도 '량터우짜이와이(兩頭在外)'라는 방식도 생겼다. 이는 원부자재를 외국에서 조달, 가공한 후 다시 해외로 수출하는 방식이다. 중국은 가공작업만 맡게 됐는데, 이는 개혁개방 초기 '메이드 인 차이나'의 기반이 되는 전형적인 산업 모델이었다.

1978년, '싼라이이부'가 가장 먼저 등장한 곳은 광둥성 둥관(東莞). 그때 둥관은 국내총생산(GDP)이 6억 위안에 불과한 작은 농촌이었지만 그때부터 공업화와 도시화의 길을 걷기 시작해 지금은 국제적인 제조업 도시로 성장했다. 제조업이 어찌나 발전했는지 심지어 "선전에서 둥관까지 고속도로가 막히면 전 세계 컴퓨터 메모리 가격이 출렁인다"라는 말이 나올 정도였다. 중국이 '싼라이이부', '량터우짜이와이'를 통해 얻은 수확은 비단 외화벌이에 그치지 않았다. 중국은 이를 통해 선진적인 제조공정과 현대적인 경영 노하우를 들여왔다. 그 결과 지금은 창업 대열에 합류하는 중국인이 갈수록 늘어 중국 제조업의 진화를 촉진하고 있다.

그동안 주장(珠江)삼각지[주6]를 주축으로 형성됐던 제조업 중심지는 점차 북부로 이동하는 추세다. 창장(長江)삼각지[주7]의 저장(浙江)에 자리 잡은 소도시 이우(義烏)는 천여 개의 소상인이 모여 이룬 '이우 시장'으로 유명하다. 이곳 상인들은 가게의 전면에서는 물건을 팔고 뒤쪽 작업실에서는 상품을 가공하는 이른바 '첸뎬허우창(前店後廠)' 방식으로 장사를 한다. 참신한 디자인과 저렴한 가격, 다양한 품종을 내세워 최대의 도소매 마켓으로 부상한 이우 시장, 이곳에는 언제든지 세계로 뻗어갈 준비

제조업 기지로 유명한 둥관은 전자, 통신 설비, 지류, 식품·음료 가공을 주축으로 한 현대화된 제조업 시스템을 갖추었다.

가 된 '메이드 인 차이나'가 빼곡히 쌓여 있다.

'메이드 인 차이나'가 괄목할 만한 성장을 이뤘다고는 하지만 아직 세계를 쥐락펴락할 정도의 영향력을 갖춘 건 아니다. TCL은 1990년에 주장삼각지에서 시작한 TV 생산업체로 지금은 국내외에서 상당한 지명도를 가진 업체 중 하나다. 하지만 TCL의 리둥성(李東升) 회장은 처음 미국 국제전자전에 참석했을 때의 좌절감을 잊지 못한다. 어마어마한 규모의 전자전에서 TCL이 차지할 수 있었던 부스는 고작 9평방미터. 해외 유수의 대기업들을 바라보는 그의 표정에서는 무한한 부러움과 함께 중국의 미래를 짊어진 업체로서의 부담감이 드러났다. 당시 국제무역에서

주4. 부품을 수출해서 현지에서 조립·판매하는 방식.
주5. 외국에서 원자재나 기계, 설비를 들여올 때 해당 기계, 설비를 통해 생산된 생산물로 수입대금을 지불하는 방식.
주6. 주장 일대의 선전, 주하이, 산터우 등지를 중심으로 한 경제권.
주7. 창장 일대의 상하이 등지를 중심으로 한 경제권. 지리적으로 주장삼각지보다 북부에 위치함.

이우는 현재 전 세계 최대의 소상품 집산지이다. UN, 세계은행 등 국제적인 권위 기구들이 모두 세계 최대 시장으로 인정했다.

'메이드 인 차이나'의 역할은 대부분 OEM(주문자상표 부착방식 생산)에 불과했다. 그래서 중국 기업의 생산 활동은 대부분 외국 업체를 대신한 것일 뿐, 자체 역량을 바탕으로 수익을 얻는 시스템은 없었던 것이다. '이렇게 많이 생산하는데도 왜 수익이 나지 않을까?'라는 것은 그 무렵 많은 중국 기업에게 풀리지 않는 의구심이었다.

03 개혁개방, 시간은 우리를 기다려주지 않는다

1992년 3월 26일, 《선전특구보(深圳特區報)》는 '동풍이 몰고 온 봄기운(東方風來滿眼春)'이라는 제목의 기사를 내보냈다. 이는 덩샤오핑의 '남순강화(南巡講話)'[주8]를 알리는 내용이었다. 남순강화는 당시 88세였던 덩샤오핑이 개혁개방을 독려하기 위해 성장의 주축인 남부 도시를 순회하면서 한 강연이다. 그는 개혁개방에 대한 중국인들의 적극적인 참여를 호소했다.

"중국도 이제 발전해야 합니다! 지금이 바로 수천 년을 이어온 가난의 꼬리표를 뗄 기회입니다. 더 이상 기다릴 수 없어요!"

1992년, 덩샤오핑의 남순강화와 제14기 공산당 대회[주9]를 통해 중국

주8. 1989년 톈안먼(天安門) 사건과 1991년 소비에트연방의 붕괴로 중국의 개혁개방 정책이 타격을 받자, 덩샤오핑이 1992년 1월 18일부터 2월 22일까지 우한(武漢), 선전, 주하이, 상하이 등 당시 중국 경제발전의 주축이 되었던 남부 도시들을 순방하며 개혁개방을 독려했던 발언. 남순강화 이후 중국 개혁개방 정책은 다시 탄력을 받아 이후의 경제성장까지 이어짐.
주9. 덩샤오핑의 남순강화 이후, 1992년 10월에 열린 14기 중국공산당 전국대회에서 '개혁개방 확대', '사회주의 시장경제 체제 확립'을 당의 기본 노선으로 확정함.

은 '사회주의 시장경제 체제'를 확립하게 되었다. 이때부터 개혁개방은 새로운 전기를 맞아 사회 전반에 현대적인 체제가 구축되기 시작했다. 전 세계의 시선이 중국으로 집중됐고 외국 업체의 투자가 물밀듯 밀려왔다.

"보다 과감한 개혁개방이 필요합니다. 한 번 옳다고 판단되면 과감하게 시도를 해야죠." 덩샤오핑이 남순강화에서 "기회가 닿는 대로 성장에 박차를 가하자"라고 한 외침은 중국인의 가슴에 호소력 있게 전달됐다. 비슷한 시기에 국무원은 중국 내 창업 열기와 산업 활성화를 방해하는 400여 개의 규정을 수정 또는 철폐했다. 이로써 정부기관이나 연구단체에 몸담았던 지식인들까지 창업의 길에 뛰어드는 등 창업 열풍은 중국 전역으로 퍼져 나갔다.

1992년 2월부터 베이징 소재 법인 수는 매달 2,000개씩 늘어났다. 8월 22일, 사업자 등록 건수가 급증하자 베이징시의 등록증은 바닥이 났고, 공상국[주10]은 하는 수 없이 톈진(天津)시까지 가서 1만 장의 등록증을 조달해 왔다. 1991년, 2,600개였던 베이징 중관춘(中關村)[주11]의 IT기업 수는 1년 만에 무려 5,180개로 늘어났다. 쓰촨(四川)성, 저장성, 장쑤(江蘇)성 등의 신설 회사 수도 전년도 대비 두 배로 증가했다. 특히 선전시에 있는 중국 최대의 국제 무역센터 빌딩에는 입주 업체가 300여 개에 달했다. 책상 하나만 들여다 놓고 회사라고 하는 곳도 있을 정도였다. 《중화공상시보(中華工商時報)》는 통계를 인용해 "1992년, 공산당 간부 중 최소 10만 명이 정계를 떠나 사업에 뛰어들었다"라고 전했다.

1992년 5월, 오랫동안 출판사에서 편집 업무를 해왔던 인밍산(尹明善)은 지인들의 반대를 무릅쓰고 충칭에 '훙다(轟達)'라는 자동차 부품회사를 설립한 후 오토바이 엔진을 생산하기 시작했다. 그때 그의 나이 55

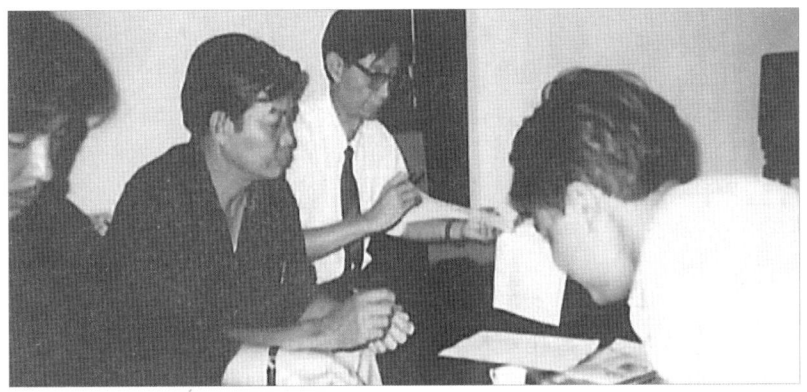

1992년 5월, 출판사에서 오랫동안 편집 일을 했던 인밍산 씨는 지인들의 반대를 무릅쓰고 충칭에 '훙다'라는 자동차 부품업체를 설립했다.

세. 인밍산은 이것이 어쩌면 창업의 마지막 기회일지도 모른다고 생각했다. 그래서 그는 자본금 20만 위안에 45평방미터짜리 공장에서 직원 아홉 명과 함께 온종일 일에 매달렸다. 17년 후, 아홉 명이던 직원은 1만 4,000명으로 늘어났고 비좁은 작업실은 중국 안팎의 16개 공장으로 확대됐다. 인밍산 사장도 회사가 이렇게 성장할 줄 미처 몰랐다고 한다.

1992년까지만 해도 '메이드 인 차이나'는 외국 브랜드의 그늘에 가려 있었지만 일부 토종 브랜드가 서서히 두각을 나타내기 시작했다. 1992년 바르셀로나 올림픽에서는 '리닝(Li-Ning)'이 중국 최초의 국가대표단 협찬 업체로 선정됐다. 리닝이 올림픽 의상을 제공하게 되면서 중국 선수들은 더 이상 올림픽 시상대에서 해외 브랜드를 착용하지 않아도 됐다.

주10. '국가공상행정관리국(國家工商行政管理局)'의 약칭. 시장에 대한 감독·관리와 행정 업무를 주관하는 국무원 소속 중앙부서. 기업의 등록, 사업자등록처럼 기업의 운영과 관련된 행정적인 지원도 함.
주11. 1988년 5월 중국 최초로 지정된 첨단기술 개발구. 공식 명칭은 '베이징시 신기술 산업개발 시험지구'. 베이징 대학, 칭화(清華) 대학 등이 몰려 있는 하이뎬구(海淀區)에 위치하고 있으며 면적은 1.5평방킬로미터이다.

중국이 사회주의 시장경제로 노선을 바꾼 후 민간 기업들이 우후죽순으로 생겨났다. 계획경제의 속박에서 벗어난 국유기업들도 '메이드 인 차이나'의 질을 높이기 위한 대열에 합류했다.

1998년, 주룽지(朱鎔基) 총리는 "3년 내에 국유기업이 어려움에서 벗어날 수 있도록 하겠다"는 내용을 정치공약으로 내세웠다. 그는 이를 위해 '개혁·개조 및 관리 강화'라는 국유기업에 대한 구조조정의 메스를 들어 '국퇴민진(國退民進, 국가의 역할을 축소하고 민간의 참여를 확대한다는 뜻-옮긴이)'을 추진했다.

그 전략은 이내 효과를 발휘했다. 2002년부터 2008년까지 국유기업 수는 매년 7,500개씩 줄어든 반면, 매출액은 오히려 연평균 18%, 이익은 23%씩 늘어났다. 2003년부터 지금까지 중앙국유기업 수는 196개에서 129개로 줄어들었다. 중앙국유기업 중 2007년 자산 총액이 천억 위안대를 넘는 업체는 43개, 매출액 천억 위안대 이상이 26개, 이익 백억 위안대 이상이 19개였다. 이는 2002년과 비교해 각각 32개, 20개, 13개가 늘어난 수치다. 또 2009년 《포춘》지가 발표한 '세계 500대 기업' 리스트에는 중앙국유기업이 24개나 랭크되었는데, 이는 2002년보다 19개나 많은 수치다. 이렇게 국유기업 개혁이 성공하면서 '메이드 인 차이나'는 브랜드 인지도가 높아지는 등 국제화의 작업에 탄력을 받게 되었다.

2009년 6월 28일, 장쑤성 난퉁(南通)시에서 한 석유 탐사정에 대한 명명식이 거행됐다. 이는 중국원양운수그룹(COSCO)에서 자체 제작한 '원통 부유식(floating-type) 석유굴착용 플랫폼'이었다. 플랫폼의 이름은 '세반 드릴러(SEVAN DRILLER)'로 지어졌으며, 석유 탐사 임무를 수행하기 위해 북미 멕시코만으로 떠났다. 다양한 해양 환경을 고려하여 설계

난퉁시의 중국원양운수그룹이 노르웨이의 수주로 건조한 대형 원통 부유식 석유굴착용 플랫폼 '세반 드릴러.'

된 '세반 드릴러'는 작업 수심 3,000미터, 시추 깊이 1만 2,000미터에 원유 저장량은 15만 배럴에 달했다. 이로써 중국은 플랫폼의 적재 하중, 해상 안정성, 원유 저장량이라는 세 가지 측면에서 전 세계 최고의 기록을 달성했다. 창장의 제방에서 가진 '세반 드릴러' 명명식도 이를 기념하기 위한 것이었다.

그곳에서 중위안의 니타오(倪濤) 사장은 "오늘 이렇게 선주와 함께 모인 자리에서 명명식을 갖게 되어 정말 기쁩니다. 갓 태어난 아기에게 이름을 지어주는 것처럼 감동이 밀려옵니다"라고 소감을 밝혔다. 중위안은 24개월 만에 세반 드릴러의 상세 설계, 생산 설계, 건조, 설비 장착, 조정 시험 등의 과정을 무사히 마쳤다. 세반 드릴러의 성공은 새로운 단계로 업그레이드되는 '메이드 인 차이나'의 성과를 전 세계에 선포하는 계기가 되었다.

『세계는 평평하다(The world is flat)』는 토머스 프리드먼(Thomas Friedman)의 베스트셀러 저서다. 그는 책에서 21세기 초 세계화 과정을 분석한 내용으로 많은 독자의 공감을 얻었다. 흥미로운 사실은 토머스 프리드먼이 해당 저서를 집필할 때 HP사의 컴퓨터를 사용했는데, 아마 저자는 그 컴퓨터가 중국 쿤산(昆山)에서 제작됐다는 사실을 몰랐을 것이다. 현재 전 세계에서 판매되는 노트북 다섯 대 중 세 대가 중국 쿤산에서 생산된 것이다. 쿤산은 고도로 국제화된 개방형 도시로, 전 세계 65개 국가에서 5,000개가 넘는 투자 프로젝트가 추진되고 있으며 총투자액은 300억 달러에 달한다. 『세계는 평평하다』에서는 '산업혁명을 비롯한 산업이전 현상은 어째서 끊임없이 발생하는가?'에 대한 해답을 제시하고 있는데, 중국 쿤산이 단연 최상의 사례라고 할 수 있다.

04 '단순 하청'에서 '세계의 공장'으로

1997년 7월 2일, 태국의 수도 방콕으로부터 충격적인 소식이 전해진다. 태국 정부가 달러에 연동된 바트화의 고정환율제[주12]를 포기한다고 밝힌 것이다. 이는 아시아 금융위기 발생의 도화선이 됐고, 일본의 산업지수는 마이너스를 기록하기 시작했다. 그리고 전 세계 4대 제조업 기지였던 '아시아의 네 마리 용', 즉 한국, 싱가포르, 홍콩, 타이완에서는 수많은 공장이 도산하고 말았다.

중국의 제조업도 적잖은 충격에 빠졌다. 하지만 중국은 저렴한 인건비 등을 내세워 제조업 기지의 우위를 지켜나갔다. '아시아의 네 마리 용'은 공장을 대부분 중국으로 이전했고, 국제무역의 상당 부분이 대륙 제조업체의 차지가 됐다. '메이드 인 차이나'는 이를 계기로 새로운 단계로

주12. 고정환율제는 정부가 특정 통화에 대한 환율을 일정 수준으로 고정시키고 이를 유지하기 위해 중앙은행이 외환시장에 개입하는 제도임. 환율이 안정적으로 유지됨에 따라 경제활동의 안정성이 보장되어 대외 거래를 촉진시키는 장점이 있으나 환율 변동에 의한 국제수지 조정이 불가능함에 따라 대외 부문의 충격이 물가 불안 등 국내 경제를 불안정하게 하는 단점도 있음.

스위스 제네바 레만
호숫가에 위치한 세계무역기구.
2001년, 중국은 지루하고
힘겨운 담판 끝에 마침내
세계무역기구 회원국이 되었다.

도약했다. 아시아 금융위기 전에는 주로 방직, 완구, 플라스틱이라는 노동집약형 제품을 수출했지만 위기 후에는 전자 부품, 전자 모니터, 정밀 계측기 등 기술집약형 제품을 수출하게 됐다. '메이드 인 차이나'는 기술 수준과 제품의 질을 높이고 생산 시스템을 개선하여 에너지 소모가 많고 환경을 오염시키는 저효율 생산체제를 대체하기 시작했다. 이로써 '메이드 인 차이나'는 '세계의 공장'으로 거듭나는 계기를 마련했다.

2001년 11월 10일, 카타르의 수도 도하에서 제4차 세계무역기구(World Trade Organization, WTO) 각료회의가 열렸다. 회의석상에서 유세프 카말(Yousef Kamal) 의장은 중국이 정식으로 WTO 회원국이 되었음을 선포했다. '메이드 인 차이나'가 본격적인 세계화의 첫발을 내디딘 것이다.

이듬해인 2002년, 중국 기계·전력 제품의 수출 규모는 총 952억 6,000만 달러에 달했다. 이는 전년도 동기간 대비 27.2%나 성장한 수치며, 그중에서는 컴퓨터, 이동통신 장비, 가전용품 등의 수출이 대폭 증가했다. 2001년, 수출세가 주춤했던 발전(發電) 장비, 방직 설비, 시계, 자전거 등은 2002년이 되자 반등세를 보이며 수출에 활기를 띠었다. WTO

가입으로 중국 각 업계에 넘쳐나는 제품이 국제시장이라는 새로운 판로를 얻게 되었다.

WTO 가입 후 초기 조심스러운 행보를 보이던 '메이드 인 차이나'의 글로벌화 전략도 보다 적극적인 모습을 띠게 됐다. 단순한 가공공장에 불과했던 중국이 '세계의 공장'으로 거듭나는 과정에서 높은 브랜드 가치로 재탄생한 '메이드 인 차이나'도 대거 배출됐다. 그중에서 가장 성공한 사례로 꼽히는 업체는 단연 하이얼(Haier)이다.

하이얼은 발전 초기에 기술적으로 일본을 따라잡지 못했지만 브랜드 홍보에 성공한 후에는 세계적으로 큰 인기를 끌게 되었다. 하이얼의 성공을 통해 중국은 브랜드 이미지가 높아지면 판매 네트워크가 형성되고 이를 기반으로 생산이 늘어나 제조 영역 전반이 살아난다는 성공 원리를 배웠다. 이는 중국이 '제조업 대국'일 뿐만 아니라 '제조업 강국'이 될 수도 있음을 시사하는 사례다.

2001년 4월, 미국 사우스캐롤라이나주 캠던(Camden)시에서는 성대한 명명식이 거행됐다. 명명식 대상은 하이얼 공장 주변의 도로로 그때부터 이 도로는 '하이얼 로드(Haier Road)'로 불리게 됐다. 이는 하이얼 그룹이 캠던시 경제 발전에 기여한 공로가 커서 현지 정부가 하이얼에 무상으로 제공한 혜택이자 영예였다. 이로써 하이얼은 미국의 도로 명칭에 이름을 올린 중국 최초의 브랜드가 됐다. 하이얼 그룹의 장루이민(張瑞敏) 회장은 이렇게 말한다.

"외국 사람들은 중국 제품에 대해서 싸다는 이미지만 갖고 있어요. 그렇지만 이제 중국 제품은 외국의 주류 시장에 진입하는 데 성공했고 저급 제품의 이미지를 벗었습니다. 물론 고급 제품은 일부 국가에서만

미국 사우스캐롤라이나주 캠던시는 하이얼 그룹이 현지 경제발전에 기여한 공로를 인정해 공장 앞 도로를 '하이얼 로드'라 명명했다.

유통되고 많은 국가에 아직 진입하지 못했어요. 아마도 지난한 과정이 되겠지만 저는 성공에 대한 확신을 가지고 있습니다."

이 외에도 중국을 대표하는 브랜드인 '레노버(Lenovo, 렌샹聯想)'가 있다. 2002년 9월 《포춘》지가 발표한 '중국 100대 상장기업'에서 레노버 그룹은 당당하게 6위를 차지했다. 2002년 말, 레노버는 브랜드 가치 198억 3,200만 달러로 '중국 최고 브랜드'에서 5위에 선정되는 영예를 안았다. 2004년 레노버는 글로벌 브랜드 지명도를 높이기 위해 기존의 'Legend'에서 'Lenovo'로 새롭게 론칭했다. 이를 위해 적지 않은 자금이 투입됐다고 하는데, 브랜드 가치를 중시하는 레노버의 열정을 엿볼 수 있다. 같은 해 레노버는 17억 5,000만 달러를 들여 IBM의 PC사업부를 인수하면서 세계 4대 PC업체에 합류하고 차후 5년간 IBM의 브랜드를 사용할 권리도 확보했다. 또한 중국 업체로는 유일하게 국제올림픽위원회(IOC) 파트너 업체로 선정됐다. 그래서 2006년 토리노 동계올림픽과 2008년 베이징 올림픽에 단독으로 데스크톱 컴퓨터와 노트북 컴퓨터, 서버, 프린터 등 컴퓨터 장비와 기술, 자금을 지원했다. 이는 레노버가 전 세계에 '메이드 인 차이나'의 매력을 한껏 알리는 계기가 됐다.

중국 업체 TCL은 2003년 프랑스 가전업체 톰슨(Thomson)을 인수한 후, 이듬해 프랑스 통신장비 업체 알카텔(Alcatel)과 합자회사를 설립했다. 중국 기업이 해외 업체를 M&A하는 데에는 많은 우여곡절이 있었지만, 세계인들은 '메이드 인 차이나'의 포부에 적잖게 놀랐다. 레노버의 창업주 류촨즈(柳傳志)는 여기에 대해 누구보다도 감회가 남다르다.

"중국 기업은 글로벌화를 위해 수많은 어려움과 도전의 과정을 이겨내야 했습니다. 특히 토종 기업들이 치른 대가가 컸죠. 하지만 아무리 큰 난관에 부딪혀도 우린 헤쳐나갈 자신이 있어요. 험난한 협곡을 빠져나갈 '국제화'의 배를 잘 몰 수 있단 말입니다."

세계를 깜짝 놀라게 한 '메이드 인 차이나' 신화는 하나 더 있다. 그것은 또 다른 토종 브랜드 '선저우 7호(神舟七號, 이하 '선치')'이다. 2008년 9월 25일 21시 10분, 중국은 자체 기술로 제작한 우주선 '선치'에 세 명의 우주인을 태우고 발사하는 데 성공했다. 선치에는 우주복 두 벌을 같이 보냈는데 하나는 러시아에서 제작된 '올란(Orlan)'이고, 또 다른 하나는 중국이 독자적으로 개발한 '페이톈(飛天)'이다. 우주인 자이즈강(翟志剛)이 우주 한복판에서 첫 걸음을 내디딘 순간, 그가 착용한 것은 '페이톈'. 후진타오 주석이 우주공간을 사이에 두고 "우주에서 걷는 느낌이 어때요?"라고 묻자 자이즈강은 "기분 좋습니다. 무엇보다 '페이톈'이 편하네요. 망망한 우주 한복판에 있으니 조국이 더욱 자랑스러운데요."라고 말했다. 많은 중국인도 이 시각 그와 함께 조국에 대한 감격에 휩싸였다. 발사된 순간부터 우주공간에서 유영하기까지, 우주선을 나간 후 다시 복귀하기까지 '메이드 인 차이나'에 대한 테스트는 끊이지 않았다. 선치의 총설계사 장바이난(張柏楠)은 "자이즈강이 우주선에 복귀하고 문이 닫힌 후 압력이 회복되어서야 한숨 돌릴 수 있었습니다"라고 그때를 회상했다.

우주인 자이즈강이 망망한 우주를
거닐 때 착용한 우주복이
바로 중국에서 자체 제작한 '페이텐'이다.

전 세계의 이목을 집중시킨 '량단이싱(兩彈一星, 중국 자력으로 개발한 '원자폭탄', '수소폭탄', '인공위성'을 말함–옮긴이)'에서부터 우주공간을 마음껏 유영한 '선치'에 이르기까지, 세계 10대 슈퍼 컴퓨터에서부터 3세대 이동통신 국제표준 TD-SCDMA[주13]를 갖추게 되기까지, '메이드 인 차이나'는 각종 첨단 분야에서 탁월한 성과를 거뒀다.

2006년 후진타오 주석은 "중국은 2020년까지 자주적이고 혁신적인 국가의 형태를 갖출 것입니다. 그리고 경제성장에 대한 과학기술의 공헌도를 60% 이상으로 높이고 연구개발비가 GDP에서 차지하는 비중도 2.5%로 향상시킬 것입니다"라고 선포한 후, "기업들은 이런 정부 계획에서 사업 기회를 발견해야 합니다. 국민 개개인도 이를 통해 자신이 나아갈 방향을 설정해야겠죠"라고 덧붙였다.

'메이드 인 차이나'는 수많은 기적을 일궈냈지만 그 이면에 품고 있는 약점도 적지 않다. 이런 상황에서 '메이드 인 차이나'에 부여된 새로운 과제는 기술과 품질 수준을 높여 산업의 체질을 업그레이드하는 것이 되었다.

주13. Time Division–Synchronous CDMA. '시분할연동코드분할다중접속'이라는 차세대 이동통신 서비스임.

05 위기의 '메이드 인 차이나', 그리고 돌파구

2008년, 미국의 서브프라임 모기지로 촉발된 금융위기가 확산되면서 세계경제는 백 년에 한 번 올까 말까 한 초유의 위기 사태를 맞게 되었다. 선진국에서부터 신흥시장 국가, 금융 영역에서 실물경제에 이르기까지 이 '금융 쓰나미'는 전 세계를 파국으로 몰고 갔다. 중국 제조업도 그 충격에서 예외일 순 없었다. 하룻밤 새 생사의 갈림길에 선 업체도 적지 않았다. 그중 수출 기업이 밀집되어 있는 광둥성과 저장성은 '메이드 인 차이나'가 직면했던 위기를 가장 잘 대변한다.

덩진쿤(鄧錦坤) 씨는 한때 광둥성 둥관시 '러취(樂趣) 장난감회사'의 사장이었다. 그러나 그는 2008년 말 회사를 정리했다. 이 회사는 둥관시에서도 일찌감치 개업을 한 편이어서 금융위기가 오기 전까지만 해도 덴마크, 미국, 러시아 등지로 60여 종의 제품을 수출하는 중견 기업이었다. 20여 년간 갖은 고생으로 회사를 이끌어온 덩진쿤 사장은 회사가 파산한 게 못내 가슴 아프다.

"나중에는 방법이 없더라고요. 사업을 접을 수밖에 없었죠. 자금이 없으니 모든 게 다 부족했습니다. 자식들도 사업을 그만두라고 성화더군요. 부동산이고 뭐고 지금은 다 처분했답니다."

러취가 파산한 데는 미국의 장난감회사 '마텔(Mattel)'의 리콜 사건이 결정적 요인이다. 리콜 대상은 부착된 자석이 느슨해지거나 기준치 이상의 납 성분이 검출된 장난감. 이와 관련해서 총 2,100만 개의 장난감이 수거됐는데 러취 말고도 여기에 연루돼서 무너진 회사가 수백 개다. 세계 최대의 완구 생산지인 광둥시, 그리고 광둥시 완구 생산량의 60%를 도맡았던 둥관시는 이번 사태로 피해를 가장 크게 입은 지역이었다. 수많은 완구업체가 수주 급감, 자금줄 차단으로 심각한 경영난에 봉착했다.

사태의 심각성을 깨달은 중국 정부가 뒤늦게 나서 광둥시 완구회사에 대한 대대적인 구조조정에 돌입했다. 제품 안전성과 품질이 떨어지는 업체 수백 곳이 수출 중단, 생산허가증 취소 등의 조치를 받았다. 이는 '가격만 싸면 된다'라는 안일하고 위험한 사고에 젖어 있던 중국 완구업체에 경종을 울리는 중대한 사건이었다.

생존 여부가 이슈화됐던 업계는 완구 제조업뿐이 아니다. 노동집약적이고 부가가치가 낮은 업계는 모두 퇴출 위기에 직면했다. 수이터우진(水頭鎭)은 저장성 원저우(溫州)에 있는 '가죽의 도시'다. 이곳의 피혁업체 500여 곳에서 창출되는 생산액은 연간 30억 위안에 달할 정도로, 피혁 제품은 수이터우진 성장의 역군이었다. 하지만 최근 2년간 사업을 포기하는 피혁업체가 줄을 잇고 있다. 수이터우진의 가죽공장 '펑리(峰麗)'의 한 관리자는 기자와의 인터뷰에서 "2007년에 장당 30~40위안이었던 가죽 시트가 지금은 80위안으로 두 배 이상 뛰었어요. 거기다 종업원들 월급도 30% 가까이 올랐습니다. 원가가 오르니 이익이 줄어들 수밖에 없죠"라며 고충을 털어놨다. 원재료 가격과 인건비가 끝을 모르고 치솟자 원저우시 제조업은 유례없는 난관에 부딪혔다. 그 결과 2008년 원저우시 업체 중 20%가 생산을 중단했고, 그나마 조업을 이어가던 업체도 가동률이 50%에도 미치지 못했다.

광둥성 둥관시의 또 다른 제조업 도시 다링산진(大嶺山鎭). 이곳은 중국 최대의 가구 수출도시로 '가구 생산의 메카'라고 불리면서 번영을 누려왔다. 하지만 원자재 가격이 상승하고 수출업체에 대한 세금 환급이 줄면서 적잖은 경영난에 시달렸다. 가구회사 '위안다(遠大)'의 주포장(朱佛章) 회장은 "지금 같은 상황에서는 사업을 하면 할수록 손해예요"라며 한숨을 쉬었다.

이런 상황에서 광저우 '칸톤 페어(Canton Fair)'는 몰락한 '메이드 인 차이나'의 현주소를 그대로 보여줬다. 칸톤 페어는 다양한 수출입 제품을 선보이는 중국 최대 규모의 무역박람회지만 2008년 그 명성에 걸맞지 않게 썰렁함만 느껴졌다. '메이드 인 차이나'의 가격은 더 이상 염가 메리트가 없었고 위안화 절상에 경제 한파까지 겹쳐, 해외 바이어들의 발길이 떠나고 말았다. 무역회사 '메일야드(Mailyard)'의 리커궈(李克國) 사장도 근심이 많다.

"작년에는 칸톤 페어를 통해서 2,000만 달러를 수주했는데 올해는 실적이 1,300~1,400만 달러에 그칠 것 같습니다."

칸톤 페어에서 가장 썰렁했던 구역은 방직·의류 전시관. 이곳의 거래량은 전년도 대비 각각 6%, 24.4%씩 줄어들었다. 메일야드 그룹의 양원쑨(楊聞孫) 회장의 표정도 밝지 않다. 그는 "최근 위안화 절상, 수출 환급금 감소, 은행 이자율과 인건비 상승 등 악재가 겹쳐서 그룹 전체가

입은 손실만도 2,000만 위안이에요"라며 어려움을 호소했다.

사실, 중국 경제가 지금처럼 호황을 누리게 된 것을 모두 '메이드 인 차이나'의 공으로 돌려도 무리는 아니다. 하지만 2008년을 전후로 인건비 상승, 위안화 절상, 은행 이자율 상승, 수출정책 조정의 변수 속에서, 경제성장의 일등공신 '메이드 인 차이나'는 구석으로 내몰렸다. '메이드 인 차이나'가 이런 절체절명의 위기를 돌파할 묘안은 없는 것일까? 저렴한 인건비와 풍부한 노동력 외에 '메이드 인 차이나'가 내세울 만한 강점은 없는가? CCTV〈경제 30분〉은 이에 대한 해답을 찾아 전 세계 제조업의 거물 기업, 인텔의 크레이그 배릿(Craig Barrett) 회장을 찾았다.

"수많은 중국 업체가 지금 도산할 위기에 처했습니다. 자동차업체를 필두로 한 많은 업체가 '제조업 생산기지의 우위를 상실한' 중국을 떠나 베트남 등지로 옮겨가는 추셉니다. 이런 추세에 대해서 어떻게 생각하십니까?"

배릿 회장은 이렇게 대답했다.

"중국이 직면한 상황은 미국이 이미 겪었던 문제들입니다. 방법은 하나예요. 산업 체질을 개선하는 겁니다. 산업구조가 고부가가치를 창출하는 형태로 바뀌어야 한다는 말이죠. 그러기 위해선 독자적인 연구·개발 역량과 지적재산권을 확보해야 합니다. 이를 발판삼아 하이테크산업으로 전환하지 않으면 중국은 영원히 로우엔드(Low-end) 제조업 수준에 머물고 말 겁니다. 그런 측면에서 로우엔드 제조업이 베트남 등지로 이전하는 추세는 중국에 결코 나쁜 일만은 아닙니다. 인텔은 위기를 만났을 때 허리띠를 졸라매는 방법보단 과감하게 투자하는 길을 택했죠. 장기적인 관점에서 투자하고 눈앞의 시급한 문제에 집착하지 않았습니다. 인텔이 최고 자리를 놓치지 않았던 건, 미래를 향한 끊임없는 투자 때문이에요."

배럿 회장은 이 외에도 대학 등의 연구기관을 산업 연구 시스템의 중심에 들어오게 해서 기업이 가진 연구 역량의 한계를 뛰어넘어야 한다는 처방을 내리기도 했다.

세계 최고의 경영컨설팅 회사인 맥킨지(McKinsey&Company)의 파트너, 지미 헥스터(Jimmy Hexter)는 "중국 경제가 일련의 변화를 겪고 있지만, 그래도 제조업의 중심은 이전되어 나가지 않을 겁니다"라고 분석하면서 "이번 기회를 통해 중국이 얻은 최대 수확은 바로 '향후 세계경제 구조에서 중국이 맡아야 할 역할이 무엇인지 깊이 이해하게 되었다'는 점이죠. 적지 않은 토종 기업이 다국적회사로 거듭나고 있는 현 상황도 이를 뒷받침해주는 증거입니다. 다른 나라와 비교해 봤을 때 중국은 여전히 세계 최대 시장이에요. 우수한 인재풀과 제조업 부품업체들이 대부분 중국에 있잖습니까? 그래서 다른 지역으로 이전하려는 업체가 있다면 그 업체는 분명 공급라인 확보에 어려움을 겪게 될 겁니다. 지금 '메이드 인 차이나'가 약간의 진통을 겪고 있지만 이는 산업 체질을 개선하는 과정에서 어느 국가나 겪는 현상이에요. 중국이 위기 속에서 기회를 발견하게 되길 바랍니다"라고 덧붙였다.

금융위기를 통해 '메이드 인 차이나'는 앞만 보고 달려왔던 과거를 성찰할 시간을 갖게 되었다. 이를 계기로 다시금 나라 전체를 돌아본 중국. 어떻게 해야 장기적인 발전을 도모할 수 있을지 중국의 고민은 절박하다.

중국 제조업계도 '메이드 인 차이나'의 성장통을 함께 나누며, 위기 탈출을 위한 돌파구, 장기적인 발전 방향 모색에 한창이다. 둥관시의 완구업체 대부분이 '마텔 사건'의 충격에서 헤어나지 못할 때, 또 다른 완구회사 '하이다이(哈一代)'는 행복한 비명을 지르고 있었다. 이 공장은 평소와 다름없이 기계 돌아가는 소리로 요란했다. 샤오썬린(肖森林) 회장은 하이다이가 마텔 사태에서 자유로울 수 있는 이유에 대해 이렇게 설명했다.

"우리 회사는 1년 전에 이미 OEM에서 손을 뗐어요. 지금 생산하는 제품이 무려 천 가지인데 모두 우리 회사에서 개발하고 디자인한 독자 브랜드입니다. 수출은 물론이고 중국 전역 천 개에 달하는 가맹점에서 판매되고 있어요."

하이다이는 위탁가공에서 벗어나 독자 브랜드로 전환하는 과정에서 얻은 이익이 적지 않다. 해외 바이어의 발주에만 의존하던 기존의 수익 구조에서 탈피해 사업을 다각화할 수 있었고 주체적인 경영도 가능해졌다. 회사의 원가 구조에도 큰 변화가 찾아왔다. 전보다 공장 규모가 작아지고 직원 수도 줄었지만 이익률은 오히려 큰 폭으로 상승했다.

한때 중국에는 광산용 특대형 굴착기 제조 능력이 없어서 대당 1억 위안이나 줘가며 수입을 해왔다. 하지만 수입에만 의존하는 상황을 타개하기 위해 토종 중공업체 '타이위안(太原)'이 나섰다. 이 업체는 불굴의 의지로 개발에 힘을 쏟아 2005년 말 중국 최초로 버킷 용량 $20m^3$의 초대형 광산용 굴착기를 개발하는 데 성공했다. 이로써 지난 20여 년간 해외 굴착기에 의존했던 업계 역사에 종지부를 찍었다. 그때를 회상하는 타이위안의 가오즈쥔(高志俊) 회장의 감회는 남달랐다.

"역사적인 순간이었죠. 기뻐서 어쩔 줄 몰랐습니다. 광산용 굴착기 시장에선 중국도 어깨를 펼 수 있게 된 겁니다. 그때부터 타이위안은 세계 3대 굴착기 업체로 꼽혔죠!"

타이위안 중공업은 끈질긴 노력 끝에 2005년 말 마침내 중국 최초의 초대형 광산용 굴착기를 연구 개발하는 데 성공했다.

가오즈쥔 회장은 '기술 혁신에 대한 의지'로 이런 성과를 얻어냈다고 말한다. 타이위안은 기술 혁신에 성공한 직원들에게 총 1,000만 위안의 보너스를 지급했다.

"회사의 R&D 예산은 매출액의 4.9%예요. 중국 평균치인 1.5%보다 상당히 높은 수준이죠. 하지만 회사가 신제품으로 거두어들이는 수입은 전체 매출액의 50%나 된답니다."

기술개발에 거액을 투자한 덕에 타이위안은 탁월한 매출 성과를 올릴 수 있었다. 그리고 대형 광산용 굴착기는 타이위안의 주력 제품이 됐고, 자국 시장점유율이 95%를 넘어섰을 뿐 아니라 파키스탄, 베트남, 페루, 인도 등지까지 수출되고 있다.

2009년 세계경제가 회복세를 띠면서 중국의 주장삼각지, 창장삼각지를 위주로 한 제조업 경기도 봄기운을 되찾기 시작했다. 그렇다고 중국

제조업의 위기 요인이 완전히 사라진 건 아니다. 체질 개선을 통한 산업 업그레이드, 이를 기반으로 '메이드 인 차이나'가 '크리에이티드 인 차이나(Created in China)'로 거듭나는 것만이 위기를 극복하는 근본적인 대책이 될 것이다. 이를 위해 기업은 구시대의 시스템을 버리고 새로운 체제의 옷으로 갈아입어야 할 것이다. 정부 또한 중국 제조업이 '위기' 가운데 '기회'를 찾아내고, 허물을 벗어 나비로 날아오르도록 최선을 다해 도와야 한다.

2009년 11월 30일부터 중국 정부는 미국 CNN 아시아 방송을 통해 30초 분량의 광고를 내보내기 시작했다. 광고의 주제는 '세계와 함께 만드는 메이드 인 차이나'('Made in China, Made with the World', '中國製造, 世界合作')이다. 중국 정부는 이 광고를 통해서 저가 상품으로만 알려진 '메이드 인 차이나'에 대한 세계인의 인식을 바꾸려고 했다. 광고의 내용은 세계화 속에서 '메이드 인 차이나'는 전 세계 무역 주체들과 함께 분업, 협력함으로써 이익을 공유해왔다는 것. 중국 상무부(商務部)[주14]가 관련 협회 네 곳과 공동으로 위탁, 제작한 이 광고는 아시아를 거친 뒤 북미와 유럽 등지까지 확대 방영되고 있다. 상무부가 나서서 '메이드 인 차이나'의 해외 광고를 시작한 것에 대해 중국인들은 환영하는 눈치다. 국무원 발전연구센터 경제연구부 부부장인 스야오둥(石耀東) 박사는 "상무부는 '메이드 인 차이나'의 위력을 알리기 위해서 이번 프로젝트를 시작했어요. 이 광고를 통해 중국 제품의 질이 낮고 값만 싸다는 이미지가 쇄신되고 국가 이미지도 개선될 겁니다"라고 하면서 "이번 광고로 '메이드 인 차이나'의 브랜드 주목도는 높아질 겁니다. 하지만 브랜드 충성도를 끌어올리려면 생각보다 장기적인 노력이 필요하다는 걸 알아야 합니다"라고 지적했다.

브랜드 하나를 육성하거나 기존 브랜드의 이미지를 바꾸기 위해서는 철저한 계획과 오랜 시간의 노력이 필요하다. '메이드 인 차이나'도 하나의 브랜드로서 세계 속 독자적인 이미지 영역을 구축해야 하는데, 이를 위해서는 적지 않은 노력과 오랜 시간의 공력이 필요할 것이다.

다른 나라의 제조업 역사를 살펴보면 '메이드 인 차이나'가 나아가야 할 방향을 가늠해볼 수 있다. 1960년대에는 저렴한 가격을 앞세운 '메이드 인 재팬'이 전 세계로 팔려나갔다. 10년 후에는 '메이드 인 홍콩'과 '메이드 인 타이완'이 급부상했으며, 1990년대에 들어서자 '메이드 인 인도네시아'와 '메이드 인 타일랜드'가 부상했다. 그리고 전 세계는 '메이드 인 차이나'의 신화를 목격하게 된다. 이들은 한때 하나같이 세계 무역을 재패했던 '수출의 대왕'들이었지만 지금은 각자 너무나도 다른 운명에 처해 있다. '메이드 인 재팬' 시기에 두각을 보인 일본의 몇몇 유명 회사는 지금까지 위기에 빠진 일본을 수차례나 건져낸 일등 공신이 됐다. 이들은 지금도 첨단기술의 선봉에 서서 일본이 경제대국의 위상을 이어가도록 돕고 있다. 홍콩은 제조업의 우위를 잃은 뒤 관세를 철폐하여 무역업체에 편의를 제공하는 등 정부 차원에서 서비스산업을 육성했다. 이로써 홍콩은 전 세계 최고의 금융, 무역, 여행, 해운 도시로 거듭나는 데 성공했다. 하지만 이에 반해 타이완과 인도네시아, 태국은 세계시장에서 그 위상을 잃고 여러 차례 경제위기를 겪으면서 성장의 본궤도를 회복하지 못하고 있다.

과거를 돌아보는 과정을 통해 중국이 직면한 현실에 다음 두 가지

주14. 국무원 산하의 행정 부서로 중국의 경제와 무역을 관할하는 기구임.

조언을 할 수 있다. 첫째, 오늘날 중국산 제품이 세계를 장악하고 있다고 해서 절대 안심해서는 안 된다. 앞으로는 낮은 생산원가만 가지고는 절대 시장 우위를 점할 수 없다는 사실에 주의해야 한다. 둘째, 변화하는 시장에 대처할 방안을 조속히 마련하지 않는다면 중국의 국민경제는 혹독한 대가를 치러야 한다는 점이다.

'세계 공장'의 바통을 이어받아 제조업의 대표주자로 뛰게 된 '메이드 인 차이나'는 출발선을 떠난 지 얼마 되지도 않아 유례없는 위기에 직면했다. 위안화 절상, 국제 유가 폭등, 원자재와 인건비 상승으로 '메이드 인 차이나'는 그간 내세웠던 제조업 기지의 우위를 잃고 말았다. 저가 상품을 내세워 수출 활로를 개척했던 '선구자'들은 이제 국제시장의 역사 속에 묻히고 만 '선열'이 됐다.

이런 상황에서도 일부 회사들은 '메이드 인 차이나'의 미래를 짊어진 채, 위기를 기회로 바꾸는 기적을 일궈냈다. 이들은 기술과 브랜드, 개방적이고 적극적인 사고로 무장해서 효율적인 생산 방식을 도입, 제조업의 체질 개선에 앞장서고 있다. 그들의 도전은 좌절되기는커녕 위기 속에서 더욱 탄력을 받아 지금도 힘차게 전진하고 있다.

왕샤오야,
상하이 엑스포에서 차이나 키워드를 말하다

엑스포는 '경제계의 올림픽'이나 다름없다. 이곳에 전시되는 최신 아이템들은 전 세계 산업국가가 만들어낸 하이테크의 결정체다. 이들은 현시대의 흐름을 반영하는 동시에 미래의 발전 추세를 대변하는 잣대가 된다. 주최측인 중국은 엑스포를 준비하는 과정에서 적지 않은 자극과 도전을 받았다. 중국은 세계 선진국과의 기술 수준 차이에서 큰 충격을 느꼈다. 하지만 이는 오히려 중국의 발전을 자극하고 견인하는 동기가 됐고, 중국이 엑스포를 통해 첨단 과학기술을 흡수하고 세계무대로 나아가는 발판을 마련하도록 도왔다. 그도 그럴 것이, 지난 백 년간 과학기술의 역사는 하나같이 엑스포에 그 발자취를 남겼다. 따라서 상하이 엑스포는 '메이드 인 차이나'의 수준을 한 단계 더 업그레이드하고, '세계의 공장'이 된 중국의 위상을 더욱 높여줄 계기가 될 것이다.

KEYWORD
2

13억
상상을 초월하는 거대 시장

유엔은 2009년 중국이 세계 경제성장에 미친 공헌도가 50%에 달한다는 내용의 보고서를 발표했다. 중국은 이러한 경제 성과를 내세워 중국의 가능성을 의심하던 세계의 목소리를 잠재웠다. 심지어 중국의 13억 내수시장은 위기에 처한 세계경제에 도움의 손길을 뻗었으며 아직도 무한한 성장 공간을 가지고 있다. 중국 경제의 불균형이 해소되고 체질이 개선된다면 13억 인구는 더욱 폭발적인 구매력을 갖게 되어, 중국 경제의 지속적인 성장과 세계경제의 부활을 가능하게 할 최대의 자극제가 될 것이다.

들어가며

'메이드 인 차이나'의 거침없는 질주 속에서 중국도 세계를 향해 시장의 문을 활짝 열어 젖혔다. 13억 인구가 버티고 있는 중국은 거대한 시장임이 분명하다. 무한한 사업 기회가 잠재된 이곳 중국 시장으로 외국 투자자의 상륙 행렬이 줄을 잇고 있다. 13억 인구가 만들어내는 거대한 구매력은 국제시장의 상품 가격뿐만 아니라 세계 무역의 패턴까지 좌지우지할 정도로 막강한 파워로 부상했다. 이런 면에서 볼 때 "세계 500대 기업의 순위는 중국에서 바뀐다"라는 말도 무리는 아니다. 세계 금융위기의 여파가 아직 가시지 않았지만 중국 경제는 고속성장을 구가하며 요지부동의 위상을 자랑하고 있다. 거기다 '세계 최대 외화 보유고'라는 두둑한 지갑까지 꿰찬 중국은 이제 국제시장에서 누구보다도 환영받는 큰손이다. '13억' 시장은 누가 뭐라 해도 국제시장의 중대한 변수이자 중국을 대표하는 상징적인 숫자로 자리매김했다.

2009년 3월, 중국 상무부의 천더밍(陳德銘) 부장은 총 200여 명으로 구성된 무역 촉진 사절단을 이끌고 유럽 순방에 나섰다. 금융위기의 먹구름이 유럽을 뒤덮은 지 6개월째, 기업들이 대거 도산하고 실업률이 급증하고 있었다. 무역 사절단은 독일, 스위스, 스페인, 영국 등지를 순방하면서 구매 계약을 체결하고 총 130억 달러의 제품을 구입하겠다고 약속했다. 중국이 풀어놓은 선물 보따리에 유럽 전체는 흥분했다. 독일의 권위지 《디벨트(Die Welt)》는 "수십 년에 한 번 겪을까 말까 한 심각한 경제위기지만 중국의 깜짝 선물로 일단 숨통은 트이게 됐다"라고 평했다. 《러시아 투데이(Russia Today)》도 '중국, 구매 외교로 경제원조 나서다'라는 글에서 "중국이 세계경제의 부활을 앞당길 한 줄기 서광이 될 것"이라고 밝혔다.

01 계획경제 아래 부족했던 나날들

60여 년 전 마오쩌둥이 톈안먼에서 신중국 수립을 선포했을 때, 세계는 중국을 향해 의심의 눈초리를 보냈다. '내전이 끝난 지도 얼마 안 됐으면서 뭘 믿고 5억 4,000만 인구를 먹여 살리겠다는 건가?'

전쟁이 인재, 자원 등 중국의 역량을 철저하게 소진시킨 데다, 건국 초기 국제사회로부터 가해졌던 경제 봉쇄로 중국인들의 생활은 더없이 곤핍하고 어려워졌다. 〈경제 30분〉은 '차이나 코드(中國符號)'라는 프로그램을 기획하는 과정에서 위안쿵량(袁孔良)이라는 노인을 만났다. 그의 60년 인생은 중국이라는 거대한 시장이 탄생, 발전해온 과정을 거의 완벽하게 담아내고 있었다. 위안쿵량은 건국 초기를 회상하면서 "먹을 것이 많이 부족했어요. 고기를 먹는다는 것은 꿈도 못 꿨죠. 그야말로 힘든 생활이었습니다"라고 고백했다.

신중국의 산업 수준은 선진국과 비교해서 거의 백 년 가까이 뒤처져 있었다. 생필품 공급이 부족해 거의 수입에 의존했기 때문에 사람들은 성냥을 '양화', 쇠못을 '양못', 세숫대야를 '양대야', 자전거를 '양차'라

양식표는 1955년부터 1993년까지 발행한 식량 배급표이다. 1993년 2월 소집된 '양회'에서 대표위원들이 더 이상 양식표를 받지 않겠다는 말이 나온 후 서서히 역사무대에서 퇴출되었다.

고 불렸다. 중국의 외화보유고는 1952년에는 1억 3,900만 달러, 1978년에는 1억 6,700만 달러에 불과했으며, 그나마 보유하고 있던 외화도 산업화에 필요한 설비나 기술을 들여오는 데만 사용됐다. 이처럼 무역 범주가 지극히 제한적이었던 중국은 국제시장에서 거의 무시해도 될 만큼 작은 시장이었다. 신중국 수립 후 모든 소비 행위는 정부의 계획에 따라 진행됐고, 중국인들은 정부로부터 의식주에 필요한 각종 표를 배급받아 물품을 구입했다. 식량은 양식표, 옷감은 옷감표, 기름은 기름표로 구입했는데 그나마 배급량도 매우 적었다. 위안쿵량은 기억을 더듬었다.

"1인당 한 달에 고기 한 근(斤, 중국에서 1근은 500g-옮긴이), 기름 3~4냥(兩, 1냥은 37.5g-옮긴이), 쌀 27근 정도 배급받았죠. 이런 날들은

1980년대까지 이어졌어요."

　신중국 수립 후 20년간 정부는 국민들의 소비생활에 대한 통계를 내지 않았다. 국제적으로 통용되는 엥겔계수를 통해 살펴본 중국인의 소비구조는 매우 단순했다. 사회과학원 경제연구소 장샤오징(張曉晶) 주임은 이에 대해 "엥겔계수는 식료품 지출이 총지출에서 차지하는 비중을 말하죠. 수십 년 전 중국의 엥겔계수는 상당히 높은 수준이었어요. 이건 중국인이 수입 대부분을 식품 구입에 사용할 만큼 생활수준이 낮은 편이었다는 말이죠"라고 했다.

　상황이 이러했기 때문에 사람들의 복식도 대부분 비슷했다. 유행의 최전선에 있는 젊은 여성층도 최대한 꾸민다는 것이 고작 남색 옷이다. 그래서 가끔 외국 매체에는 중국인들을 '파란색 개미떼'로 묘사하기도 했다. 그때는 1~2년 치 옷감표를 모아야만 겨우 옷 한 벌을 해 입을 수 있었다. 디자인이라고는 인민복이 전부고 양복은 구경도 못했다.

　또 손목시계, 자전거, 재봉틀, 라디오는 '싼좐이샹(三轉一響)'[주15]이라고 해서 각 집에서 장만하기를 꿈꾸는 4대 소비품이었다. 한 대 가격이 100~150위안이나 했기 때문에 월급이 35위안에 불과했던 중국인들은 큰맘 먹고 구입해야 했다. 위안쿵량은 "전 운 좋게 지인에게 부탁해 공소사[주16]에서 재봉틀을 한 대 구입해 제가 살던 충칭까지 기차로 운송해왔

주15. '돌아가는(轉) 원리를 가진 세 가지 기계' 즉, 손목시계, 자전거, 재봉틀과 '소리를 울려(響)' 작동하는 기기 한 개, 즉 라디오를 가리킴.
주16. '공소합작사(供銷合作社)'의 준말. 상업적 성격의 공공기관으로 농촌에 생산 도구·생필품 등을 판매하고, 동시에 농민들에게서 농산품과 부업 생산물 등을 사들임. 중국이 공산화된 후 공산당은 중국 전역에 공소사를 설립함.

신중국 수립 후 20년 동안 민간 자동차 생산은 공백 상태였다. 창춘이치는 오로지 산업용 트럭만 생산하여 중국인들에게 자동차는 언감생심 꿈도 못 꿀 일이었다.

어요. 충칭에서는 재봉틀을 사기가 어려운 데다 교환표가 있다고 다 살 수 있는 것도 아니었죠. 인맥이 있어야 했거든요. 그러니 일반인은 거의 못 산다고 봐야죠"라고 말했다.

건국 초기 20년 동안 '서양 선진국을 따라잡아야 한다'는 구호가 한창이었다. 그래서 중국에서는 저축을 늘리고 소비는 줄이는 것이 최고의 가치로 여겨졌다. 그리고 인력을 비롯한 자원 대부분은 중공업과 국방 분야에 집중됐고, 산업용 트럭이나 국방용 지프차 생산이 우선시됐기 때문에 민간용 자동차 생산은 잠정 보류되었다. 중국 사람들에게 자가용을 마련한다는 것은 언감생심 꿈도 못 꿀 일이었다. 그래서 자동차 회사 '창춘이치(長春一汽)'와 '얼치둥펑(二汽東風)'은 트럭 같은 산업용 운송수단 생산에 집중하고, '베이징자동차(北汽)'는 국방 분야의 수요에 대응하기 위해 군용 지프차를 생산했다.

개혁개방 전 중국인들은 산업과 일상에 필요한 물자가 극도로 부족한 나날을 보냈다. 중국인들은 국제 정세에 어두웠기 때문에 물자 부족을 불평하지 않았고, 이에 따라 소비 수요는 줄곧 낮은 수준을 유지했다.

02 개혁개방 초기 소비품 시장의 번영

1978년 말, 중국공산당 제11기 중앙위원회 제3차 전체회의에서 덩샤오핑은 개혁개방 노선을 공식적으로 천명했다. 중국은 10년간 중국 땅을 피폐하게 만들었던 문화대혁명의 어두운 장막을 걷어내고 새로운 경제체제 중건에 팔을 걷어붙였다.

주장삼각지, 창장삼각지의 수많은 기업도 계획경제의 굴레를 벗어던지고 수출 지향형 제조 기업으로 탈바꿈하는 데 성공했다. 중국은 점차 세계 속 가공공장의 모습을 갖춰나갔고 얼마 안 있어 무역 대국으로 발돋움하게 되었다. 국무원 발전연구센터 대외경제 연구부의 룽궈창(隆國强) 부부장은 이렇게 말했다.

"개혁개방 30년간 중국은 '외국 자본을 유치하고 이를 기반으로 성장한 후 다시 해외로 진출하자'라는 전략을 펴왔습니다. 이를 통해 경제발전을 가속화한 덕에 중국은 과거 30년간 연평균 9.8%라는 경이로운 GDP 성장률을 기록할 수 있었죠. 이는 세계 경제사에서 찾아보기 힘든 놀라운 기록입니다."

대외무역에서 흑자를 기록하면서 중국은 막대한 외화를 벌어들였다. 1996년 중국의 외화 보유액은 1,050억 달러에 달했는데, 이는 1952년의 1억 3,900만 달러에 비하면 자그마치 800배 증가한 액수다. 외화 보유액이 늘었다는 것은 중국의 구매력이 증가했음을 뜻한다. 룽궈창은 개혁개방을 기점으로 중국의 수입품 구성도 크게 바뀌었다고 전한다. 계획경제 아래서 핵심 부품을 위주로 수입했던 것과는 달리, 개혁개방 후에는 가공무역에 필요한 원자재 및 부품이 전체 수입의 40%를 차지했다. 이런 변화는 중국 제조업이 신속하게 세계무역 시스템에 편입되고 있음을 설명한다.

시간이 지나면서 중국은 제조업 대국으로 성장했고, 더 이상 생필품 부족으로 어려움을 겪지 않았다. 중국인들의 장바구니에서는 개혁개방이 몰고 온 변화의 바람이 느껴졌다. 돈만 있으면 살 수 있는 물건들이 시장에 넘쳐났다. 쌀을 살 때도 더 이상 양식표를 내밀지 않게 되었고, 기름이나 고기를 살 때도 배급소 앞에서 줄 설 필요가 없어졌다.

1980년대에는 자영업자를 의미하는 신조어 '거티후(個體戶)'[주17]가 등장했는데, 1981년까지 거티후 수는 261만 곳에 달했다. 이때를 전후로 수입이 1만 위안 대를 넘어서는 업체들이 속속 생겨났다. 같은 해 중국의 종업원 급여 총액은 646억 7,000만 위안, 주민 예금은 281억 위안을 기록했다.

TV와 냉장고, 세탁기가 1980년대 중국 가정의 새로운 인기 가전제품으로 등장했다. 당시 중국인이 한 대에 300위안이나 하는 12인치 흑백 TV를 사려면 1년 치 급여를 모아야 했다. 그래서인지 전자제품을 처음 장만했을 때의 감격은 많은 중국인에게 잊지 못할 추억으로 남았다. 위

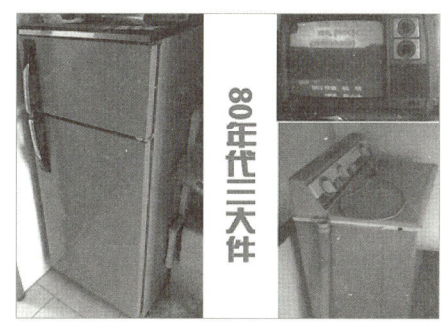

1980년대 TV, 냉장고, 세탁기는 이전의 손목시계, 재봉틀, 자전거를 대체한 내구 소비재로 '3대 상품'이라 불렸다.

안쿵량은 처음 컬러TV를 사러 갈 때의 흥분을 잊지 못한다.

"우리는 청두(成都)에 있는 전기 기자재 판매점에 가서 18인치 컬러 TV를 샀어요. 한 대 가격이 3,000위안이었는데, 제 월급이 30위안 정도였던 것을 생각하면 엄청 비싼 금액이었죠. 그마저도 파격 세일을 한 가격이었다니까요. 저는 돈을 상자 안에 넣어서는 품에 안고 갔어요. 그것도 모자라 잃어버릴까 봐 보험까지 들었죠. 누가 돈을 훔쳐가거나 사고라도 나면 보험회사에 가서 배상을 받을 참이었습니다."

창안(長安) 그룹의 쉬류핑(徐留平) 회장도 처음 냉장고를 샀던 기억을 떠올렸다.

"1980년대는 제가 신혼 때였죠. 부인과 같이 냉장고를 고르러 갔는데 마침 사려고 했던 냉장고가 고장이 난 거예요. 우습지만 저희는 고장 난 냉장고라도 집에 갖다 두자고 했죠. 어차피 없는 것보다는 나으니까요."

주17. 중국의 도시 지역에서 상공업에 종사하는 종업원 7명 미만의 자영업자. 문화대혁명 시기에는 '자본주의의 찌꺼기'로 비판받았지만 1978년부터 시작된 경제 개혁으로 부활, 그 수가 급증함. 국영기업에서 충분히 공급할 수 없는 물품의 제조와 판매업·서비스업·식당 등이 중심 업종을 이룸.

1982년 중국 전역의 자전거는 5억 대에 달해 두 사람 중 한 대씩은 가지고 있었던 셈이다.

1970~80년대에 태어난 사람들은 대부분 자전거 위에서 성장기를 보냈다고 해도 과언이 아니다. 그만큼 자전거는 그 무렵 각 가정에서 없어서는 안 될 중요한 자산이었다. 1982년 중국 전역의 자전거 대수가 5억 대에 달했으니, 두 사람당 평균 한 대씩은 가지고 있었던 셈이다. 이로써 중국은 자전거 보유량이 가장 많은 국가가 되었다.

개혁개방 이후 국방산업에도 변화 바람이 불어 군사 분야에만 집중됐던 서비스가 국민경제에 관심을 돌리기 시작했다. 이에 따라 1979년 최초의 민간용 자동차 '창안아오퉈(長安奧拓)'가 출시됐다. 당시 유명 영화배우를 비롯한 명사들이 저마다 아오퉈를 구입했고, 정부기관의 간부들도 대부분 아오퉈를 몰았다. 그러나 아오퉈 자동차는 생산량이 적은 데다 가격은 10만 위안이나 나가 수입이 100위안 전후였던 일반인들은 감히 꿈꾸지도 못하는 소비품이었다. 매월 100위안씩 저축한다고 해도 10만 위안을 모으려면 거의 10년이나 걸렸다. 차를 사기에는 한참 모자란 현실 앞에서 사람들은 낙심할 수밖에 없었다.

1990년대, 과거 10년간 추진했던 개혁개방의 공력이 축적돼 국민경제는 급속한 성장 궤도에 올라섰다. 1978년에 1.8%였던 저축률은 1994년 19%로 상승했고, 주민 예금은 2000년 한 해만 6,253억 위안이 증가했다.

1979년 최초의 민간용 자동차 '창안아오퉈'가 출시됐다. 사진은 신형 아오퉈이다.

TV, 라디오, 세탁기, 냉장고는 웬만한 가정에서 쉽게 볼 수 있을 정도로 보편적인 가전제품이 되었다. 상하이 자동차, 제팡(解放) 트럭, 베이징 지프차는 중국인에게 귀에 익은 친숙한 브랜드로 성장했다. 창안 그룹의 쉬류핑 회장은 차를 구입하려는 사람들이 창안 그룹 본사까지 몰려들었던 때를 떠올렸다.

"그때 본사 주변 여관에는 남은 방이 없을 정도였어요. 자가용을 사려고 모여든 사람들 때문이죠. 공장장에게 연줄을 대려는 사람도 있었어요. 자가용이 그렇게 폭발적인 인기를 누리리라고는 아무도 예상하지 못했죠. 지방에서도 사람들이 줄을 길게 늘어섰는데 가보면 어김없이 자동차 판매소 앞이었던 겁니다."

다국적기업들은 점차 막강해지는 중국의 구매력을 감지했다. 이들을 중심으로 1990년대 외국 업체들의 중국 상륙이 본격화하기 시작했다.

03 전 세계를 매료시킨 거대 시장, 차이나

1990년 10월, 세계 최대 패스트푸드업체 맥도날드가 중국 제1호 체인점을 오픈했다. 그 뒤를 이어 세계 자동차업계의 두 거물, GM과 포드도 중국 땅에 깃발을 꽂았다.

중국 맥도날드의 쩡치산(曾啓山) 총재는 "맥도날드는 빠르게 중국인들의 삶 속에 파고들었죠. 매장별 최고 매출은 대부분 중국에서 나왔답니다"라고 밝혔다.

GM 차이나 CEO인 케빈 웨일(Kevin Wale)도 중국 시장의 성장성을 높게 평가했다.

"중국은 어느 나라보다 성장 잠재력이 높은 시장입니다. 미국과 서유럽에도 거대한 시장은 있지만 판매량이 급감하는 추세예요. 이미 성숙한 시장이기 때문이죠. 하지만 중국 시장은 이제 막 문을 열었고 빠른 속도로 성장하는 중입니다. 차에 대한 구매 수요도 앞으로 기하급수로 늘 겁니다."

중국은 오랫동안 공을 들인 끝에 2001년 WTO에 정식으로 가입했

GM 차이나 CEO인 케빈 웨일은 중국 시장은 아직 젊고 자동차 잠재수요가 엄청나다고 말했다.

다. 이로써 중국과 세계는 더불어 크게 성장할 기회를 거머쥐었다. 2001년, 전 세계 무역 규모가 5.1% 하락세를 보이는 가운데서도 중국 무역은 오히려 성장세를 보였다. 그리고 1950년 11억 3,500만 달러에 불과했던 중국의 무역 규모는 2008년에 이르러 2조 5,600억 달러로 2,266배나 성장했다. 중국이 세계무역에서 차지하는 비중도 1950년 0.9%였던 것이 2008년에는 8% 이상으로 높아졌다. 그뿐만이 아니다. 2009년 중국은 무역 총액 기준, 독일을 제치고 미국에 이어 전 세계 2위를 차지했다.

중국은 WTO 가입 후 모든 기업에 무역권을 점진적으로 허용함으로써 무역업을 자유화했다. 이로써 특정 업체가 정부 계획에 따라 수입을 맡아오던 종전의 무역 방식은 끝을 맺고 전적으로 시장 수요에 의해 수입량이 결정되었다. 이때 정부가 하는 일은 관세율을 조정하는 것뿐이다. 이때부터 중국의 수입 품목에는 설비와 선진 기술 등 가공무역에 필요한 자원 외에도 일상 소비품이 포함되기 시작했다.

2001년 이후 소니 TV를 보고 코카콜라를 마시며 나이키 운동화를 신는 것은 중국에서 더 이상 낯선 풍경이 아니었다. 이와 함께 새로운 인기 소비 품목으로 등장한 것은 자동차와 주택이다. 개혁개방 후 푸리펀팡(福利分房, 국가에서 집을 제공하는 사회주의 복지제도-옮긴이)의 혜택을

2001년, 중국은 15년에 걸친 우여곡절 끝에 정식으로 세계무역기구에 가입했다.

못 받게 된 중국인들은 상핀팡(商品房, 분양주택의 의미-옮긴이)으로 시선을 돌렸고, 이 때문에 부동산 시장은 활기를 띠기 시작했다.

중국 자동차 산업도 WTO 가입 후 각종 우대정책과 폭넓은 소비시장에 힘입어 폭발적인 성장세를 기록했다. 이 때문에 1994년 14%였던 중국의 자동차 보유량은 2004년 33%까지 늘어났다. 창안 그룹의 쉬류핑 회장은 "베이징과 같은 주요 도시에서 시작된 자동차 붐은 주변 도시, 심지어 농촌 지역까지 퍼져 나갔죠.ND 자동차 소비권이 확대되면서 자동차 시장의 규모도 점차 커졌습니다"라고 말했다.

2008년 중국 가처분소득은 1인당 1만 5,781위안으로 1949년에 100위안도 되지 않던 것에 비해 물가 요인을 제외해도 18.5배나 성장했다. 2008년 말에는 주민 예금 잔액이 21조 8,000억 위안이나 됐는데, 이는 1952년 말 주민 예금액이 8억 6,000만 위안이었던 것에 비하면 자그마치 2만 5,000배나 상승한 수치다. 중국인의 1인당 수입이 크게 늘면서 중국에 진출한 다국적기업들도 풍성한 수익을 기대할 수 있게 되었다.

LG전자 중국 가전 사업부의 정우성 상무는 중국 시장을 미국 시장과 비교하면서 이렇게 설명했다.

"중국에서 이제 막 시작된 디지털TV 기술은 세계 최초는 아니지만

LG전자 중국 지역 브랜드 마케팅 책임자는 LG가 중국에 진출한 후 폭발적인 매출 성장을 기록했다고 밝혔다.

성장 속도 하나만큼은 세계 최곱니다. 미국의 디지털TV는 태동한 지 5년 만에 TV시장 점유율 30%를 기록했죠. 반면 중국의 디지털TV는 올림픽 개최 연도에 처음 송출된 후 2009년 말까지 불과 1년 만에 점유율 30%를 넘어섰어요."

LG전자 중국 지역 브랜드 마케팅 책임자인 류수지(劉樹基)도 중국 시장이 지닌 거대한 구매력을 인정했다.

"LG는 중국 진출 후 폭발적인 매출 성장을 기록해왔습니다. 이는 중국의 발전 속도가 매우 빠르고 중국인의 구매력이 갈수록 높아짐을 반증하는 수치죠."

LG전자 최고기술책임자(CTO)인 백우현 사장도 '중국의 디지털TV 시장은 이제 막 태동했지만 경이로운 속도로 성장하고 있으며, 중국은 조만간 세계에서 가장 크고 좋은 디지털TV를 만드는 국가가 될 것'이라고 확신했다.

1980년대 말 중국에 진출한 맥도날드는 중국 패스트푸드 시장의 돈을 긁어모았다고 해도 과언이 아니다. 실제로 중국은 일찌감치 맥도날드의 최대 마켓이 됐다. 중국 맥도날드의 쩡치산 총재는 "맥도날드 체인 중에 가장 빨리 성장한 시장은 중국입니다. 매장 수가 1,000개를 넘어선 국가 역시 미국 다음으로 중국이 처음이죠. 2000년 이래 중국 매장 수는 네 배 가까이 늘어났는데, 이것은 매우 고무적인 일입니다"라고 전했다.

최근 몇 년간 맥도날드는 글로벌 체인 전반에 걸쳐 경영 실적이 하락하는 고배를 마셨다. 북미에서만 벌써 200여 개 매장이 문을 닫았을 정도이다. 하지만 놀랍게도 중국에서는 매년 100개씩 매장 수가 늘어나는 추세다. 맥도날드가 중국 전략을 전 세계 체인사업의 최우선 과제로 삼은 것은 이런 연유다. 맥도날드와 반대로 버거킹은 중국 시장을 소홀히 여긴 탓에 세계시장 점유율에서 맥도날드에 밀려났다. 이를 계기로 국제사회에는 "누구든지 중국 시장을 무시하면 성장 기회를 잃게 된다"라는 말이 유행했다. 룽궈창은 누구보다도 중국 시장의 잠재력을 확신한다.

"중국은 국제사회에서 더 이상 무시할 수 없는 시장이 됐어요. 잠재력을 가진 거대한 용, 중국이라는 시장이 긴 잠에서 깬 거죠. 세계에서 세 번째로 큰 경제대국, 중국이 발휘하는 구매력은 전 세계 무역 패턴에 적지 않은 영향을 끼치고 있습니다."

04 위기 속 세계경제를 견인하는 중국

2008년 9월, 미국 월스트리트에서 불어 닥친 금융위기의 한파는 세계 각국의 경제에 심각한 타격을 입혔다. 이런 상황에서 경제위기의 유일한 대피처가 13억 인구가 지탱하는 중국 소비시장이라는 사실에 국제시장은 적지 않게 놀랐다.

GM 차이나의 케빈 웨일 CEO는 이 점을 누구보다도 잘 알고 있다.

"중국이 세계 최대의 경제력을 갖추었다는 점은 이제 부인할 수 없는 사실이 됐습니다. 불황의 그림자 속에서도 중국만은 성장세를 유지했어요. 오히려 다른 나라들의 경제 회복을 위해 전면에 나서기까지 했죠. 중국은 세계경제에서 갈수록 중요한 역할을 담당하고 있습니다. 성장을 견인하는 엔진 역할을 하게 된 거죠."

2009년 6월 1일, 세계 최대의 자동차 기업 GM이 파산 보호를 신청했다. 그러나 GM은 이런 상황에서도 2억 5,000만 달러를 투자, 중국 상하이에 국제 지휘본부를 건설했다. 케빈 웨일은 이에 대해 "중국 시장에서의 입지를 다지는 것은 무엇보다 중요한 일입니다. 중국은 이미 세계에

2009년 6월, 세계 최대의 자동차 기업 GM이 파산 보호를 신청했다. 그러나 GM은 이런 상황에서도 2억 5,000만 달러를 투자, 중국 상하이에 국제 지휘본부를 건설했다.

서 가장 큰 시장으로 성장했기 때문입니다"라고 말했다.

전 세계 고급자동차 시장에서도 중국의 구매력은 빛을 발했다. 다임러 그룹은 2009년 1~7월, 전 세계 자동차 판매 실적이 전년도 대비 18% 가까이 하락했지만 중국 시장에서만큼은 오히려 49%나 성장하는 기염을 토했다. BMW도 전 세계 판매량이 19% 하락한 가운데 중국 실적은 26%나 늘었다. 아우디도 예외는 아니다. 전 세계 판매량이 8% 하락한 상황에서도 중국 지역 판매량은 15%나 성장했다.

이 외에도 중국에서 상승세를 보이는 분야는 바로 사치품 시장이다. 금융위기의 영향으로 유럽, 미국, 일본의 고급 브랜드 제품 수요가 전반적으로 위축됐지만 중국 사치품 시장은 도리어 매년 성장세다. 현재 중국인의 사치품 소비 규모는 전 세계 시장의 25%를 기록해, 중국은 미국에 이어 세계 2위의 사치품 시장으로 등극했다. 이에 대한 룽궈창의 분석은 다음과 같다.

"국가가 부강해지면 국민들의 수입이 늘어나고 이에 따라 벌어들이는 외화도 많아집니다. 하지만 달리 표현하면 이는 외화의 소비도 늘어난다는 말이에요. 해외에서 여행, 전신(電信), 교육, 의료 서비스를 이용하는 것이 대표적인 예입니다. 중국은 세계에서도 손꼽히는 여행객 수출국이에요. 수도 없는 여행객이 전 세계로 빠져나가고 있죠. 유엔세계관광기구(UNWTO) 통계에서는 중국 여행객이 최고의 구매력을 지닌 단체 중 하나라고 합니다."

금융위기 발발 후 무역 수출 규모가 크게 하락하면서 중국 경제에도 전에 없는 한기가 느껴졌다. 2008년 11월 5일, 원자바오(溫家寶) 총리는 국무원 상무회의 소집 후 2010년까지 내수 확대와 경제성장 견인을 위해 총 4조 위안을 투입할 계획이라고 밝혔다.

'13억' 인구가 만들어내는 거대한 소비시장은 세계경제의 패턴을 부지불식간에 바꿔놓았다. 중국 정부가 내놓은 4조 위안의 경기부양책은 위축된 세계경제에 단비가 되었다. 세계인들은 이것이 산업 라인의 가동률을 높이고 수출을 늘리는 등, 경기를 회복하는 열쇠가 될 것이라고 기대한다. 룽궈창은 예를 들어 설명했다.

"이웃나라 일본은 금융위기 후 전체 수출이 40%나 급감했지만 대중국 기계설비 수출량은 두 배 가까이 늘었어요. 중국 정부의 4조 위안 부양책 덕분이죠. 이 정책으로 중국의 '8% 경제성장률' 목표가 실현되면 전반적인 수입 규모도 늘 겁니다. 중국뿐만 아니라 무역 상대국까지 혜택을 입게 되는 거죠."

05 기회와 도전이 병존하다

오늘날 중국은 경제성장의 신화뿐만 아니라 세계경제의 판도까지 움직이는 기적을 보이고 있다. 이는 그 뒤를 '13억 인구'라는 거대한 중국 시장이 버티고 있기에 가능한 일이다. 그렇다고 중국이 모든 분야에서 좋은 성과를 거둔 것은 아니다. 국무원 발전연구센터 대외경제연구부 룽궈창 부부장은 '13억 인구'라는 거대 시장에 가려진 이면을 전한다.

"중국의 1인당 수입은 3,500달러 정도입니다. 전 세계 110위에 불과한 수준이죠. 나라는 막강한 구매력을 갖고 있지만 중국인은 여전히 가난에서 헤어나지 못한다는 말이에요. 기타 구조적인 원인이 있긴 해도, 바로 그것이 중국 경제의 고른 성장을 방해하는 주요 원인입니다. 그래서 어떻게 해서든 내수를 확대하고 해외시장의 수요를 충분히 활용할 필요가 있어요."

사회과학원 경제연구소 장샤오징 주임도 비슷한 의견이다.

"제가 강조하고 싶은 건 국민 소비가 GDP에서 차지하는 비중이 미국은 70%인데 반해, 중국은 35%에 불과하다는 점입니다. 양국의 수치가 이렇게 큰 차이를 보이는 것은 중국의 국민 소비 수준이 아직 국제 평균치에 이르지 못했음을 의미하죠. 또 국민복지 수준이 경제성장 속도를 따라잡지 못한다는 것을 뜻하기도 합니다."

중국 무역은 금융위기의 한파 속에서 주춤한 모습을 보였다. 이는 대외무역에 크게 의존하는 중국 경제의 구조적인 문제를 다시 한 번 부각시켰다. 이에 따라 대외무역에 치중한 경제 구조를 내수 위주로 전환하는 것이 중국 경제가 해결해야 할 시급한 과제가 되었다. 2009년 중국 정부는 소비 활성화를 위한 8대 조치를 내놓고 거액의 재정을 풀어 내수시장 드라이브 정책에 시동을 걸었다. 최근 들어 정부의 전폭적인 지원으로 소비시장은 신기록 행진을 이어가고 있다. 2009년 ¾분기 중국의 소비품 판매액은 17%나 증가했다. 무엇보다 눈길을 끄는 것은 농촌 소비시장이 움직이기 시작했다는 점이다. '성장했다'는 말로도 부족해 '폭발적으로 팽창한' 농촌 소비시장은 11개월 연속 도시의 성장 속도를 능가하는 기염을 토했다. 이는 중국 소비시장의 일대 혁신이다.

전문가들은 2009년 농촌 소비시장의 성장세가 도시 수준을 초월하게 된 것은 결코 우연이 아니라고 입을 모았다. 이는 삼농(三農, 농촌, 농업, 농민-옮긴이)에 대한 중앙정부의 투자 확대 조치에 농촌이 반응한 결과로 해석된다. 정부는 최근 농가의 농기구 구입 보조금을 기존의 40억 위안에서 130억 위안으로 대폭 늘렸으며, 가전제품, 자동차, 오토바이 구입 농가에 대한 보조금으로 320억 위안을 투입했다. 정부 차원의 내수 확대 조치가 농촌시장의 소비 욕구를 불태운 것이다.

2009년 12월 19일, 《뉴욕 타임스》는 2009년 한 해 사람들의 관심을 모았던 유행어 37개를 선정했다. 그중에는 'GM'도 포함되어 있었다. GM은 원래 자동차 제조업의 공룡 기업, 제너럴모터스의 약칭이다. 하지만 이

2009년 《뉴욕 타임스》가 선정한 37개 유행어 가운데 GM도 포함되었다. 여기서 'GM'은 'Government Motors'의 약자로 GM이 파산하자 미국 정부가 공적자금을 투입해 GM의 실질적인 안주인으로 등극한 것을 풍자한 말이다.

번에 《뉴욕 타임스》가 언급한 'GM'은 'Government Motors'의 약자, 즉 '정부 소유의 자동차'라는 뜻이다. GM이 파산하자 미국 정부가 공적자금을 투입해 GM의 실질적인 안주인으로 등극한 것을 풍자한 말이다. 이 외에 《뉴욕 타임스》가 선정한 또 다른 유행어는 '차이메리카(Chimerica)'이다. '중국'을 의미하는 'China'와 '미국'을 의미하는 'America'의 합성어다. 금융위기에 빠진 세계경제에 구원투수로 나선 중국이, 이제는 미국과 어깨를 나란히 할 만큼 유력한 경제 주체로 떠올랐다는 말이다.

흥미롭게도 중국 자동차업계의 2009년 상황은 《뉴욕 타임스》가 선정한 두 가지 유행어를 너무나도 생생하게 대변해주고 있다. GM이 파산 위기에 처했을 때 중국 자동차 시장은 도리어 전무후무한 호황을 맞았다. 중국 소비자들이 줄을 서서 자동차를 구입하는 모습은 이미 흔한 풍경이 되었다. 이처럼 전 세계 자동차업계가 불황 속에서 허우적대는 가운데서도 중국 자동차업계는 나 홀로 호황을 누렸다. 중국 자동차협회의 추산에 따르면, 중국의 연간 자동차 생산량은 1,350만 대에 달한다고 한다. 2008년 말 금융위기 속에서도 중국 정부의 부양책 덕에 기사회생한 중국 자동차 시장은 2009년, 연간 판매량 1,000만 대 시대에 접어들었다. 가히 세계 최대의 자동차 시장이라 불릴 만하다.

세계 언론은 지금 중국이 실시한 경기부양책의 효과에 주목하고 있다. 《월스트리트 저널》은 2009년 12월 21일자 보도를 통해 "아시아가 경기부양책에 힘입어 되살아나고 있으며, 이제는 오히려 세계경제를 견인하고 있다"라고 언급했다. 이와 함께 신문은 "이러한 왕성한 소비 추세는 2010년까지 지속될 것인데, 중국이 미국과 유럽의 전면에 나서기 시작했다"라고 덧붙였다. 미국의 《타임》지도 2009년 11월 15일, "빚더미에 올라앉은 미국 소비자들은 이제 절약 모드로 돌아섰다. 이들을 대신해서 세계 경기 회복을 가능케 할 주체는 중국의 소비자들뿐이다"라고 하면서 "불과 얼마 전까지만 해도 중국에선 사치품으로 여겨졌던 자동차, 냉장고, 평면TV 시장에 13억 인구가 몰리기 시작했다. 중국 소비자들이 있는 한 세계 경기는 갈수록 나아질 것이다"라고 보도했다.

왕샤오야, 상하이 엑스포에서 차이나 키워드를 말하다

1933년, '백 년의 진보'라는 주제로 개최된 시카고 엑스포에서는 '어떻게 하면 1930년대의 경제 불황에 대처할 수 있을지'에 관한 논의가 이뤄졌다. 그 결과 사회 전반에 걸쳐 직·간접적으로 10만 개 정도의 일자리가 창출되었다. 그 후 2010년, 금융위기 속에서 한바탕 홍역을 치른 세계 각국은 상하이 엑스포를 중심으로 다시 뭉쳤다. 상하이 엑스포에서 소비시장을 자극할 만한 기회와 회복의 묘안이 나올지, 세계인의 눈과 귀가 모아졌다. 세월이 흐른 후 사람들의 기억 속에는 1933년 시카고 엑스포와 마찬가지로 경제 회복의 전환점이 된 2010년 상하이 엑스포로서 영원히 남게 될 것이다.

KEYWORD
3

위안화

전 세계인이 주목한 차이나 금융 코드

30년 전만 해도 위안화는 국제금융 환경에서 가장 보잘것없는 화폐였다. 하지만 위안화는 갈수록 많은 국가의 환전소와 ATM기에서 태환되고, 심지어 각국 중앙은행의 외환보유고에서도 대우받는 유력 화폐가 되었다. 위안화가 걸어온 길에는 30년에 걸친 중국 경제의 성장 역사가 고스란히 반영돼 있다.

금융위기를 거치면서 사람들은 달러가 독점해온 국제화폐 시스템의 폐단을 깨닫고 개혁의 필요성을 절감했다. 이렇듯 세계 금융계의 판도가 바뀌면서 위안화의 국제화에도 가속도가 붙기 시작했다. 이 과정에서 위안화는 결제 화폐에서 투자 화폐, 비축 화폐로 이전되는 과도기를 경험하고 있다. 이러한 특수한 시점에서 위안화의 미래는 매우 낙관적이라고 봐도 무방하다. 중국 경제가 지속적으로 성장하고 세계경제 구조에서 책임과 역할을 다하는 대국으로 자임한다면 차이나 파워를 전 세계에 전파할 수 있을 것이다.

들어가며

중국은 세계 3위 경제대국이자 2위의 무역 규모와 1위의 외환보유고를 자랑하는 국가다. 중국 런민(人民)은행이 발행하는 위안화는 이를 잘 보여주는 금융 파워의 상징이다. 얇디얇은 화폐 한 장에 국제 금융시장을 뒤흔드는 막강한 차이나 파워가 함축돼 있는 것이다.

2009년 9월, 중국 중앙은행(런민은행)은 국제통화기금(International Monetary Fund, IMF)과 계약을 맺고 500억 달러어치의 IMF 특별인출권(Special Drawing Right, SDR)[주18] 채권을 매입하는 데 합의했다. 그때까지 IMF는 달러, 유로화, 파운드, 엔화만을 비축통화로 인정해왔다. 이 점을 고려할 때 이번에 중국의 SDR 채권 매입은 위안화를 비축통화로 인정하겠다는 IMF의 암묵적 동의로 간주된다. 세계 경제계 인사들은 국제 금융계에 혜성처럼 등장한 위안화의 비약적인 발전에 주목하고 있다.

이 외에도 위안화의 영향력이 확대됐음을 반증하는 사례는 많다. 10년 전만 해도 홍콩에서 위안화를 반기는 상인들은 많지 않았다. 하지만 지금은 홍콩 내 대다수 업체가 결제 수단으로 위안화를 선택하고 있다. 위안화가 홍콩달러보다 더 안정적이고 화폐가치가 오를 가능성이 크기 때문이다. 이처럼 위안화는 중국을 대하는 해외업체들의 태도를 우호적으로 바꿔놓는 등, 전 세계 금융 시스템에 중국의 흔적을 깊이 새기고 있다. 그래서인지 언론을 통해 무릴로 포르투갈(Murilo Portugal) IMF 부총재가 "세계 3위의 경제대국인 중국은 이제 국제경제에서 중대한 입지를 갖게 됐습니다"라고 한 것도 결코 빈말처럼 느껴지지 않는다.

금융위기의 먹구름이 전 세계를 뒤덮은 지 반년이 되어가는 2009년 3월 말, 영국 런던에서는 G20 정상회의[주19]가 개최됐다. 그곳에는 각국의 수장들이 모여 경제위기에서 벗어날 묘책을 고민하고 있었다. 그러나 무엇보다 그들을 긴장시킨 것은 G20 정상회의 개최를 앞두고 런민은행 웹사이트에 올라온 한 편의 글이었다.

이 기고문의 작성자는 다름 아닌 중국 중앙은행의 저우샤오촨(周小川) 은행장. 그는 글을 통해 "현재 국제화폐 시스템에는 적지 않은 결함과 시스템적인 리스크가 있으므로 국가를 초월하는 새로운 슈퍼통화를 만들어 달러를 대체해야 한다"라고 주장했다. 그의 말은 일시에 각국 정·재계에 큰 파장을 불러일으켰다. 미국 오바마 대통령의 반대 성명을 필두로 오스트레일리아의 케빈 러드(Kevin Rudd) 총리, EU의 경제·통화 정책 담당 호아킨 알무니아(Joaquin Almunia) 집행위원이 초주권 화폐 발행 제안에 반대했다. 그러나 러시아의 드미트리 메드베데프(Dmitry Medvedev) 대통령, 브라질의 룰라 다 실바(Lula da Silva) 대통령, IMF의 도미니크 스트로스칸(Dominique Strauss-Kahn) 총재는 저우샤오촨의 슈퍼통화 구상을 지지했다.

각국 최고의 정계 인사들이 중국 중앙은행장의 글에 민감한 반응을 보이는 모습은, 전 세계 금융계에 미치는 중국의 영향력이 이미 무시할 수 없는 수준이라는 걸 실감하게 한다. 세계 3위 경제대국이자 2위의 무역대국으로 성장한 중국은 세계 최대의 외화 보유국이기도 하다. 중앙은행이 발행하는 위안화 종이돈은 전 세계를 돌며 자국의 경제력을 과시함과 동시에 공정한 국제 금융환경이 조성돼야 한다고 호소한다. 이런 상황에서 한국의 《조선일보》는 "국제 기축통화를 둘러싸고 전 세계의 '화폐전쟁'이 더욱 치열한 양상으로 전개되고 있다"라고 보도했으며, 영국의 《파이낸셜 타임스》는 '중국, 달러 시대의 종말을 고하다(China's plan to end the dollar era)'라는 제목의 논평을 싣기도 했다.

주18. IMF의 운영축을 보완하기 위한 제3의 세계화폐를 말함. IMF의 운영축은 금과 기축통화인 달러이지만 금은 생산에 한계가 있고 달러는 신인도가 문제이므로, 이에 대한 보완책으로 SDR이 생겨남. IMF 가맹국은 금이나 달러로 환산해서 일정액의 SDR을 출연하고, 국제수지 악화 등으로 경제가 어려워지면 SDR을 배분받아 사용함. 1SDR의 가치는 5개국(미국·영국·프랑스·독일·일본) 통화를 가중 평균해서 산정함.
주19. 선진 7개국 정상회담(G7)과 유럽연합(EU) 의장국 그리고 신흥시장 12개국 등 세계 주요 20개국을 회원으로 하는 국제기구로 대개 1년에 한 차례 정상회의를 열어 세계의 경제 문제를 논의함. 제5차 정상회의는 2010년 11월 서울에서 열렸음.

01 환율제도, 무에서 유를 창조하다

위안화는 오늘날 세계 금융시장에서 갈수록 중요한 역할을 담당하고 있다. 하지만 과거 10년간 위안화는 한 나라의 금융 역량을 상징하는 화폐로서 그 어떤 매력도, 위상도 없었다.

1948년, 국공내전[주20]이 한창이던 시절 중국공산당은 경제 안정을 위해 화폐를 통일시켰다. 화베이(華北), 산둥(山東), 산시(陝西), 간쑤(甘肅), 닝샤(寧夏), 산시(山西) 인민정부와의 논의 끝에 화베이은행, 베이하이(北海)은행, 시베이농민(西北農民)은행을 합병하기로 결정했다. 그리고 12월 1일, 허베이(河北)성 스자좡(石家莊)에서 세 은행을 합병한 런민은행이 설립되었다.

설립된 지 얼마 되지 않은 런민은행은 산발적으로 발행된 화폐를 통일하여 이미 심각한 수준에 이른 통화팽창을 억제해야 하는 과제를 떠안았다. 그림에 보이는 것은 그해에 발행한 위안화의 초기 디자인이다. 이로써 액면가 1위안에서 5만 위안까지의 화폐가 탄생했다. 액면가 폭이 이렇게 큰 것을 보면 건국 초기 물가 파동이 얼마나 심각했는지 짐작할 수 있

런민은행이 발행한 최초의 화폐.
액면가가 1위안에서 5만 위안으로
폭이 큰 것으로 보아 건국 초기 물가 파동이
얼마나 심각했는지 짐작할 수 있다.

다. 물가가 폭등하면서 위안화 환율도 안정을 못 찾고 등락을 반복했다. 1949년 3월, 1달러에 600위안이던 환율은 1년 만에 4만 2,000위안으로 껑충 뛰었다. 불과 1년 사이에 52차례나 폭락을 거듭하며 98% 넘게 가치 절하된 후, 그야말로 '한 푼어치의 가치도 없는' 신세로 전락하고 만 것이다.

1953년, 중국은 계획경제의 구속이 가장 심했던 사회주의 체제 구축기에 접어들었다. 새로운 위안화 발행 필요성을 느낀 중국 정부는 기존 화폐 1만 위안을 신규 화폐 1위안으로 바꿔주는 화폐개혁을 단행했다. 그 후 위안화 환율은 16년간 안정된 수준을 유지했다.

'계획 환율제도' 하에서 위안화의 달러 대비 환율은 오랫동안 2.4618:1의 비율을 유지했다. 수치로만 보면 당시 위안화는 달러 대비 상

주20. 항일 전쟁이 끝난 후 중국 재건을 둘러싸고 국민당과 공산당 사이에 벌어진 국내 전쟁. 전쟁의 결과로 본토에는 마오쩌둥이 이끄는 중국공산당의 중화인민공화국이 수립되었고, 장제스(蔣介石)가 이끄는 국민당의 중화민국은 타이완으로 근거지를 옮김. 중화인민공화국에서는 혁명을 정당화하기 위해 국공내전을 해방전쟁이라고도 함.

당히 높은 가치를 지닌 것처럼 보였다. 그러나 실제 무역 거래에서는 이런 공정 환율보다는 '환전에 소요되는 원가'를 기준으로 환율이 결정되었다. 당시 1달러를 환전하기 위해 소요되는 위안화 비용은 대략 6위안이었다. 따라서 1달러는 6위안 남짓한 금액으로 환전됐다. 환율은 공식적으로 2위안으로 고정됐지만 실제 환전 원가는 6위안에 달했다는 점에서, 위안화가 심각하게 고평가되었음을 알 수 있다. 따라서 무역 거래에서도 기형적인 현상이 나타날 수밖에 없었다. 그것은 수출을 하면 할수록 손해가 막심해지는 현상이었다. 중국 정부가 수출 확대를 위해 백방으로 쏟는 노력이 무색해질 정도였다. 중국에서 이런 현상은 1978년까지 지속됐다. 중국은 고정환율 덕에 위안화의 안정세를 유지할 수 있었던 반면, 세계경제와 단절된 채 낙후한 경제 시스템을 끌어안고 가야 했다. 그래서 1958년에서 1978년에 이르는 20년간, 중국 도시 주민의 1인당 수입은 고작 4위안 늘어났고, 농민 수입의 증가액도 2.6위안을 채 넘지 못했다.

    1978년 중국공산당 11기 중앙위원회 제3차 전체회의가 열린 후, 중국은 개혁개방이라는 새로운 전환기를 맞이했다. 1979년 3월에는 외환관리국이 설립되어 위안화와 외환의 거래 업무를 전담해서 관리했다. 이때부터 중국은 '이중 환율제도'를 운영하게 되는데, 중앙은행에서 발표하는 변동 폭이 거의 없는 공정 환율과 외환조절센터에서 실제 외환거래 시 적용하는 시장 환율이 병존하게 된 셈이다. 그 무렵 중국은 무역수지가 호전되고 외화 보유량이 증가하는 추세였다. 하지만 이중 환율제도 때문에 각 환율 간의 격차가 커지기 시작했다. 런민은행 부설 대학원의 우녠루(吳念魯) 교수는 그때를 회상하며 이렇게 말했다.

    "은행에서 1달러 환율을 5위안으로 정하면 시장 환율은 어느새 8위

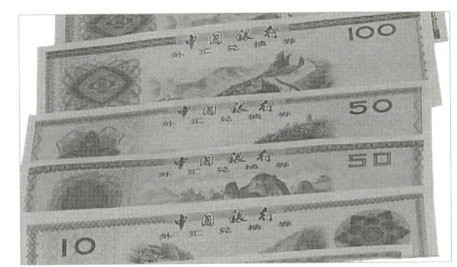

1980년대 초, 물자가 부족하고 위안화 환율이 고평가되어 외화태환권은 특수한 소비 권리의 상징이 되었다.

안대를 넘어서 있었죠. 그런데도 외화 수요의 80%는 외환 조절시장에서 채워졌어요."

환율 격차가 심해지면서 외환거래를 위한 암시장도 생겨났다. 중국 사회과학원 부원장이자 금융연구소 소장인 리양(李揚)은 당시 외환거래 암시장의 풍경을 회상하며 말했다.

"그땐 암시장이 극성이었어요. 진바오제(金寶街) 일대가 암시장의 본거지였죠. 볼 일이 있어서 그 근처에라도 갈라치면 금세 누군가 다가와서 '달러 필요하세요? 파운드는요?'라고 묻는 거예요."

소설가 왕쉬(王朔)는 그의 작품 『노는 것만큼 신나는 것도 없다(玩的就是心跳)』에서 "다들 외국 돈 구하느라 미친 듯 난리였다. 흡사 의화단 같은 걸 조직해서 대사관을 부수기라도 할 기세였다"라고 묘사하기도 했다.

비슷한 시기에 외국 돈으로 바꿀 수 있는 특수한 형태의 화폐가 등장했는데, 그것은 바로 '외화태환권'이었다. 물자가 부족하고 위안화 환율이 고평가됐던 당시 중국에서, 외화태환권은 일종의 특수한 소비 권리의 상징이었다. 이에 대해 중국은행 글로벌 금융시장부 위안웨둥(袁躍東) 주임은 "외화태환권은 위안화보다 가치가 있었어요. 액면가는 같아도 실

1988년판 외화태환권.
외화태환권의 실질 구매력은
위안화보다 높았다.

제 구매력은 외화태환권이 높았죠. 그래서 택시 기사들이 위안화는 안 받고 외화태환권만 받는 웃지 못할 풍경이 연출되기도 했답니다"라고 전한다.

환율 형성 메커니즘에 혼란이 생기자 중국의 환율제도에는 전반적인 정비 작업이 필요했다. 거의 모든 외환이 외환조절센터를 통해서 확정되고 거래됐기 때문에 공정 환율이 유명무실해졌다. 이런 상황이 지속된다면 중국의 대외무역 전체가 불리한 상황에 놓이게 될 수도 있었다.

1992년, 88세 고령의 덩샤오핑은 남순강화를 통해 개혁개방의 전환점에 선 중국에 분명한 방향을 제시했다. 그는 "중국이 사회주의만 고집한 채 개혁개방, 나라 경제와 국민생활 개선을 도외시한다면, 우리는 모두 죽음으로 내몰리고 말 겁니다!"라고 호소했다. 덩샤오핑의 개혁개방 노선에 발맞춰 금융 분야에서도 위안화 환율제도에 대한 개혁의 필요성이 강조되기 시작했다.

1993년 11월, 중국공산당 14기 중앙위원회 제3차 전체회의에서는 '중국공산당 중앙위원회의 사회주의 시장경제 체제 건설에 관한 결정'이라는 문건을 통해 외환 시스템을 개혁하고 위안화를 점진적으로 태환 가능 화폐로 전환하는 문제를 제기했다.

1994년 1월 1일, 위안화 공정 환율은 비로소 외환조절가격과 하나로 통일되었다. 이로써 중국은 '시장 수급 상황을 바탕으로 일정 부분 관리를 받는 관리변동환율제'를 실시했다. 이 결정의 가장 큰 의의는 중국이 시장 운영 메커니즘을 기반으로 세계경제에 편입할 수 있는 기저가 마련됐다는 데 있다. 환율정책 개혁으로 중국은 달러 대비 위안화 환율을 기존의 공정 환율인 5.7:1에 비해 33% 절하한 8.72:1로 확정했다. 그 후 중국 상품이 국제시장에서 상대적인 가격 우위를 갖게 되면서 해외 바이어들의 러브콜이 쏟아지기 시작했다. 환율정책 개혁을 통해 중국 경제는 대외무역이 견인하는 시스템으로 재편성됐다. 외환보유고도 '0' 지점을 탈피하고 고성장세로 접어드는 등 환율정책 개혁은 중국 화폐사에서 기념비적인 사건으로 기록되었다.

02 힘 있는 국가가 강력한 화폐를 만든다

1997년, 중국은 GDP 7조 5,000억 위안, 외환보유고 1,400억 달러를 기록함과 동시에 세계 10위권에 드는 무역대국으로 성장했다. 그러나 같은 해 아시아 금융위기가 발발하면서 대다수 국가의 화폐가치는 끝도 없이 추락했다. 1997년 7월 2일, 태국 정부가 변동환율제를 채택하겠다고 발표하면서 당일 바트화는 20%나 하락했고, 한국의 원화는 2개월 만에 50% 폭락하는 등 아시아 경제는 붕괴 직전의 위기로 내몰렸다.

중국 역시 위안화 가치 조정을 두고 선택의 기로에 놓였다. 당시 국제 여론은 위안화를 평가절하하지 않는 한 중국 경제가 회복할 수 없는 지경에 이를 것이라는 견해가 지배적이었다. 그러나 중국 정부는 국내외의 예상을 깨고 단호하게 "중국은 위안화를 평가절하하지 않을 것이다. 중국은 아시아 금융환경 안정화를 위해 책임을 다하겠다"라고 발표했다.

하지만 서방 국가들은 중국 정부의 말을 곧이곧대로 믿지 않았다. 중국 국제금융학회 우녠루 부회장은 그 이유에 대해서 "정부가 한 말이긴 해도 민심 안정을 위한 립서비스에 불과하다고 여겼던 거죠"라고 풀이했다. 일찍이 영국을 통해 경험한 사례도 그 원인이 됐다. 잉글랜드 은행의 은행장이 공개석상에서 "파운드를 절대 평가절하하지 않을 테니 안심하십시오"라고 발표하고 일주일도 채 안 돼 파운드가 평가절하되고 말았던 적이 있다. 그런데 예상과 달리 중국 정부가 발언한 대로 약속을 실천하자 세계는 놀라움을 금치 못했다. 1998년부터 위안화 환율은 약속대로 줄곧 8.27:1 수준을 유지했다.

이로써 중국은 경제, 정치적으로 책임을 회피하지 않는 국가 이미지를 구축하게 되었다. 위안화의 국제적 신인도가 올라간 것은 물론이다. 이는 훗날 세계 경제구조에서 중국의 입지를 다지는 데 결정적인 기점이 되었다.

아시아 금융위기가 물러간 지 2년 만에 중국 경제는 고도성장의 궤도에 올라섰다. 이에 따라 중국의 GDP도 2000년 처음으로 1조 달러를 돌파했다. 힘 있는 국가가 강력한 화폐를 만들 듯, 위안화는 지칠 줄 모르고 비상하는 중국의 성장세에 힘입어 강력한 화폐로 거듭나기 위한 행보를 계속했다.

2002년, 다이샹룽(戴相龍) 전 런민은행 총재는 캐나다를 방문하는 길에 밴쿠버 공항에서 놀라운 사실을 목격했다. 현지에서 ATM기를 통해 위안화를 달러와 캐나다달러로 쉽게 환전할 수 있었던 것이다. 다이샹룽은 신선한 충격을 받고 이와 관련된 연구와 협력을 지속하라고 지시했다. 이는 아시아에서 금융위기의 먹구름이 서서히 걷히고 있음을 반증하는 현상이었다. 중국은 위기에서 벗어나 빠른 속도로 성장하고 있었고 위안화는 중국 이외의 지역에서도 유통되기 시작했다.

위안화의 사세 확장을 대변하는 사례가 하나 더 있다. 2003년, 말레이시아 중앙은행장이 중국을 방문했는데 그때 그는 중국 정부에 "말레이시아가 화폐 일부를 위안화로 보유하고 있는데, 이를 활용할 수 있는 마땅한 투자처가 있을까요?"라고 물었다고 한다. 한 나라가 위안화를 비축 외화로 삼을 정도면 위안화에 대한 국제적인 기대감과 신인도가 얼마나 상승했는지 알 수 있다. 2005년, 필리핀 중앙은행장도 위안화가 필리핀에서 자유 태환 통화가 됐다고 선포했다. 외국 정부가 위안화를 외화 자산으로 비축하는 경우가 거의 없었던 과거와 달리, 이제 위안화는 해외에서 유통되기 시작했고 이는 위안화 국제화의 기반이 되었다.

중국은행 글로벌 금융시장부 위안웨둥 주임도 위안화의 국제화(위안화가 기축통화가 되는 것을 의미함-옮긴이)를 낙관한다.

"중국에는 예로부터 '복숭아꽃, 오얏꽃은 말이 없어도 그 밑에 길이 저절로 난다'라는 말이 있어요. 꽃이 곱고 열매가 달면 오라고 하지 않아도 자연히 찾는 사람이 느는 법이죠. 중국이 대놓고 위안화의 국제화를 호소한 적이 없는데도 실제 시장에서는 이런 분위기가 무르익고 있어요."

이제 싱가포르, 베트남, 몽골, 심지어 프랑스 파리 거리 곳곳에서도 위안화 태환 가능 은행을 발견하는 것이 어렵지 않게 됐다.

중국의 무역 규모는 2001년 5,000억 달러를 기록한 이래, 2004년 처음으로 1조 달러의 문턱을 넘어서 일본을 앞질렀으며, 2005년에는 그 규모가 자그마치 1조 4,000억 달러에 이르렀다. 하지만 무역 규모가 커질수록 달러에 연동된 환율제도의 메커니즘 문제가 불거져 위안화는 거대한 절상 압력에 부딪히게 되었다.

2005년 7월 21일, 저우샤오촨 런민은행장은 CCTV와의 인터뷰를 통해 런민은행이 조만간 위안화 환율 형성 메커니즘 개혁 방안을 내놓을

중국 경제가 지속적으로 성장함에 따라 위안화의 구매력이 상승해 세계 곳곳에 위안화 환전소들이 속속 등장하고 있다.

것이라면서 "위안화 환율은 더 이상 달러를 비롯한 특정 국가의 화폐에 연동하지 않고 복수통화 바스켓[주21]을 참조하여 결정하겠습니다. 그러면 위안화 환율은 시장 수급 관계를 반영하여 일정 수준 변동될 것입니다"라고 덧붙였다.

위안화가 더 이상 달러에 연동하지 않는 탄력적인 환율 메커니즘을 갖게 되면서 위안화의 국제화에 더욱 유리한 조건으로 작용했다. 그 후 3년간 위안화는 꾸준히 절상을 거듭했고, 달러 대비 위안화의 절상폭 누계치는 20%에 달하게 됐다. 중국의 외환보유고는 2005년 말 8,000억 달러였던 것이 2008년 말에는 1조 9,000억 달러로 늘어났다. 이에 저우샤오촨은 위안화 가치가 상승해서 얻게 된 경제 전반의 이익이 부정적인 면을 상쇄하고도 남을 것이라고 내다봤다.

이 시기 중국 경제는 초고속 발전 단계에 접어들어 2002년부터 2008

주21. 자국과 교역 비중이 큰 복수 국가의 통화를 선택하여 통화군(basket)을 구성하고, 이 바스켓을 구성하는 통화들의 가치가 변동할 경우 각각 교역 가중치에 따라 자국 통화의 환율에 반영하는 환율제도. 고정환율제에서 변동환율제로 가기 전의 과도기적인 환율제도로 한국도 지난 1980~1990년 복수통화 바스켓 제도를 시행한 바 있음.

저우샤오촨 중국런민은행 총재는 달러화에 대한 대안으로 IMF의 특별인출권(SDR)을 새로운 기축통화로 지정하자고 제안하여 큰 논란을 일으켰다.

년에 이르는 7년 동안 GDP 성장치가 두 배를 넘어섰다. 2002년 중국 GDP는 10조 2,398억 위안을 기록해 최초로 10조 위안을 넘어서는 기염을 토했다. 그 후 2008년에는 GDP 규모가 무려 30조 670억 위안에 이르고 수출입 총액은 2조 5,600억 달러를 기록해 세계 3위의 무역대국으로 도약했다.

이와 같이 막강해진 국력을 바탕으로 중국은 위안화의 국제화를 추진하기 시작했다. 중국 쟈오퉁(交通)은행의 수석 경제학자 롄핑(連平)은 갈수록 두드러지는 위안화의 국제적 위상을 강조했다.

"과거 위안화는 그 가치가 무시되거나 심지어 회피 대상이 되기도 했죠. 하지만 중국의 힘이 커지면서 전 세계가 인정하는 강력한 화폐로 부상하게 됐습니다. 이는 모두 중국의 국력이 강력해졌기 때문에 가능한 일입니다."

03 위안화, 세계를 향해 날개를 펴다

2008년 미국 월스트리트에서 시작된 금융위기의 한파는 전 세계 경제를 얼어붙게 했고, 주요 국제화폐 발행국은 심각한 타격을 입었다. 그러나 이런 상황에서도 위안화만큼은 안정세를 유지해 세계인의 관심을 한 몸에 받았다.

중국 주변국과 동남아시아 각국은 하나둘 리스크 대피처로 위안화를 선택하기 시작했다. 2008년 말부터 2009년 4월까지 한국을 포함한 홍콩, 벨라루스 등 6개국 화폐 당국도 런민은행과 6,500억 위안 규모의 통화스왑[주22] 협정을 체결했다. 중국 사회과학원 부원장이자 금융연구소 소장인 리양은 이에 대해 "중국이 위안화 통화스왑 통로를 개척할 수 있었던 건, 각국 경제가 서로 연계돼 있고 정치적으로 신뢰하는 분위기가

주22. 스왑(Swap)거래란 미래의 특정일 또는 특정 기간 동안 어떤 상품 또는 금융자산(부채)을 상대방의 상품이나 금융 자산과 교환하는 거래를 말함. 국가 간 통화스왑 협정은 두 나라가 자국 통화를 상대국 통화와 맞교환하는 방식으로, 외환위기가 발생하면 자국 통화를 상대국에 맡기고 외국 통화를 단기 차입하는 중앙은행 간 신용계약임.

중국은 2008년 말부터 한국을 포함한 홍콩, 벨라루스 등 6개국과 6,500억 위안 규모의 통화스왑 협정을 체결했다.

바탕이 되었기 때문입니다. 이는 위안화의 해외 진출에 중대한 통로가 됐죠"라는 분석을 내놨다.

2009년 3월 29일, 런민은행과 아르헨티나은행은 700억 위안 규모의 통화스왑 잠정 합의안에 서명했다. 이는 중국과 라틴아메리카 간에 이뤄진 역대 최대 규모의 금융거래이다. 이 협정을 통해 아르헨티나는 중국 상품을 수입할 때 달러가 아닌 위안화로도 대금을 결제할 수 있게 되었다. 이 조치는 금융위기가 매서운 기운을 더해가던 당시, 지역 화폐제도를 안정시키고 금융 리스크를 최소화하거나 예방하는 데 결정적인 역할을 했다.

벨라루스는 중국과 통화스왑 협정을 체결한 지 1주일 만에 200억 위안을 외화 자산으로 비축했다고 발표했다. 위안화가 이들 국가의 외환보유고에서 역외자산으로서 입지를 공고히 한 것이다.

그동안 통화스왑이 유동성 확보와 무역 대금 결제수단으로만 이뤄졌기 때문에 위안화 국제화의 길은 아직 요원하다. 하지만 객관적으로 볼 때 위안화의 국제적 위상이 전에 비해 상승했다는 것은 누구도 부인할 수 없는 기정사실이 됐다.

중국이 주변국과 통화스왑 협정을 체결한 것은 경제 대국으로서 위

2008년 미국발 금융위기로 달러를 기축통화로 삼던 기존의 국제 화폐제도는 갈수록 많은 문제점을 드러내기 시작했다.

기에 동참하고 책임을 다하기 위해서이다. 런민은행의 후샤오롄(胡曉煉) 부행장은 "중국은 국내 경제의 안정과 성장을 도모함과 동시에 역량이 되는 한 국제 경제의 위기 극복에 동참해야 합니다. 우선 국가 간의 통화스왑은 주변국의 경제 시스템에 유동성을 제공해줄 겁니다. 통화스왑의 수요가 있는 신흥국가와 개발도상국을 지원하면 지역경제가 안정을 되찾는 데 일조하겠죠"라고 말했다.

미국발 금융위기가 날로 심각해지면서 달러를 기축통화로 삼던 기존의 국제 화폐제도는 갈수록 많은 문제점을 드러내기 시작했다. 이에 따라 일각에서는 위안화의 기축통화론을 제안하지만 이를 위해선 위안화가 해결해야 할 과제가 아직 많이 남아 있다. 그렇다면 위안화 국제화의 길은 얼마나 요원한 것일까?

2009년 중국의 GDP 규모는 4조 9,092억 달러로 독일을 제치고 미국과 일본에 이어 세계 3위를 차지했다. 물론 GDP가 구매력 기준으로 집계된다면 중국은 2009년에 세계 2위의 경제대국에 이름을 올리고도 남았다. 세계은행의 구매력 평가에 따르면, 1달러의 구매력은 3.45위안과 맞먹는다고 한다. 이를 기준으로 환산하면 중국의 GDP 점유율은 10%대를 훌쩍 넘어선다. 매년 10%대의 놀라운 성장률을 보이던 중국 GDP는

2010년에 마침내 일본을 앞질러 세계 2위의 경제대국으로 발돋움했다. 이렇듯 위안화의 국제화는 현재 진행형이고 막을 수 없는 추세가 되었다.

중국의 외화 보유량은 세계 최고를 자랑하지만 자산의 상당 부분이 달러나 달러 평가자산에 투자돼 있는 상태다. 달러화 약세를 견지하는 미 화폐당국의 통화 완화정책은 향후 틀림없이 달러화 평가절하를 수반할 것이다. 중국은 이로 말미암은 외화자산 손실을 막기 위해 대책을 마련해야 한다. 위안화의 국제적 위상을 높이는 것도 선택 가능한 방안이다.

한 나라의 화폐가 기축통화가 되기 위해서는 반드시 다른 나라에서 먼저 해당 화폐를 사용해줘야 한다. 중국은 줄곧 무역수지 흑자를 기록했기 때문에 무역을 통해 위안화가 유입되기만 했지 나가지 않았다. 다른 나라가 정상적인 무역을 통해서 위안화를 확보하는 것이 거의 불가능해진 것이다. 이런 면에서 중국이 추진하는 통화스왑은 차관 방식을 통해 위안화의 사용 범위를 역외로 확대할 수 있는 좋은 통로가 되는 셈이다. 이는 현재 중국의 조건에서 실현할 수 있는 가장 빠른 위안화 국제화 루트이다. 주변국으로부터 시작한 위안화의 사용 범위를 전 세계로 확대한다면 머지않은 장래에 위안화의 국제화도 실현될 것으로 보인다.

지금 중국은 위안화의 국제화 추진에 유리한 조건을 가지고 있다. 첫째, 중국 경제는 연평균 10%의 빠른 속도로 성장하고 있다. 둘째, 중국은 거액의 외화자산을 보유하고 있다. 중국 외환관리국의 통계에 따르면 2007년 말 기준, 중국의 외환보유고는 이미 1조 5,700억 달러에 달했다. 외화 보유액이 넉넉하다는 말은 중국의 국제 상환능력이 높다는 말이다. 이는 훗날 위안화와 달러 간 태환 수요에 대응할 든든한 실탄이 되어 위안화의 신인도를 높여줄 것이다. 셋째, 주변 국가에 대한 중국의 무역역조가 날로 심화되고 있다는 사실도 위안화 국제화에 유리하게 작용한다. 중국은 유럽 및 미국과의 무역거래에서 흑자를 기록하는 반면 동남아시아, 한국, 일본 등 주변 국가와의 거래에서는 적자를 면하지 못하고 있다. 최근 주변 국가와의 무역 규모가 확대되면서 중국의 무역적자도 큰 폭으로 늘고 있다. 2007년에는 중국 대륙과 홍콩, 타이완, 동남아시아, 한국, 일본 등 국가와의 무역적자 규모가 1,540억 3,000만 달러에 달해 중국 전체 무역적자액의 57%를 차지하기도 했다. 이런 형태로 위안화가 유출되면 주변국 범주에서 위안화의 국제화가 조속히 실현될 수 있을 것이다. 마지막으로, 위안화의 지속적인 절상도 수요를 촉진시켜 위안화의 기축통화 지위 확보에 도움이 될 것으로 전망된다.

2009년 3월 25일, 국무원은 2020년까지 상하이 지역에 서비스산업과 선진 제조업을 육성하고 상하이를 국제금융과 해운항공의 허브로 만들겠다는 내용의 문건('상하이 국제금융·해운항공 허브 추진에 관한 의견')을 통과시켰다. 이로써 상하이에는 2020년까지 중국의 경제 규모와 위안화의 국제적 위상에 걸맞은 국제금융센터가 구축될 것이다.

이어 2009년 4월, 중국 정부는 상하이를 비롯한 광둥성의 도시 네 곳, 즉 광저우, 선전, 둥관, 주하이에서 이뤄지는 무역거래에 대한 위안화 결제를 허가했다. 7월 6일, 무역거래의 위안화 첫 결제 업무가 상하이에서 정식으로 개시됐다. 같은 날 중국은행, 쟈오퉁은행, 궁상(工商)은행, 자오상(招商)은행도 해외 협력은행과 무역거래의 위안화 결제 업무를 마무리 지었다. 이는 위안화의 국제적 위상이 '자유 태환이 가능한 화폐'에서 '결제 화폐'의 수준으로 격상됐음을 말해주는 사건이다. 이로써 위안화는 국제화를 향한 중요한 발걸음을 내딛게 됐다.

9월 7일, 푸둥(浦東) 지역 최초로 위안화 결제 시범기업이 된 '싼린완예(三林萬業)'는 위안화 무역거래 후 총 1만 7,100위안의 수출 관련 세금을 환급받았다. 이는 상하이시 위안화 무역결제 업무에 수반되는 화물 통관수속, 위안화 결제, 수출세 환급 등의 전체 프로세스가 모두 순조롭게 마무리됐음을 의미한다. 위안화 무역결제 시범사업이 드디어 상용화가 가능한 단계에 접어든 것이다.

위안화 무역결제가 점진적으로 확대될 즈음인 2009년 9월 4일, 런민은행은 IMF와 계약을 체결하고 500억 달러 규모의 IMF 특별인출권 채권 매입에 합의했다. 이번 계약에서 주목할 점은 기존에 국제거래의 결제수단으로 당연시되던 달러가 아닌 위안화로 채권 금액을 결제했다는 것이다. 이는 국제 경제계에 화젯거리가 되었다.

같은 달 28일, 중국 재정부는 홍콩에서 60억 위안의 국채를 발행했는데 이는 중국 정부가 최초로 대륙 이외 지역에서 발행한 위안화 표시 채권이다. 같은 날, 중국은행이 스위스 소재 펀드회사가 발행한 24개의 펀드 중 일부가 위안화 기준가로 출시됐다. 이는 세계 최초로 위안화로 출시된 스위스 펀드이다.

이 같은 일련의 사건들이 외부에 알려지자 위안화의 국제화는 속도를 내며 외환 거래시장에서 주목받는 화폐로 등장하게 되었다.

위안화 국제화 과정에서 통화스왑이 일시적인 출구 역할을 하기도 했다. 하지만 그 나라들은 대부분 '무역거래의 편의, 지역 화폐 환경의 안정'을 도모할 목적으로 협정을 체결했다. 그렇기 때문에 통화스왑이 위안화 국제화를 가속화할 것이라는 말은 시기상조이다.

런민은행은 IMF와 500억 달러 규모의 **특별인출권** 채권 매입에 합의했다. 여기서 주목할 점은 기존에 국제거래의 결제수단으로 당연시되던 달러가 아닌 위안화로 채권 금액을 결제했다는 것이다.

일반적으로 특정 화폐가 국제 기축통화로 사용되기 위해서는 다음의 세 가지 조건을 충족시켜야 한다. 그것은 국제 무역거래에서 사용되는 화폐여야 한다는 점, 금융거래(환율 평가 등) 시 지표가 되는 통화여야 한다는 점, 대외 준비자산으로 보유되어야 한다는 점이다. 통화스왑은 위안화 기축통화 프로젝트의 첫 단계이다. 다이샹룽은 "중국 금융 분야의 발전 목표는 첫째 위안화의 국제화, 둘째 국제경쟁력과 영향력을 갖춘 초대형 금융그룹 형성, 셋째 상하이 국제금융 허브 구축, 넷째 국제 금융산업에서 중국의 영향력 강화로 대표됩니다"라고 말했다. 그는 위안화의 태환성이 위안화 국제화의 기본 조건이 될 수는 있지만 둘의 관계가 반드시 일대일 대응이 되는 것은 아니라고 하면서 "결제 화폐, 금융거래 지표, 외화 자산이라는 세 가지 조건에 완전히 부합해야만 위안화의 국제화가 실현될 것입니다"라고 꼬집어 말했다.

이 같은 노력에도 단시간 내 위안화의 국제화를 이루기가 녹록치 않을 것이라는 지적이 많다. 여기에는 첫째, '자본시장의 미성숙'과 '개방 억제'라는 미결 과제가 장애 요인으로 지적된다. 통화의 국제화는 자본거래 자유화가 보장될 때만 가능하기 때문이다. 둘째, 위안화 표시 자산의 거래 규모가 지극히 제한되어 있다는 점도 또 다른 걸림돌이다. 최근 들어 중국 경제의 성장세에 힘입어 자본시장도 큰 성장세를 보이고 있다. 이에 따라 거래 가능한 위안화 자산도 큰 폭으로 늘어났다. 하지만 위안화 거래 자산에 한계가 있다는 점은 여전하다. 셋째, 중국 금융시장의 미성숙도 문제이다. 중국 은행계는 여러 차례 대대적인 구조조정을 통해 개혁을 했고 최근 그 성과가 가시화되고 있다. 하지만 내부 리스크 관리 역량과 수익 능력이 여전히 미흡하며 이는 국제경쟁력 약화로 이어졌다. 넷째, 중국 경제성장의 안정성이 떨어지는 점을 들 수 있다. 중국 경제는 고속 성장세를 유지하고 있지만 구조적인 불균형, 사회보장제도의 결함 등 많은 문제점을 내포하고 있다. 만약 이런 상태에서 자본시장을 전면 개방한다면 거액의 자금이 유출입돼 시장이 요동치고, 심각한 문제를 야기할 수 있다. 이 외에도 위안화 국제화를 직간접적으로 방해하는 선진국들의 움직임도 무시할 수 없는 장애 요인이다.

하지만 한 전문가는 "외국의 위안화 보유자가 중국 주식이나 채권을 직접 매매할 수 있도록 금융시장에 일정한 투자 공간을 마련해야 합니다. 초기에는 은행에서 자산 관리와 같은 우회적인 상품을 출시하는 것도 좋은 방법이죠. 이렇게 하면 위안화 보유를 희망하는 투자자들이 갈수록 늘 것입니다"라고 말하며 위안화 국제화 가능성을 낙관했다.

왕샤오야,
상하이 엑스포에서 차이나 키워드를 말하다

2010년 엑스포 개최와 더불어 상하이 국제금융 허브 전략이 가시화되면서 주식, 채권, 외환, 황금 등 시장이 빠르게 발전하고 있다. 각종 금융기관의 본사를 비롯한 은행의 자금운용센터도 상하이로 이전하는 중이다. 이에 따라 상하이는 수 년 내 자산관리 및 자금운용·청산센터, 해외자본 금융기구 관리센터를 마련할 계획이다.

상하이를 국제금융 허브로 육성하고 국제 활동을 통해 금융도시로서의 면모를 세계에 알리려는 활동이 한창이다. 이는 위안화의 국제화 프로젝트 일환으로 진행되고 있다. '아름다운 도시, 행복한 생활'이라는 주제로 개최된 2010년 상하이 엑스포는 상하이를 국제금융 허브 및 현대화된 국제 대도시로 도약하게 하는 결정적인 계기가 될 것이다. 상하이 엑스포는 상하이를 아름답게 하고 중국의 미래를 더욱 아름답게 만들 것이다!

KEYWORD 4

A주
글로벌 자본시장의 기적

2010년 주가지수 고점은 3800포인트인가 아니면 4000포인트인가? 사실 이것은 중요하지 않다. 중요한 것은 약세에서 출발해서 상승세를 이어갔던 2009년을 통해 중국 자본시장에 더 큰 자신감이 붙었다는 점이다. 투자자들도 돌파구를 찾았다. 아득하고 불안하기만 했던 2009년 연초와 비교할 때 이는 엄청난 도약이 아닐 수 없다.

중국 자본시장은 금융 역사서의 새로운 한 페이지를 장식할 것이다. 수 차례에 걸쳐 자본시장 체질 개선에 노력한 중국 증시는 날로 완비된 제도를 선물로 받을 수 있었다. 반복적으로 돌파구를 모색한 결과 마침내 안정적이고 빠른 성장의 궤도에 진입하게 된 것이다.

들어가며

주식투자를 해본 사람이라면 누구나 한 번쯤 증시 개장 전 미국과 유럽의 증시 동향을 먼저 살펴본 경험이 있을 것이다. 그러나 이와 반대로 미국과 유럽의 투자자들은 개장 전, 중국 A주[주23] 시황을 엿본다는 사실을 아는가?

2009년 8월 31일, 중국 A주는 유례없는 폭락 사태를 연출하며 상하이 종합지수가 6.74%, 선전 지수는 7.55%나 떨어졌다. 이는 중국 정부가 그동안 추진해왔던 통화팽창 정책을 수정할 것이라는 소문이 악재로 작용했기 때문이다. 그러나 그때 생각지도 못했던 일이 발생했다. 중국 A증시가 폭락하자 뒤를 이어 글로벌 증시의 급락 행진이 연쇄적으로 일어난 것이다. 4.84% 하락폭을 보인 항생지수[주24]를 시작으로 아시아·태평양 주요 증시는 대폭 하락세를 보였다. 그날 미국의 다우지수와 나스닥지수가 각각 1.74%, 1.06% 하락한 데 이어, 유럽 주요 주가지수도 1% 가까이 떨어졌다.

중국 A주 급락은 전 세계 증시의 동반 하락세를 초래한 데 그치지 않았다. 글로벌 상품 가격까지 떨어져 뉴욕 선물거래소의 구리 선물가격 하락폭은 자그마치 4%를 넘어섰다. 영국 최대의 통신사인 로이터는 사설을 통해 "현재 국제 자본시장은 중국 증시에 의해 견인되는 기조가 더욱 분명해지고 있다"라면서 "글로벌 증시는 저마다 중국 증시의 눈치를 살피는 중이다"라고 보도했다.

그러나 20년 전 첫걸음을 뗀 중국 증시는 해외 선진 시장에 비하면 걸음마 수준에 불과했다. 상장된 종목이라고 해봐야 몇 개 안 되는 시장이 외국 투자자의 눈에 찰 리 만무했다. 외국 투자자들이 중국 증시에 눈길 한 번 주지 않자 일일 거래량은 측은할 정도로 줄어들었다. 몇몇 신문이 증시 소식을 보도하기는 했어도 하나같이 신문 한쪽 구석만 차지했을 뿐이며, 게다가 중국인들조차 관심을 보이지 않았다. 이렇게 홀대받던 중국 증시가 10여 년 후 전 세계 자본시장의 판도를 바꾸는 증시 파워로 성장할 줄 누가 예상했겠는가.

01 주식시장을 시험하다

1980년대 중국의 일부 국유기업들이 주식회사로 전환하여 공개적으로 주식을 발행하기 시작했다. 중국 최초의 주식 '페이러인샹(飛樂音響)'은 이렇게 탄생했다. 그러나 그때 당시 전국적인 돌풍을 일으켰던 잠자리 선글라스와 나팔바지의 유행에 비하면, 중국 증시 현장은 세간의 주목을 전혀 끌지 못한 채 오히려 적막하기까지 했다.

역대 증권감독관리위원회(이하 '증감회')의 전 주석들은 모두 중국 증시 초창기의 적막함을 기억하고 있다. 저우정칭(周正慶) 전 증감회 주석

주23. 중국에는 상하이 증권거래소(1990년 11월 설립), 선전 증권거래소(1990년 12월 설립, 1991년 7월 영업 개시), 홍콩 증권거래소(1891년 설립)가 있는데, 주식은 크게 A주식, B주식, 해외 상장주식(H주, N주, T주, S주, L주)의 세 가지로 분류된다. A주는 내국인 투자 전용, B주는 외국인 투자 전용으로 구분해 운영돼왔으나 2001년 초 B주에 내국인 투자가 부분적으로 허용되었으며, 2002년 12월 A주에도 외국인 투자가 제한적으로 허용됐다. 중국은 단계적으로 A, B증시를 통합할 계획이다. 해외 상장주식은 상장거래소의 첫 알파벳을 따서 이름붙인 것이다. 홍콩 증권거래소에 상장된 국유기업이 발행한 주식은 H주식, 뉴욕 증권거래소에 직접 상장 또는 ADR 형식으로 상장된 주식은 N주식, 도쿄 증시 상장주식은 T주식, 싱가포르 증시 상장주식은 S주식, 런던 증시 상장주식은 L주식 등이다.

주24. Hang Seng Index. 홍콩 증시의 전반적 주가 동향을 나타내는 대표적 주가지수이다. 홍콩 항생은행이 산출하며, 지수산출 방식은 시가총액 방식을 채택하고 있다.

1980년대 주목을 끌지 못한 채 탄생한
중국 최초의 '페이러인샹' 주식.

은 "증시가 개장한 지 한참 지난 뒤에도 주식투자는 체면 깎이는 일이라는 인식이 팽배했죠"라고 말했고, 증감회의 또 다른 전 주석 저우다오중(周道炯)도 "그때 당의 구호가 '주식을 사자!'로 정해졌을 정도였어요. 제가 나서지 않으면 사람들은 당최 사려 들지 않았죠……"라고 회상했다.

그렇지만 미리 돈 냄새를 맡고 중국 증시 역사에서 최초의 투사가 된 몇몇 민첩한 투자자들도 있었다. 1986년 9월, '페이러인샹'은 2년에 걸친 시범 기간을 마치고 정식으로 상장됐고, 주식 100주는 한 시간 반도 채 안 돼 전량 판매됐다. 그 후 1986년 12월, 국무원은 국유기업의 주식회사 전환 의무를 중대형 전민소유제 기업[주25]까지 확대했다. 연말에 덩샤오핑은 뉴욕 증권거래소의 존 펠란(John Phelan) 회장을 방문한 자리에서 페이러인샹 주식 한 주를 선물했다. 이 행동은 주식시장 주변을 배회하는 사람들에게 강렬한 신호탄이 되었다.

1990년 12월 19일, 상하이 증권거래소의 개장을 알리는 종소리는 오랜 잠에 빠져든 중국의 자본시장을 흔들어 깨웠다. 저우정칭 전 증감회 주석은 황푸장(黃浦江) 가에서 상하이 증권거래소의 정식 설립을 선포했다.

"기자회견을 여니까 기자들이 자본시장에 관해서 무더기로 질문을 하는 거예요. 그런데 주룽지 당시 상하이 시장이 절 가리키면서 '저우 주

1990년 12월 19일, 상하이 증권거래소의 개장을 알리는 종소리는 오랜 잠에 빠진 중국의 자본시장을 흔들어 깨웠다.

석이 전문가니까 이분께 질문하세요'라고 하더군요. 당혹스러웠죠. 사실 전 주식에 대해서 제대로 아는 게 없었거든요."

그날 2년차 주식투자자인 황다야오(黃大耀)는 상하이 증권거래소의 1호 투자자가 되는 행운을 누렸다.

"거래소는 개장 전부터 사람들로 발 디딜 틈이 없었어요. 개장과 동시에 창구 앞에는 줄이 열 개로 늘어섰죠. 그때 제가 섰던 창구의 아가씨가 동작이 제일 빨랐나 봐요. 제 주식이 제일 빨리 처리돼서 운 좋게 '1호 투자자'가 됐죠."

상하이 증권거래소 개장 초기 상장 종목은 총 여덟 개에 불과했다. 사람들은 이것을 가리켜 '라오바구(老八股)'라고 부른다. 이듬해인 1991년, 선전 증권거래소도 영업을 개시했고 이곳에는 개장과 동시에 여섯 개의 종목이 상장됐다. 뜨거운 투자 열풍 속에서 초기 열네 개 주식의 가

주25. 국유기업의 옛 명칭. 중국은 소유제의 성격에 따라 전민소유제 기업, 집체소유제 기업, 거티후(자영업자), 외상투자 기업(외국자본과의 합작, 합자, 외국자본 독자기업)으로 구분함.

격은 하늘 높은 줄 모르고 치솟았다. 황다야오 씨는 그때 상황을 이렇게 전했다.

"사기만 하면 무조건 오르니 너도나도 주식투자에 열을 올렸죠. 상승세가 지금 같았어요. '둥베이뎬(東北電)'이라는 종목이 그해 엄청 올랐는데, 30분 만에 전 그걸 다 팔아치우고 산타나 자동차를 한 대 뽑았답니다."

관련 당국은 주가 폭등을 막기 위한 일련의 조치를 내놨고, 그 후로는 신분증을 지참한 사람에게만 공모신청서를 판매했다. 이런 조치 때문에 신분증을 빌려서 주식투기를 하는 웃지 못할 상황도 연출됐다. 어떤 이는 농촌까지 가서 몇 마오(毛, 10분의 1위안)에서 1위안을 주고 신분증을 빌리기도 했다. 공모신청서는 금세 희귀상품이 됐고, 사람들은 몇 날 며칠 줄을 서야 신청서를 살 수 있었다.

초창기 증시에는 감독, 관리 체계가 미흡했다. 주식시장은 계속해서 어두운 내막을 드러냈지만 관련 법규가 정립되지 않아 마땅히 처벌할 방법도 없었다.

선전 거래소의 창립 멤버이자 초대 거래소 소장을 역임한 왕젠(王健)은 현재 여러 투자회사의 자문직을 맡고 있는데, 최근 저서를 통해 주식시장의 '검은 내막'을 폭로했다. 그는 〈경제 30분〉 기자와 가진 인터뷰에서 이렇게 밝혔다.

"증권사는 독자적으로 운영됐어요. 거래소에서 주가를 공시하더라도 증권사가 조작할 가능성은 얼마든지 있었죠. 그래서 본인이나 친척, 친구들 주식이 더 큰 수익을 올릴 수 있었던 거예요. 전 그런 거래를 전부 중지시켰어요. 증권사에도 당장 나가라고 경고했고요. 그런데 관련된 사

1991년 상하이에 이어 두 번째로 정식 개장한 선전 증권거래소.

람들이 저를 찾아와서는 결정을 철회해달라고 청탁을 하는 겁니다. 심지어 선전시의 일부 시장부터 시작해서 각 은행장이 전부 찾아와서 부탁했답니다. 그래도 전 뜻을 안 굽혔어요. 그것은 제가 그 자리에서 해야 할 일이었거든요."

증시가 대혼란에 빠지자 1991년 5월, 선전시 정부는 '5·12 성명'을 발표했다. 하지만 증시는 예상하지 못한 뜻밖의 양상으로 전개됐다. 결국 선전 증시는 1991년 7월을 기점으로 깊은 침체의 수렁에 빠져들었다. 주가는 곤두박질쳤고 거래량은 갈수록 줄어들었다. 왕젠은 그때 주식거래가 단 한 건도 없었던 날도 있었다고 회상한다. 중국 증권사뿐 아니라 전 세계 증권사를 다 통틀어 봐도 이토록 심각한 침체기는 없었다. 관련 당국조차도 "정부가 증시 구조에 나서야 한다", "시장의 자율에 맡겨 재기할 때까지 기다리자"라는 두 축으로 의견이 양분됐다.

주가가 요동치는 가운데 중국 주식시장은 줄곧 '싱쯔싱서(姓資姓社, 사회주의의 길이냐, 자본주의의 길이냐의 뜻-옮긴이)'의 논쟁 속에서 나아갈 방향을 찾지 못하고 있었다. 당시 중국에서는 주식이 자본주의의 대표적인 앞잡이로 여겨졌을 정도로, 증시는 사회주의의 잔영을 완전히 벗겨내지 못했다. 증시와 주식에 대한 거부감이 여과 없이 반영되었던 것이다. 결국 중국 정부는 국가기관에서 일하는 처장급 이상의 공무원은 주식 매매를 할 수 없도록 규정했다.

02 초기 증시, 굴곡의 역사

1992년 덩샤오핑의 남순강화가 있기 전까지 중국 자본시장은 사회주의의 녹슨 십자가 형틀에 묶여 신음하고 있었다. 그런 가운데 덩샤오핑이 남순강화를 통해 제2의 개혁개방 의지를 표명했다. "과연 주식이 자본주의만의 전유물일까요? 거부하지만 말고 과감하게 시도해보고 경과를 지켜봅시다!" 그러자 갈피를 못 잡던 중국 증시는 이내 명확한 방향을 설정했다.

중국 증권시장의 합법적인 입지가 마련되는 순간이었다. 그동안 억눌렸던 투자 본능이 봇물을 이루며 터져 나오자 상하이와 선전의 주가지수는 세 배 이상 상승했고, 주식은 공급이 달릴 지경이었다. 1992년 8월, 선전시는 추가로 5억 주를 공모하겠다고 발표했다. 그러자 수백만 명의 투자자들이 선전으로 모여들어 앞 다퉈 공모신청서를 구매했다. 장당 1,000주씩 매입이 가능했던 공모신청서 500만 장은 하루 만에 동나고 말았다.

1991년부터 선전에서 주식투자에 뛰어들었던 청두시의 셰셴칭(謝賢淸) 씨는 당시 앞 다퉈 사들였던 공모신청서를 아직도 보관하고 있다.

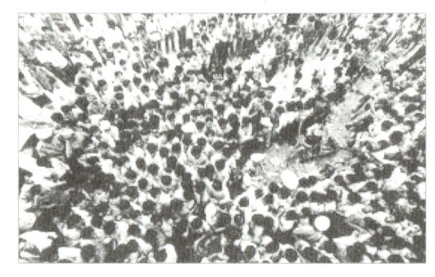
'8·10 사건' 현장. 이 사건으로 상하이와 선전 주식시장은 대폭락을 맞이했다.

"지인들 일곱을 모아 3일간 줄을 섰는데도 공모신청서를 30장밖에 살 수 없었죠." 그런데 사정을 알아보니 증권 당국 관계자가 신청서 일부를 뒤로 빼돌려 높은 가격에 팔아치운 것이다. 이 때문에 많은 투자자가 공모신청서를 구경도 하지 못한 채 빈손으로 돌아갔다. 분노한 투자자들이 8월 10일, 선전시 정부 청사 앞에 모여 시위를 벌이면서 전국을 떠들썩하게 한 '8·10 사건'이 일어났다. 저우다오중은 위급했던 당시 상황을 이렇게 기억한다.

"시위 규모가 갈수록 커져서 나중에는 겁이 나더라고요. 무더운 8월 날씨에도 시위 행렬은 수 킬로미터까지 길게 늘어섰답니다. 사람들이 서로 밀치고 때리고 난리가 아니었죠. 나중에는 자동차가 폭발하기도 했어요."

이에 시정부 당국이 그날 밤 긴급회의에 들어가 공모신청서 50만 장을 추가 발행하기로 결정하고 나서야 사태는 진정됐다.

'8·10 사건'으로 상하이 주가지수는 3일 만에 400여 포인트나 폭락했다. 감독관리 기능이 취약했던 주식시장에 연일 생각지 못했던 사건과 사고가 터지자 정부 당국은 시대적 요구에 부응해 국무원 산하에 잇달아 증권위원회와 증권관리감독위원회를 설치했다.

감독관리 체제가 마련되었지만 중국 증시에 장기적인 호재로 작용하지는 못했다. 그때는 정부가 통화팽창 정책을 추진하던 시기였다. 고정자산 투자가 급격히 늘고 시중에 유동성이 증가하면서 1993년에는 인플레율이 23%에 달했다. 그야말로 중국 전체가 공사판으로 뒤덮인 것처럼 건설 열풍이 한창이었다.

주룽지 당시 부총리가 국무원 금융 지휘부로 옮긴 후 가장 먼저 시행한 조치는 거시경제 조절이었다. 그는 과도하게 풀린 시중의 유동성을 진정시키기 위해 1993년 5월, 은행 금리를 7.56%에서 9.18%로 올렸고, 2개월 후에는 10.98%로 추가 조정했다. 하지만 주룽지 부총리의 조치는 중국 증시에 찬물을 끼얹는 행위였다. 상하이 종합지수는 끝을 모르고 추락하다가 결국 1558포인트에서 777포인트까지 떨어졌고, 그 후에도 3년간 A주는 하락장 신세를 면치 못했다.

바로 그때, 고요한 중국 증시에 파고를 일으키는 사건이 발생했다. 그것은 다름 아닌 1995년의 '327 국채 사건'이었다. 이 사건의 주인공은 1992년 발행된 증권코드 '327'의 3년 만기 국고채(액면가 100위안)였다. 이 국고채의 표면 이자율은 9.5%였지만 만기 수익률은 표면 이자율에 보조금 성격의 지수가 더해져서[주26] 최종 결정된다. 여기서 보조금은 정부가 3년간의 인플레이션 요소 등을 반영해서 결정하는 지수를 가리킨다. 그때 시장에서는 정부의 이자율 인상에 대한 기대치가 높아졌고, 때맞춰 재정부가 '327' 국채의 표면 이자율을 9.5%에서 10.38%로 인상하기로 했다는

주26. 당시 중국의 국채 이자 지불 방법은 할인율로 금리가 결정되는 시스템이 아니라 '중국 정부가 채권 만기에 지불되는 금리를 미리 정한 다음에, 만기가 되면 인플레이션 지수 등을 감안하여 인플레이션에 대한 보조금적인 성격으로 표면 이자율을 조정해주는 식'이었음(출처: 『중국의 사회주의 시장경제』, 박영사).

사실이 보도됐다. 그러자 '327' 국채의 만기 상환액은 기존의 132위안에서 148위안으로 급등했고, 당일 148.5위안으로 거래를 시작한 '327' 국채는 최대 151.3위안까지 치솟았다. 이에 따라 당시 매도 포지션을 견지했던 완궈(萬國)증권은 막대한 손실이 예상되자 장 마감을 8분 앞두고 1,400억 위안에 달하는 매도 주문을 융단 폭격했다. 결국 '327' 국채 체결가는 3.8위안 하락한 147.5위안으로 마감됐다. 이로써 완궈증권은 손실을 면할 수 있었지만 이는 엄연한 불공정 행위였다. 사건 발생 당일 저녁, 관련 부처가 이상거래 유무에 대한 조사에 착수했다. 그 결과 완궈증권에 악의적인 위규 행위가 있었다고 판단, 마지막 8분간 있었던 '327' 국채 거래를 이상거래로 규정하고 모두 무효 처리했다.

저우다오중은 때마침 증감회 주석에 임명됐는데, '327 국채 사건'을 해결한 후 '해결사'라는 별명을 얻었다. 그는 그 후에도 연이어 발생한 '창훙(長虹) 사건'[주27], '화톈(華天) 사건'[주28], '충민위안(瓊民源) 사건'[주29] 등 일련의 심각한 위규 사안을 적발해내고 해결했다. 그는 이런 식으로 관리 감독 기능이 완비되지 않았던 초창기 증권시장의 급한 불을 꺼나갔다. 그러나 저우다오중의 이런 엄정한 조치는 이내 강한 저항에 부딪혔다. 그는 당시 상황을 이렇게 회상했다.

"증시 조사반이 시찰을 나갔을 땐데, 묵고 있던 숙소에서 도청을 당한 거예요. 대단했습니다! 심지어 절 죽이려는 음모도 있었고, 증감회를 폭파하겠다고 위협하는 사람도 있었죠."

자본시장의 위험 요소가 점차 안정을 찾은 1996년, 증시는 드디어 3년에 걸친 침체기를 벗어나 상승세를 타기 시작했다. 봇물 터진 상승세는 걷잡을 수 없이 치솟았다. 그 결과 1996년 4월 1일부터 12월 12일까지 상

1993년 상하이 종합지수가 1558포인트에서 777포인트까지 떨어지고, 그 후에도 3년간 A주는 하락장 신세를 면치 못했다.

하이 종합지수는 124% 반등했고, 선전지수 상승폭은 무려 346%나 됐다. 상승폭이 여섯 배 이상 되는 종목도 100여 개에 달했다. 그중 특히 약진한 종목은 선전발전은행(이하 선파잔深發展)과 쓰촨창훙이었다. 주당 6위안에서 시작한 선파잔의 주가는 20.5위안까지 치솟았고, 쓰촨창훙의 주가는 7위안에서 27.45위안으로 반등했다.

고공행진을 이어가던 중국 증시는 수많은 벼락부자를 탄생시켰다. 하지만 한편으로는 일확천금의 꿈이 무너져 잔혹한 현실에 고통 받는 투자자들도 적지 않았다. 1996년 증시가 폭등했을 때 저우다오중은 쓰촨에서 온 서신 한 통을 받게 되었다. 오랜 세월이 흘렀지만 저우다오중은 그 내용을 아직도 기억하고 있다.

"친애하는 저우 선생님, 저희 아버지와 어머니는 모두 노동자십니다. 아버지는 얼마 전 직장도 그만둔 채 주식투자에만 매달리셨죠. 그런데

주27. 1994년 8월, 상장사 쓰촨창훙이 비유통주로 묶여 있던 법인주를 유통시키는 과정에서 유예기간 규정을 어기고 유통시켜 불법 소득을 취한 사건을 말함.
주28. 1996년 10월, 화톈스예(華天實業)가 자회사 화톈호텔 주식을 대량 매입하여 주가를 조작한 사건.
주29. 1996년, 충민위안의 종목명을 가진 상장사 하이난민위안(海南民源)이 분식회계 및 주가 조작으로 주식거래가 정지되고 관련자들이 형사처벌 받은 사건을 말함.

주가가 폭락하면서 삶은 말도 못하게 피폐해졌습니다. 저우 선생님, 제발 모, 모, 모, 주식 가격을 올려서 저희 가족을 좀 구제해주세요. 부탁드립니다."

1996년 중국 증시는 마치 고삐 풀린 소처럼 전혀 통제가 되지 않았다. 소의 뒷다리에 또다시 얻어맞지 않으려면 당국 차원의 조치가 시급히 마련돼야 했다. 이에 따라 같은 해 10월, 최고 관리층은 증시 규범화를 위한 12개 명령을 공표하기에 이르렀다. 여기에는 상장회사 행위 규범화에 관한 통지, 증권거래소 관리 지침, 주식 공모 규범화에 관한 통지 등이 포함되었다. 그러나 정부의 이러한 노력에도 오름세는 좀처럼 수그러들지 않았다.

당 기관지인 《런민르바오(人民日報)》는 1996년 12월 16일자 신문을 통해 '현 주식시장, 정확히 이해하자'라는 제목의 특별 논설위원 기고문을 발표했다. 기고문의 논조는 이렇다.

"중국 증시가 올 들어 꾸준한 상승세를 보인 데에는 그만한 경제적 근거가 있다. 하지만 최근에 보이는 폭등세는 정상적인 수준이 아닌 비이성적인 현상으로 여겨진다. 사람들은 저마다 홍콩이 내년에 반환되고 제15차 중국공산당 전국대표대회가 개최되면 정부가 분명 경기부양책을 내놓을 것이며, 증시도 상승세를 탈 것이라고 기대한다. 하지만 이는 전혀 근거가 없고 황당한 논리다. 정부가 경기부양에 힘쓸 것이라는 점은 사실이지만 이는 순전히 경기 진작을 위한 것이지 증시 부양을 위함이 아니다. 설사 그렇다고 쳐도 시장은 곧이곧대로 반응하지 않는다. 투자자들은 이에 대해 어떠한 환상도 가져서는 안 된다."

기고문이 발표된 12월 16일 월요일, 상하이 증시는 전날 종가 대비

1996년 12월 16일, 정부의 특별 기고문 발표로 상하이 증시는 전날 종가 대비 110포인트 떨어진 1000포인트로 장을 마감했다.

105포인트나 떨어진 1005포인트로 장을 연 후, 또다시 5포인트 하락한 1000포인트로 장을 마감했다. 대다수 주식들도 하한가로 마감했다. 전날 종가 대비 423포인트 낮은 3776포인트로 문을 연 선전 증시 또한 대부분의 주식이 하한가로 마감했다.

지금껏 중국 증시는 수없이 등락을 반복해왔지만 폐쇄적인 중국 증시의 특성상 국제 자본시장에는 그 어떤 영향도 미치지 못했다. 국제 자본시장도 중국 증시에 영향을 주지 못하기는 마찬가지였다. 저우정칭은 자본시장 개방에 신중한 태도다.

"중국 증시는 외국 증시와 큰 연관성이 없었어요. 우선 외국 투자자가 중국 증시를 찾지 않았지만 중국 또한 그들을 반기지 않았죠. 주식으로 돈을 벌어도 외환 관리제도 때문에 가지고 나갈 수가 없었기 때문이에요. 증권시장 개방은 신중을 기할 수밖에 없었습니다. 이는 훗날 아시아 금융위기를 통해 증명되기도 했죠."

1997년, 아시아 금융위기가 발발하자 1997년 8월 16820포인트 고점을 찍은 홍콩 항생지수는 1998년 8월 6544포인트로 61%나 하락했다. 같은 기간 1191포인트에서 출발한 상하이 종합지수의 최저점은 4% 하락한 1143포인트였다. 그 무렵 미국 헤지펀드에 자본시장을 개방했던 태국을 비롯해서 말레이시아, 한국 등은 하나같이 금융 대란에 휘말리고 말았다. 중국은 이를 반면교사로 삼아 자본시장 개방을 잠정 연기했다. 저우정칭은 이렇게 회상한다.

"WTO 담판이 진행될 때 저는 증권팀 팀장이었습니다. 그런데 미국 사람들이 와서는 자본시장을 전면 개방하라고 요구하는 겁니다. 중국 증시에서 외국인의 자유로운 주식 매매가 불가능하다면 WTO에 가입할 수 없다고 말이죠. 저는 '아시아 금융위기가 이제 막 지나갔는데 자본시장을 개방해서 당신네들을 받아들이면 중국 증시는 혼란에 빠질 것이 자명하다. 어떻게 무턱대고 개방할 수가 있겠는가?'라고 대응했죠. 이 말에 그들은 말문이 막혔는지 대답을 못하더군요."

1998년, 저우정칭이 증감회 주석으로 임명됐을 때 중국의 주식시장은 극도의 혼란 상태였다. 국무원 규정에 따르면, 주식거래소를 개설하려면 국무원의 허가를 받아야 했다. 하지만 상하이와 선전을 제외한 중국 18개 지역에서 허가 없이 주식거래소가 설립, 운영됐으며, 전체를 통틀어 거래되는 종목만 540여 개, 시가총액은 300억 위안에 달했다. 저우정칭은 이에 대해 "증권 암시장이 시골 장터처럼 가판을 깔고 들어섰어요. 현금만 주면 주식거래가 가능했기 때문이죠"라고 말한다. 자본시장을 산전수전 다 경험한 저우정칭은 임기 초반, 혼란에 맞서 대대적인 주식시장 정리에 나섰다. 그래서 불법 주식거래소 18곳의 문을 닫고, 규정을 위반하거나 고객의 보증금을 남용한 증권사 88개를 정돈했다.

6개월에 걸쳐 증권시장을 심층적으로 조사, 분석한 저우정칭은 시장을 규범화할 일련의 조치들을 마련해서 국무원에 보고했다. 당시 국무원의 주룽지 총리는 주식시장 규범화 방안인 '6대 주요 정책'을 직접 검토했다. 저우정칭은 당시를 이렇게 회상한다.

"어떤 루트를 통했는지 몰라도 《로이터 통신》은 이 조치에 관한 정보를 입수한 후 보고서 전문을 발표하더군요. 원래 이건 내부 기밀 자료였거든요. 어쨌든 '6대 주요 정책'을 알게 된 투자자들은 국무원의 증시 지원에 대한 의지를 확인했어요. 이로써 증시에 대한 투자자들의 신뢰는 빠르게 회복됐죠."

 성장통

중국 정부가 증시 질서 회복을 위한 일련의 정책을 발표하자, 그동안 등을 돌렸던 투자자들이 증시에 다시 시선을 돌리기 시작했다. 그 결과 2개월도 채 되지 않아 상하이 종합지수는 1100포인트를 시작으로 50%의 상승폭을 기록하며 최고 1700포인트 선까지 뛰어올랐다. 이로 말미암아 중국 증시는 그 유명한 '5·19 랠리'를 맞게 되었다.

저우다오중 전 증감위 주석은 당시 상황을 회상하며 이렇게 말했다. "중국인들은 주식으로 돈을 벌 수 있다는 사실을 깨달았습니다. 저마다 집에서 기르던 가축까지 팔아가면서 주식 투기에 열을 올렸죠."

저우정칭 역시 "주가가 오르자 투자자들은 그동안 묶여 있던 주식을 투매했고 손실도 어느 정도 보전됐죠. 상하이의 한 시민이 저에게 전화를 해서 그러더군요. '저우 주석님, 증시가 호전되고 나서 저희 식당에 손님이 꽉 들어찼어요'라고요"라는 이야기를 들려주었다.

한편으로는 경제 혼란을 우려하는 목소리도 있었다. 국무원 주룽지 총리의 사무실에는 증감위의 증시 간섭을 반대하는 항의 서신이 하루가 멀다고 날아들었다. 이에 대해 저우정칭은 "사람들이 비정상적인 랠리 현상을 우려하고 나섰어요. '증감위가 제출한 6대 주요 정책을 국무원이 비준한 건 정부가 대놓고 시장을 간섭하는 모양새다'라면서 아우성이었죠. 이러한 정부 간섭이 증시에 좋은 영향을 끼칠 리가 없다는 거예요"라고 말했다.

수많은 반대와 우려 속에서도 저우정칭은 기존 입장을 고수했다. 오히려 그는 증시가 활황세를 보이기는 하지만 9%대의 높은 GDP 성장률에 비하면 아직도 기대에 못 미치는 수준이라고 생각했다. 저우정칭은 이럴 때일수록 정부가 증시 관리에 나서야 한다고 말했다. 왜냐면 증시 지표에 경제 상황이 제대로 반영되지 않는 것은 불투명한 정부정책 때문인데, 이러한 정책적인 부분은 시장이 자체적으로 해결할 수 없는 문제이기 때문이다.

"예전에는 중국보다 자유로운 유럽 국가들은 정부가 시장을 간섭하지 않을 거라고 생각했어요. 하지만 이는 순전히 제 착각이었습니다. 독일은 2년에 한 번씩 열 가지 조치들을 취해서 주식시장을 견인하기 위해 힘쓰고 있어요. 스위스는 한 술 더 떠서 주식시장 활성화를 위한 정책 조항이 무려 31개나 된다고 합니다. 이들의 시장 간섭은 심지어 우리 중국보다도 더 적극적이고 구체적이지 않습니까?"

저우정칭은 시장에 대한 정책적 견인을 건의하는 보고서를 마련하여 다시 한 번 주룽지 총리에게 제출했다. 방안은 꽤 설득력이 있었다. 주 총리는 방안을 승인한 후 《런민르바오》를 통해 발표하도록 지시했다. 이는 중국 증시의 '정책시(政策市, 국가정책에 따라 개별 기업의 주가는 물론 주가지수의 향방도 결정되는 현상—옮긴이)' 특성이 가장 극명하게 드러

2000년 10월 《차이징》은 "펀드자본의 내막"이라는 특별 기사를 내보내 투자 펀드의 운영 실태와 위법 행위를 고발했다.

난 사례로, 정부의 간섭을 반대하는 많은 이의 우려를 불러일으켰다. 하지만 이 정책은 이내 효과를 발휘했고 강세장으로 돌아선 중국 증시는 그 후에도 2년간이나 상승세를 이어갔다. 투자심리가 자극된 사람들은 일확천금의 성공신화를 꿈꾸며 저마다 증권 계좌를 개설했다.

그러나 그때 주식시장의 이면에서 증시를 좌지우지해온 거대 자본의 횡포가 부각되기 시작했다. 그 어두운 내막은 1998년에 창간된 신생 잡지 《차이징(財經)》이 2000년 10월, '펀드자본의 내막'이라는 제목으로 특별 기고를 하면서 드러났다. 그 기사는 원래 상하이 증권거래소 감찰부의 한 감독관이 작성한 보고서를 인용한 것으로, 투자 펀드의 운영 실태와 위법 행위를 구체적으로 고발한 내용이다.

기사가 공개되자 업계에는 한바탕 소란이 일었다. 중국 관영방송 CCTV 프로그램 〈경제 30분〉은 유명 경제학자 우징롄(吳敬璉)과의 인터뷰 내용을 방송하기도 했다. 기자가 우징롄에게 질문했다.

"많은 사람이 잡지를 보면서 '이런 게 무슨 비밀이냐, 오래전부터 만

2000년 주식시장의 검은 내막이 폭로되면서 우징롄은 "중국 증시는 도박장만도 못하다!"라며 불편한 심기를 드러냈다. 이로 인해 전 중국에 '증시도박론'에 관한 일대 격론이 벌어졌다.

연해왔던 일이 아닌가?'라는 반응을 보이고 있습니다. 증권시장에서는 이러한 행태들이 공공연한 비밀로 이어져온 모양인데요, 그 안에서 암묵적인 동의가 있었던 것은 아닌가 싶어 섬뜩하기까지 합니다. 선생님은 이에 대해서 어떻게 생각하십니까?"

우징롄은 이렇게 대답했다.

"제가 그것보다 더 우려하는 건, 이러한 행태들이 이미 공공연한 비밀이 됐을 뿐만 아니라 더는 통제가 되지 않는다는 사실입니다. 런민 대학 신탁기금연구소 왕롄저우(王連洲) 이사장이 펀드자본과 관련해서 한 말이 생각나는군요. '법은 있지만 실행되지 않는다'라고요."

'펀드자본의 내막'이 불러일으킨 풍파는 좀처럼 가라앉지 않았다. 상장사들의 위규 행위와 파렴치한 주가조작 행위가 하루가 멀다고 신문 지면을 장식했다.

2000년 10월 31일, 《신화사(新華社)》 기자는 '정저우바이원(鄭州百文), 갑작스런 적자 전환 배경'이라는 특종을 발표했다. 기사는 1996년 상장 당시만 해도 아무런 문제가 없던 우량 주식회사 정저우바이원이 2000년에 돌연 '유효자산 6억 위안 부족, 손실액 15억, 채무 25억 위안'이라는 최악의 실적을 기록하게 된 원인을 분식회계라고 지적하면서 '정저우바이원은 상장 조건을 충족시키기 위해 회계장부를 거짓으로 작성했으며, 상장 후에도 투자금을 남용하는 등 부정행위를 지속했다'라고 덧붙였다. 이 사건을 계기로 훗날 부정행위에 연루된 상장업체들이 줄줄이 수면으로 딸려 나왔다.

그 후에도 《차이징》은 주식시장의 검은 내막을 폭로하는 기사를 연달아 터뜨렸다. 이러한 검은 세력들이 주식시장을 제멋대로 조종한다는 사실에 사람들은 분노했다. 이와 관련해서 우징롄을 대표로 한 경제학자들은 "중국 증시는 도박장만도 못하다!"라는 '증시도박론'을 외치며 불편한 심기를 드러냈다. 이들의 발언은 전 중국을 강타했고 사회 전체는 증시 논쟁으로 뜨거워졌다. 주가의 고공행진에 취해 있던 투자자들은 충격에 휩싸였고 증시 또한 중심을 못 잡고 흔들렸다.

진동의 여파는 결국 중앙 고위층에까지 전달됐다. '성장이 먼저냐, 정책을 통한 규범화가 먼저냐?'의 기로에 선 관리 당국은 과감한 선택을 해야 했다. 그리고 그해 말, 당시 증감회 저우샤오촨 주석은 몇 차례 컨퍼런스를 통해 다음과 같이 공식적으로 밝혔다.

"언론에서 증권업계와 자본시장에 관한 문제점을 이슈화하고 있는데, 그 점은 저희도 인정합니다. 그리고 언론에서 언급된 문제점에 대해선 진상을 철저히 규명할 계획입니다."

그의 말대로 관리 당국은 언론에서 지적한 소문의 진상 조사에 착수했고, 사실과 일치하는 위법·위규 행위는 법에 따라 처리했다.

2001년 중국 증시는 같은 주식이라도 A주, B주, H주 가격이 서로 달랐다. 일부 경제학자들은 특히 A주 가격이 고평가됐다는 문제점을 지적하면서 구조조정을 통해 거품을 제거해야 한다고 주장하기도 했다. 이런 모든 악재가 증시에 반영되자 2001년 7월, 다시금 고개 숙인 중국 증시는 한없이 추락한 후 4년이나 침체의 늪을 헤매게 되었다. 훗날 〈죽어도 안 팔아(死了都不賣)〉[주30]라는 제목의 증시투자 노래를 지어 유명세를 탄 투자자 궁카이제(龔凱傑)도 하락장 직전 증시에 뛰어든 케이스다. 궁카이제는 〈경제 30분〉과의 인터뷰에서 비참했던 당시 경험을 떠올렸다.

"시닝터강(西寧特鋼) 주를 샀죠. 매입 전까지만 해도 줄곧 상승세더라고요. 들어가자마자 그렇게 허무하게 떨어질 줄은 상상도 못했습니다. 반타작도 못했다니까요!"

저우정칭은 증시가 4년 연속 침체기에 빠진 원인을 '증시도박론'과 '정부의 비유통주[주31] 정책'으로 본다.

"증시가 4년 연속으로 침체한 것은 2000년 말에서 2001년 초에 등장

주30. 중국 가수 아신(阿信)이 부른 〈죽어도 사랑할 거야(死了都要愛)〉를 개사한 것이다. 가사 내용은 '죽어도 안 팔아/투자하려고 산 건데/오르든 떨어지든 겁나지 않아/시황이 좋든 나쁘든 상관 안 해/두 배로 뛰어야 팔 거야/다른 사람이 무슨 말을 하든 듣지 않겠어/느낌에 따라 사서 돈 벌면 기쁘겠지/현재를 즐겨/한 번 실패했다고 두려워할 필요 없어/주식시장의 숱한 기적은 영원할 거야/죽어도 안 팔아/두 배로 뛰지 않는다면 뭐가 기쁘겠어/이래야 지지 않지/죽어도 안 팔아/정신없이 오르지 않으면 기쁘지 않지/중국에 투자하겠다는 마음은 영원해/폭등할 때까지 기다리겠어'임.
주31. 비유통주는 말 그대로 주식시장에서 유통되지 않는 주식으로 대부분 국가 소유 주식임. 이는 상장기업 대부분이 국유기업으로 구성된 중국 증시에서 나타나는 특별한 현상으로, 국유기업 상장 시 발행 주식의 30% 정도는 유통되고 70% 정도는 국가가 움켜쥐고 있었음. 국유자산에 대한 구조조정과 주식시장 선진화를 위해 정부가 묶여 있던 국유주를 시장에 방출하려 할 때마다 공급과잉에 대한 우려로 주가 하락을 반복하게 됨. 이처럼 중국 증시의 등락을 결정지을 만큼 민감한 사안으로 변질된 비유통주는 중국 증시가 개혁해야 할 최대의 당면과제로 떠오름.

한 '증시도박론' 때문입니다. 그때 투자자들은 증시에 대한 신뢰와 자신감을 잃고 말았죠. 하지만 투자자들이 증시를 외면하게 된 진짜 원인은 따로 있어요. 그건 바로 정부의 비유통주(국유주) 정책이죠. 2001년 6월, 중국 정부가 묶여 있던 국유주를 시장에 내놓기로 한 겁니다. 투자자들은 도박장이나 다름없는 중국 증시에 정부의 국유주까지 풀리면, 공급과잉 때문에 주가 폭락은 불 보듯 뻔하다며 손을 털고 나가 버렸습니다."

국무원은 국유주를 풀어 거둬들인 자금으로 사회보장 자금을 마련하겠다며 2001년 6월 12일, '국유주 유통 및 사회보장 자금관리 지침'을 발표한 후 각 상장회사에 국유주를 유통시켜 보유량을 줄이라고 지시했다. 지침을 따른 회사가 채 16곳도 되지 않았을 때, 시장은 주가 폭락으로 반응했다. 그로부터 머지않은 10월 22일, 증감회는 할 수 없이 지침을 잠정 중단한다고 선포했다. 또 국무원은 2002년 6월 4일에 국유주 매각 의무조항을 폐지하겠다고 결정했다.

성장에는 진통이 수반되는 법이다. '펀드자본의 내막'이 불러일으킨 풍파 때문에 차후 일 년간 중국에서는 신규 펀드가 발행되지 않았고 신규 펀드회사도 설립되지 않았다. 이 때문에 원래 2001년 선보이기로 했던 벤처기업 중심의 차스닥(創業板)도 무한정 지연되다가 2009년이 되어서야 출시됐다. 펀드회사는 반성의 기미를 보였고, 이로써 자본시장에는 서서히 질적인 변화가 나타나기 시작했다.

2002년 3월 24일 저녁, 증감회는 '펀드자본의 내막'에서 언급된 펀드회사 중 하나인 보세라 펀드(Bosera funds)에 대한 조사에 착수했다. 〈증권법(證券法)〉의 규정에 따라 불공정 거래수단을 통한 주식 매매가 있었는지, 증권 사기행위가 성립되는지 조사가 이뤄졌다.

2003년 10월 28일, 후진타오 주석은 제9호 주석 명령을 통해 〈중화인민공화국 증권투자 펀드법〉을 발표하고 2004년 6월 1일부터 실시했다. 그 후 참신한 펀드 상품이 속속 출시되어 투자자들의 좋은 반응을 얻었다. 역사에는 굴곡이 있기 마련이다. 몇 차례 진통 속에서 각성의 과정을 거치자 펀드는 새로운 성장 단계로 접어들었고, 중소 투자자들에게 환영받는 상품으로 재탄생했다.

2005년 4월 30일, 국무원은 '주식권리 분할 개혁(이하 '비유통주 개혁')'[주32]을 실시했다. 자본시장의 선진화를 위해 비유통주 개혁은 꼭 해결해야 할 과제이기 때문이다. 2005년 5월 9일, 최초의 비유통주 개혁안이 뭍으로 나왔고 상장회사 네 곳이 시범회사로 선정됐다. 2005년 5월 30일에는 증감회, 국유자산 감독관리위원회(이하 '국자위')가 공동으로 '비유통주 개혁 시범업무 의견'을 발표했다. 이로써 비유통주 개혁에 관한 사회적인 공감대가 형성되고 개혁의 시범사업이 안정적으로 추진될 수 있는 기반이 마련됐다. 2005년 9월 5일, '상장회사 비유통주 개혁 관리지침'이 정식으로 출범했다.

주32. 말 그대로 주식권리(비유통 주식과 유통 주식 간의 권리)를 동등하게 분할하는 개혁임. 기존에는 같은 주식이라도 주권에 차이가 있었으나, 주권을 동등하게 분할하는 이 개혁을 통해 하나의 주식은 모두 같은 권리를 갖게 됨. 이를 통해 비유통 주식을 모두 유통 주식으로 전환하되, 기존 유통주 주주들의 손해는 주식 무상 증여 혹은 현금 배상을 통해 보전해줌. 증여하고 남은 비유통주는 일정 기간 유통을 금지(매각제한주)하는 보호예수 기간을 거친 후 점진적으로 유통됨.

04 울타리를 뽑아 없애다

비유통주 문제가 등장했다 하면 맥을 못 추는 중국 증시에 정부가 메스를 들이대기로 결정했다. 가장 먼저 나선 사람은 저우다오중 주석이다.

"비유통주는 중국 증시가 태동기부터 안고 온 특수한 문제입니다. 유통주든 비유통주든 모두 증시 발전과정에서 불가피하게 탄생한 산물들이에요. 이런 문제들을 점진적으로 해결하기 위한 주식 개혁은 중국 증시의 선진화, 국제화를 이룰 첫 행보가 될 겁니다."

2007년부터 대규모 국제 핫머니[주33]가 A주 시장에 유입되기 시작했다. 핫머니는 개인이 운영하는 사설 은행 격의 첸좡(錢莊) 혹은 무역으로 가장한 허위거래를 통해 유입됐고, 이는 A주 증시의 주요 투기 세력으로 자리 잡았다. 핫머니가 국제 자본시장과 연동된 탓인지 2007년부터 A주 투자자들은 뉴욕, 런던, 홍콩 등지에서 전해지는 증시 느낌을 체감할 수 있었다. 이 때문에 중국 투자자들은 늦은 밤이나 다음날 새벽, 뉴욕과 유럽 증시 마감 시황을 모니터링하는 습관이 생기기도 했다. 국제 자본시장이 출렁일 때마다 같이 요동치는 A주의 반응에도 금세 익숙해졌다.

국제 핫머니가 A주 증시를 주목한 것은 결국 올바른 판단이었음이 증명됐다. 중국 증시가 주식 개혁으로 잠시 진통을 겪었지만, 이는 오히려 기사회생의 호기가 됐다. 거기다 정부가 내놓은 증시부양책 덕에 투자자들의 심리가 안정되자 2007년 중국 증시는 다시금 활황을 맞게 되었다. 궁카이제는 그때 상황을 "누구든지 눈 깜짝할 사이에 돈을 벌게 됐죠"라고 말한다.

2007년은 중국인의 투자의식을 일깨워준 한 해였다. 상하이와 선전 증시 합계 투자자 증권계좌 수가 1억 개를 돌파하고, 시가총액이 8조 위안을 넘어서는 등 세계 최대의 증시로 성장했다. 중국인이 손에 움켜쥐고 있었던 자금은 이 한 해를 거치면서 대거 '자본화'됐다.

인터넷에서는 궁카이제의 주식투자 노래인 〈죽어도 안 팔아〉가 초유의 히트를 쳤는데, 과연 가사 속의 소원대로 상하이 종합지수는 2700포인트에서 6124포인트까지 반등했다. 거기에는 심지어 수십 배 급등 신화를 이룬 종목도 다수 있었다. 그러나 상승장이 있으면 하락장도 있는 법. 2007년 10월, 6124포인트 고점을 찍은 상하이 종합지수는 곧장 추락세로 접어들어 다시 1664포인트까지 떨어졌다. 끝도 모르고 추락하는 롤러코스터 증시에서 투자자들의 자산은 공중분해되고 말았다.

2009년, 전 세계가 경제위기에서 벗어나지 못하는 상황에서도 중국 경제는 독야청청 건재함을 과시했다. 중국 정부는 대규모 내수부양책을 내놨고, 중앙은행 창구에서 흘러나온 자금은 시장의 갈증을 풀어줬다.

주33. Hot Money. 단기 수익을 노리고 국제시장을 떠도는 투기성 유동자금을 일컬음. 중국에서는 '유입된 외환 중에서 정상적인 통로(해외 직접투자와 순수출)를 제외한 나머지'를 지칭함(출처: 『중국 증시 콘서트』, 올림).

주식투자 노래인
"죽어도 안 팔아"를 발표해
유명세를 탄 궁카이제.

넉넉한 유동성을 배경으로 힘을 얻은 A주는 1664포인트에서 3651포인트까지 박차고 올라갔다. 이는 당시 세계 자본시장 내 최대의 상승폭으로 기록됐다.

이처럼 중국 증시는 '성장위주 정책, 내수 확대, 구조 개선, 민생 안정'의 연료를 태워 순항하는 중국 경제의 추진력에 힘입어 연일 상승세였다. 이런 상황에서 관련 당국은 보다 건전하고 안정적인 금융 기반을 구축하기 위해 일련의 혁신적인 개혁 조치를 가동했다. 여기에는 신주 발행 제도 개혁, 차스닥 출범, 기업공개(Initial Public Offering, IPO) 재개, 감독 기구 정비와 같은 일련의 조치가 포함되었다.

2009년, 금융위기의 수렁에 빠진 세계 각국의 이목은 세계경제의 견인차로 등장한 중국의 경기 부양책과 통화정책에 집중됐다. 중국 경제의 회복세를 목격한 그들은 위안화와 마찬가지로 A주를 글로벌 경제의 판세를 가늠하는 좌표로 인정했다. 저우정칭은 이렇게 말한다.

"중국 증시가 보여준 국제적 위상은 중국의 종합적인 국력을 상징합니다. 그 누가 이런 경제위기에서 전 세계를 이끌어내겠습니까? 중국밖에 없어요!"

2010년 초, 전국 증권선물 감독 업무회의에서 전해진 소식에 따르면

2010년 중국 자본시장은 다음 네 가지의 새로운 전환점을 맞게 되었다. 그것은 바로 신용거래[주34] 허용, 주가지수 선물시장 본격 가동, IPO 시장의 구조적 문제 개선, 기업 M&A 시장 개선이다. 이에 대해 칭화 대학 경영대학원 금융학과 리다오쿠이(李稻葵) 주임이 내놓은 분석은 이렇다.

"2010년 중국 A증시를 표현하자면 '파동'과 '발전'이라는 두 단어로 압축할 수 있을 겁니다. '발전'이 어떤 의미냐고요? 중국이 증시에 필요한 각종 제도를 정비했다는 말입니다. 주가지수 선물이나 신용거래 시스템을 구축하는 것이나, 수준 높은 해외 상장회사를 유치하는 것이 그 예죠. 이로써 중국 증시는 '성장'이라는 확실한 미래를 예약해놓은 것이나 마찬가지예요. 이런 면에서 2010년은 과거 20년 중국 증시 역사에서 가장 핵심이 되는 해가 될 것 같군요. 더불어 잊지 말아야 할 것은 2010년이 '파동'의 한 해였다는 점입니다. 왜냐고요? 올 들어 중국 경제는 심한 굴곡을 겪었습니다. 각종 기업과 산업에 대한 구조조정이 이뤄졌고 증시 역시 큰 폭으로 출렁였죠. 그래도 파동 속에는 발전이 있었습니다. 발전과 파동이 공존했던 한 해였죠."

20년 전인 1990년, 13개에 불과했던 중국의 상장회사 수는 현재 1,638개로 120배나 늘어났다. 투자자 계좌 수도 1억 3,500만 개에 달해 1992년보다 63배 증가했다. 시가총액은 1990년의 103억 위안에서 지금 18조 7,000억 위안으로 늘어나 1,800배 성장세를 자랑한다. 중앙은행이 발

주34. 증권회사로부터 자금을 차입하여 주식을 매입한 후 상환일에 주식을 처분하여 차입 자금을 상환하는 방법이다. 상장 종목은 신용거래 매입이 가능하나 관리 종목이나 감리대상 종목으로 지정되면 신용거래는 정지된다.

2007년 10월, 6124포인트 고점을 찍은 상하이 종합지수는 곧장 추락세로 접어들어 다시 1664포인트까지 떨어졌다.

표한 데이터에 따르면, 2009년 한 해 상하이 및 선전 증시에서 이뤄진 거래 규모가 이미 일본을 넘어섰다고 한다. 이제 중국은 미국을 잇는 제2위 주식시장으로 발돋움한 것이다. 상하이 거래소는 2009년 시가총액 5조 100억 달러를 기록해 아시아 최대의 증시로 자리매김했다.

중국 증시는 지금껏 무에서 유를 창조하며 저변의 거대한 힘을 드러내고 있다. 그러나 아직 갈 길은 멀다. 증시는 앞으로도 수없이 성장의 병목에 걸려 넘어지고 또다시 일어섬을 반복할 것이다. 저우정칭은 일찍이 정부가 증시정책을 결정하는 과정이 과학적이지 못하다며 비판한 적이 있다.

"옛날 한밤중에 닭 울음소리를 내서 머슴을 일터에 빨리 내보내려고 했던 못된 지주가 있었습니다. 지주가 머슴을 일찍 깨운 것은 노동력을 최대로 활용하기 위해서였겠죠. 하지만 이는 노동의 '양'만 중시하고 '질', 다시 말해 '효율'을 간과한 행동입니다. 한밤중에 일어났으니 노동시간은 늘어나겠으나 효율은 떨어지겠죠. 여기서 우리는 무조건 성급하게만 행동하면 정작 중요한 것을 놓칠 수 있다는 교훈을 얻을 수 있습니다. 중국 금융당국의 정책 결정 프로세스는 상당히 촉박한 시간을 두고 진행

됩니다. 사전에 충분한 검토 기간을 갖고 계획성 있게 접근해야 하는데, 아쉽게도 그런 모습은 찾기 힘드네요. 중앙은행의 거시정책 기조를 개선하고 통화, 자본, 보험 시장이 유기적으로 결합, 발전하는 메커니즘을 구축해야 발전이 있을 겁니다."

A주 증시는 앞으로도 개선해야 할 부분이 많지만 지난 20년간 중국 증시는 줄곧 시가총액 기준 최대 증시라는 타이틀을 놓친 적이 없다. 이 점에서 A주 증시를 '전 세계 자본시장의 기적'이라고 부르지 않을 수 없다.

왕샤오야, 상하이 엑스포에서 차이나 키워드를 말하다

이제껏 총 40여 차례의 엑스포가 열렸는데, 그중 엑스포 개최 횟수가 가장 많은 국가는 미국이지만 1970년 이후 수치는 일본이 월등하다. 엑스포는 자국의 실력을 높임과 동시에 전 세계에 자국의 이미지를 효과적으로 홍보할 수 있는 좋은 무대가 된다. 역대 주최국들도 엑스포의 후광 속에서 엄청난 경제성장과 이미지 개선 효과를 얻어냈다. 1970년 오사카 엑스포는 침체됐던 일본 경제를 성장으로 끌어올린 계기가 됐고, 일본 증시도 그 후 2년간 상승장의 환희를 경험할 수 있었다. 2005년 아이치 엑스포를 마치고 난 일본 증시는 오랜만에 생기를 되찾아 차후 2년간 활황세를 탔다.

2010년 상하이는 개발도상국으로서는 최초로 엑스포를 개최한 도시가 되었다. 세계인들은 대부분 중국이 지금 세계경제의 견인차 역할을 담당하고 있다고 생각한다. 이번 엑스포는 분명 세계인들의 이런 시각에 더 큰 믿음과 힘을 실어줄 것이다.

KEYWORD
5

닷시엔(.cn)
세계 최고의 중국 인터넷

미국 《와이어드(Wired)》지의 크리스 앤더슨(Chris Anderson) 편집장이 펴낸 『FREE 프리』는 세계적인 베스트셀러이다. 과거 미국의 수많은 베스트셀러는 미국식 비즈니스 모델만을 입이 닳도록 외쳐댔다. 하지만 앤더슨은 이 책을 통해 처음으로 "다음에는 미국이 아닌 중국을 집필 대상으로 삼겠습니다"라고 선언했다.

인터넷의 축이 '닷컴'에서 '닷시엔'으로 움직일 것이라는 전망에는 의심의 여지가 없다. 이를 증명이라도 하듯, 국제 거물급 업체 대열에 들어선 입지전적 '닷시엔' 기업이 늘고 있다. 또 그들은 전 세계 인터넷업계를 뒤흔드는 비즈니스 기적을 만들어내고 있다.

들어가며

2008년, 중국은 네티즌 수 기준으로 미국을 제치고 세계 1위에 올라섰다. 그 후 2009년까지 지속적으로 증가한 중국 네티즌 수는 어느새 미국의 인구수까지 훌쩍 넘겼다. 어마어마한 네티즌 규모로도 알 수 있듯, 중국은 이미 엄청난 사이버 영토를 가진 인터넷 왕국으로 성장했다. 이제 중국 인터넷은 전 세계 인터넷 산업의 주축이 되어 새로운 인터넷 문화와 비즈니스 모델을 창조해나가고 있다.

2009년 7월, 중국 인터넷 정보센터는 보고서를 인용, 2009년 6월 말 중국 네티즌 수가 3억 3,800만 명으로 세계 1위에 올라섰다고 발표했다. 인터넷 보급률은 25.5%로 다른 나라에 비해 한참 뒤처지지만, 이는 인터넷 분야에 더 발전할 공간이 남아 있다는 뜻이므로 실망할 일은 아니다.

2008년, 영국의 시사주간지 《옵저버》는 중국 인터넷이 전 세계 인터넷의 판도를 바꿀 것이라고 점친 바 있다. 필체와 논조가 신중하기로 유명한 이 보도 매체는 "중국 인터넷의 굴기, 서방 국가에 미치는 영향은 무엇인가? 중국어, 인터넷 공용어로 부상하나?"라는 가설을 주저 없이 내놓았다. 이어서 "미국에서 발원한 인터넷은 태생적으로 미국의 가치관을 담고 있을 수밖에 없다. 하지만 20년 후에는 인터넷 인구 구성에 근본적인 변화가 생길 것이다. 이에 대응하려면 우리 자녀들은 중국어를 배우고 중국 문화에 관한 과목을 수강해야 할 것이다"라고 덧붙였다.

그러나 불과 15년 전만 해도 중국 인터넷 산업의 상황은 그다지 녹록하지 않았다.

01 꿈을 좇는 여행

1990년대, 미국에서는 인터넷 붐이 일기 시작했다. 이에 반해 지구 반대편 중국의 IT 환경은 초라하기 짝이 없었다. IT 연구소라고 해봤자 펜티엄 586 컴퓨터 몇 대만 설치되어 있을 뿐이고, 시장에 출시된 컴퓨터들은 대부분 1만 위안 이상의 고가품이었다. 중국 사회과학원 정보화연구센터의 장치핑(姜奇平) 사무국장은 인터넷 기반이 전무했던 그 무렵 중국을 떠올렸다.

"그땐 인터넷 하면 아는 사람이 거의 없었어요. 나중엔 그걸 '국제 인터넷'이라고 불렀죠. 사실은 'Internet'이라는 단어에 '국제'라는 의미가 포함돼 있는데 말이죠."

1994년 청두 전자과기(電子科技) 대학을 졸업한 후, 닝보(寧波) 전신국에서 일한 지 2년째 접어든 딩레이(丁磊)는 인생에서 가장 중대한 선택의 기로에 섰다. 1994년에 완전히 새로운 세계인 인터넷에 눈뜨게 됐기 때문이다.

"1994년에 미국의 한 회사가 기존의 전화선을 통해 28.8K의 데이터를 전송할 수 있는 기술을 개발해냈어요. 그건 혁명이었죠. 적어도 저에게는 혁신적인 기술로 보였어요."

인터넷이 머지않아 전 세계에 보급될 것이라고 굳게 믿었던 딩레이는 전신국이라는 안정된 직장을 버리고 웹 전자게시판[주35] 사업에 뛰어들었다. 뒤이어 홈페이지와 이메일 분야까지 사업을 확장했다. 하지만 딩레이는 이 사업에서 많은 돈을 벌지 못했다.

1995년, 중국은 베이징, 상하이 두 곳을 분기점으로 1차 인터넷 기간망 건설에 착수했다. 미국으로 연결되는 국제 전용선의 속도는 고작 64Kbps로 1초당 중국어 문자를 4개밖에 전송하지 못하는 수준이었다. 그렇지만 이것만으로도 사람들은 흥분해 마지않았다. 장치핑은 인터넷 기간망의 건설에 큰 의의를 두었다.

"정보화 시대에 국제사회와 소통하는 중요한 수단이었죠. 선진적인 과학기술의 흐름에도 합류했고요. 참으로 중대한 의의를 갖는 사건입니다."

1998년, 장차오양(張朝陽)과 왕즈둥(王志東)은 각각 유명 인터넷 사이트인 '소후(搜虎, Sohu)'와 '시나(新浪, Sina)'를 창업했다. 같은 해 마화텅(馬化騰)은 룬쉰(潤迅) 통신사의 개발부 주임직을 뒤로한 채 선전의 낡은 오피스 빌딩에서 인터넷 사이트 '텅쉰(騰訊)'을 창업했다. 1년 뒤인 1999년, 마윈(馬雲)은 항저우(杭州) 전자공업 대학 교수직을 그만두고 항저우에서 '알리바바(阿里巴巴)'를 창립했다. 이처럼 오늘날 중국 인터넷의 선봉에 선 회사들은 대부분 비슷한 시기에 탄생했다.

이들은 창업 자금과 수익 모델이라는 두 가지 문제로 오랫동안 고민했다는 공통점을 가지고 있다. 장치핑은 자금 확보 문제로 골치를 앓던 그때 당시를 되돌아본다.

(좌) 1998년 인터넷 사이트 '소후'를 창업한 장차오양
(우) 1998년 시나를 창업한 왕즈둥

"초창기에는 '하이구이(海龜, 해외에서 귀국한 유학파—옮긴이)'들도 자금이 없어 전전긍긍했어요. 소후를 만든 장차오양은 심지어 학교 스승을 찾아가서 사업 자금 5만 위안을 얻어왔답니다. 스승을 설득하려고 온갖 머리를 다 쥐어짰다는 후문이 있죠."

훗날 해외에서 들어온 벤처 투자금이 초창기 자금 갈증을 겪던 중국 인터넷 산업에 잠시나마 물을 대주었다. 그러나 그도 잠시, 숨어 있던 또 다른 문제가 수면으로 떠올랐다. 그것은 다름 아닌 수익 모델이었다. 인터넷 업체는 특히나 수익 모델 창출에 취약했다. 알리바바 그룹의 웨이저(衛哲) 부총재는 "회사 잔고에 남아 있던 얼마간의 운영 자금마저도,

---

주35. Web Bulletin Board System(Web BBS). PC통신에서 불특정 다수의 사용자들이 컴퓨터를 통해 정보와 편지를 교환하고 대화하거나 비상업적인 프로그램을 서로 공유하기 위한 시스템을 가리킨다.

몇 개월 후면 금세 바닥이 나고 마는 거예요. 마땅히 고정된 수입이 있는 것도 아니었기에 참 난감했죠"라며 어려웠던 당시 상황을 설명했다. 텅쉰의 창업주이자 CEO인 마화텅도 사정이 다를 바 없었다.

"QQ(텅쉰이 개발한 무료 메신저 프로그램-옮긴이)를 시작하게 된 건 돈 때문이 아녔어요. 그래서 QQ 서비스를 계속 끌고나가려면, 다른 아이템 즉, 이메일을 생성해주거나 소프트웨어를 개발해서 번 돈을 QQ에 쏟아 부어야 했죠."

이처럼 중국에서의 초창기 인터넷 사업은 그리 녹록치 않았다. 하지만 이런 상황에서도 인터넷에 사람들의 관심이 몰리는 것은 어쩔 수 없었다. 1999년 7월, 이름도 잘 알려지지 않은 중화왕(中華網)이라는 인터넷 기업이 미국 나스닥에 상장하는 데 성공했다. 이때부터 중국 인터넷 산업은 자본시장이라는 지원군을 등에 업고 비상의 날갯짓을 하기 시작했다. 장치핑은 그때 기억이 아직도 생생하다.

"당시는 《인터넷 위크》라는 주간지가 창간됐을 때예요. 그런데 기업들이 저마다 기를 쓰고 우리 잡지에 광고를 올리겠다는 거지 뭡니까? 인터넷 기업도 아니면서 말이죠. 신청업체가 너무 많아서 결국 다 싣지도 못했어요. 창간 1년 만에 잡지 광고 수입은 6,000만 위안이나 됐답니다."

1997년, 중국에는 인터넷 접속 컴퓨터가 30만 대가 되지 않았지만 1999년 말에는 146만 대로 늘어났다. 네티즌 수도 1997년 62만 명에서 1999년 400만 명으로 폭증했다. 이 기간에 마윈, 천톈챠오(陳天橋), 주쥔(朱駿)과 같은 중국 본토의 인재들이 인터넷 시장 개척을 위해 팔을 걷어붙였다. 이와 함께 리옌훙(李彦宏), 천이저우(陳一舟), 선난펑(沈南鵬)과 같은 '하이구이'들도 미국에서 돌아왔다. 이렇게 해서 1999년, 중국 인터

QQ로 인기를 끌고 있는 텅쉰도 초창기에는 인수를 당할 뻔한 위기를 맞았다.

넷은 발전 초기의 화려한 문을 열어젖혔다.

중국에서 인터넷이 첫 번째 성장의 봄을 맞이하기는 했지만 그렇다고 세계적인 수준에 도달하기에는 역부족이었다. 중국 인터넷의 초창기 약세는 '인터넷'이라는 건물의 지반 역할을 하는 '도메인' 영역에서도 드러났다. 초반에는 중국 도메인 '닷시엔(.cn)'이 국제 공용 도메인 '닷컴(.com)'에 비해 수량에서 현격하게 뒤졌던 것이다.

그러다가 1999년 말에서 2000년 초, 세계적으로 '닷컴' 열풍이 불자 중국에서도 인터넷 관련주가 인기를 끌게 됐다. 많은 사람이 무한한 가능성을 품은 인터넷 광산에 뛰어들었다. 장치핑은 "너 나 할 것 없이 인터넷 사업에 뛰어들었죠. 멀쩡하게 사업 잘하던 업체들도 말이에요. 오죽했으면 시멘트 만들던 회사가 마우스 사업에 뛰어들었다는 말이 나왔겠어요?"라고 말했다. 그러나 중국 인터넷은 성장의 봄기운을 만끽하기도 전에 혹한의 겨울을 맞고 말았다.

2000년 3월 10일, 정점으로 치닫던 IT 위주의 미국 나스닥 종합지수는 7.6% 하락세로 장을 마감한 후 몇 개월도 안 돼서 반 토막이 나고 말았다. 나스닥 IT주 폭락의 악재는 중국 인터넷 기업에도 고스란히 전달

(좌) 성다 네트워크 천텐챠오 CEO
(우) 웨이저 전 알리바바 CEO

됐다. 중국 최대의 인터넷 검색엔진 바이두(百度)의 창업주이자 회장인 리옌훙은 그때 상황을 이렇게 설명했다.

"1999년 닷컴기업의 거품 때문에 많은 기업과 투자자가 냉정함을 잃은 채 묻지마 투자 행렬에 합류했어요. 얼마나 열기가 뜨거웠던지 꼭 대약진 때 같았죠. 그래서 갑작스런 IT주 폭락 사태가 더욱 고통스럽게 느껴졌을 겁니다."

닷컴 거품이 가라앉은 후 중국 인터넷 회사가 맞닥뜨린 최대의 위기는 바로 자금줄이 막혔다는 점이다. 변변한 수익처가 없었기 때문에 벤처 투자자에게서 확보한 자금마저 소진한 채 인터넷 기업은 전에 없는 곤경에 봉착하게 되었다.

마화텅이 피땀으로 이룩한 QQ의 전신, OICQ를 60만 위안에 매각하려고 했던 점을 보면 당시 상황이 얼마나 어려웠는지 짐작할 수 있다. 마화텅은 이렇게 말했다.

"우린 적절한 인수자를 찾아 나섰죠. 광저우전신(廣州電信), 선전전신(深圳電信), 차이나닷컴(China.com) 같은 회사 말이에요. 훗날 벤처 투자가 IDG가 회사 매각을 돕자 시나, 소후 등과도 접촉하게 됐습니다. 하

중국 최대 검색엔진 바이두를
창업한 리옌훙 회장

지만 매각에는 실패했고 결국에는 우리 손에서 이렇게 성장하게 됐네요."

주가 급락, 유동성 부족이 위기의 전부는 아니었다. 그 시기 텅쉰, 알리바바, 바이두를 포함한 인터넷 회사에 최대의 위험 요인은 호시탐탐 중국 시장을 노리는 글로벌 인터넷 거물들이었다.

텅쉰의 직접적인 경쟁 대상은 마이크로소프트의 MSN 메신저. 사람들은 마이크로소프트와의 전쟁에서 패한 넷스케이프의 사례를 들며 QQ가 그 전례를 밟을 것이라고 섣불리 단정 지었다. 웹 브라우저의 원조 격인 넷스케이프는 1990년대 중반만 하더라도 시장점유율이 90%에 이르는 등 막강한 영향력을 행사했다. 하지만 1998년, 인터넷 익스플로러를 앞세운 마이크로소프트의 집중 포화에 백기를 들고 인터넷 왕좌를 내주게 되었다. 이 같은 역사를 빗대어 사람들이 텅쉰 QQ의 운명을 걱정하고 나선 것이다.

알리바바의 맞수는 글로벌 전자상거래 시장을 종횡무진하던 이베이였다. 이베이는 중국에서도 90%의 시장점유율로 독주를 계속했는데, 알리바바에 맞서기 위해 무려 1억 달러를 투자하기도 했다. 반면 알리바바는 그때 막 존폐의 위기에서 겨우 살아났던 업체로, 수중에는 전자상거래 사이트 '타오바오(淘寶)' 출시를 위한 자금 1억 위안밖에 없었다. 1억 위안을 가지고 1억 달러에 맞서야 하는 상황이었다. 설립된 지 불과 몇 년도 되지 않은 중국의 신생 기업이 시가총액만 수백억 달러에 달하는 글로벌 전자상거래 거물에 대항하는 꼴이니, 알리바바가 무리수를 뒀다고 생각하는 것도 당연했다.

막강한 적들에 둘러싸여 있던 중국 토종 인터넷 업체들의 운명은 막다른 골목으로 내몰렸다. 그러자 현실을 직시한 업체들이 나서서 대안을 모색하기 시작했다. 그들은 중국이 '닷컴 비즈니스 모델'을 맹목적으로 추종할 것이 아니라 중국 본토의 문화와 결합시켜서 창조적인 돌파구를 마련해야 한다고 주장했다. 2000년에 드디어 중국 인터넷 정보센터는 중문 도메인 서비스를 출범하게 되는데, 이를 계기로 중국은 인터넷 현지화의 첫걸음을 떼게 되었다.

02 성충에서 나비로

21세기에 들어서면서 중국 인터넷 기업들은 과감한 혁신을 시도했다. 2001년 8월, 리옌훙은 바이두 이사회를 설득해 기존의 비즈니스 모델을 바꾸고 중소기업을 대상으로 '가격경쟁에 따른 순위 배열' 서비스를 제공하기로 결정했다. 9월 20일, 바이두는 '가격경쟁에 따른 순위 배열' 서비스를 정식으로 출범했지만 첫날 수입은 고작 1.9위안에 그쳤다. 그러나 2008년 바이두가 나스닥 상장에 성공한 후 연간 매출액은 30억 위안을 넘어섰는데, 그중에서 무려 80%가 '가격경쟁에 따른 순위 배열' 서비스에서 나왔다. 리옌훙은 이에 대해 "지난 10년간 바이두는 엄청난 속도로 발전해왔습니다. 특히 상장 후 4년간은 거의 100%의 성장세를 보였죠"라고 말한다. 무명의 바이두는 일부 인터넷 검색사이트에 기술을 제공하는 검색엔진에 불과했으나 중문 검색의 복잡한 기술적 한계를 극복하고 독자적인 검색엔진 기술을 확보하면서 마침내 중국 검색엔진의 독보적인 기수로 재탄생했다.

이를 바탕으로 바이두는 이제 글로벌 검색엔진 업계의 패주가 되기

2007년 11월, 알리바바는 홍콩 증시에 성공적으로 상장되었다.

위한 행보에 나서고 있다. 검색 서비스 외에도 음악 다운로드 서비스인 '바이두 mp3써우쒸(mp3搜索)', 인터넷 게시판 기능인 '바이두 톄바(貼吧)', 네티즌의 분야별 지식을 공유하는 '바이두 즈스(知識)', 소셜 커뮤니티 '바이두 콩젠(空間)' 등의 서비스는 네티즌들로부터 좋은 반응을 얻고 있다. 그 결과 '바이두 mp3써우쒸'의 점유율은 무려 80% 이상으로 뛰어올랐고, '바이두 톄바'는 중국 네티즌이 가장 즐겨 찾는 소셜 칼럼이 되어 '톈야(天涯)'와 '몹(Mop)' 등 기존의 칼럼 사이트들을 쉽게 따돌렸다. '바이두 즈스'는 중국 네티즌이 생활 속에서 꼭 참고해야 할 지식 창고가 됐으며, '바이두 콩젠' 역시 경이로운 속도로 성장했다. 이런 성공을 바탕으로 바이두가 확보한 자본력은 당시 검색시장에서 불패신화를 잇던 구글과 비교해도 절대 뒤지지 않았다.

2004년 말에는 구글의 중국 검색엔진 시장점유율이 50.8%나 됐지만 바이두는 정교한 중문 검색기술과 중국 문화에 대한 이해를 바탕으로 구글이 차지하던 시장의 파이를 빼앗아오기 시작, 2008년 점유율을 76.9%까지 끌어올렸다. 검색의 거물 기업 구글이 토종 기업 바이두 앞에서 꼬리를 내린 것이다. 리옌훙의 도전은 여기서 멈추지 않는다.

"바이두의 중장기 목표는 2012년까지 태평양을 경계로 서쪽의 시장을 장악하는 겁니다."

텅쉰의 실시간 통신서비스 QQ는 초창기 ICQ 제품을 모방한 프로그램에 불과했다. 하지만 텅쉰은 중국 네티즌들의 요구를 파악하고 거기에 맞춰 부단히 기술을 업그레이드했다. 그 결과 QQ는 빠른 속도로 보급돼 중국 메신저 시장에서 90%의 점유율을 갖게 됐다. 중국인들은 QQ 덕분에 멀리 있는 지인과 텍스트나 동영상으로 실시간 소통하는 시대를 맞았다. 그것도 무료로 말이다. 텅쉰의 창업주 마화텅은 이에 대해 이렇게 말한다.

"네티즌들은 QQ를 통해 서로 다른 지역에 있는 지인들과 연락을 하기도 하고, 새로운 친구를 사귀기도 하죠. 이 일을 하면서 참 신기하기도 하고 보람도 컸어요. 가끔 사이트 회원들로부터 청첩장을 받는 경우도 있답니다. QQ를 통해 알게 되고 서로 사귀다가 결국에 결혼까지 골인한 케이스죠. 이런 일을 접할 때마다 새삼 '우리가 세상을 많이 변화시켰구나!'라는 생각이 듭니다."

QQ의 성공에 탄력을 받은 텅쉰은 포털사이트, 전자상거래, 온라인 게임, 검색, 소셜 커뮤니티 등의 인터넷 서비스를 연이어 출시했다.

아무리 글로벌 거물이라 해도 전자상거래 영역에서는 중국 본토 기업의 공격에 늘 대비해야 했다. 1999년, 마윈은 대학 교수직을 뒤로 한 채 알리바바를 창업해 전자상거래 영역을 개척해나갔다. 알리바바는 특히 B2B(기업간 전자상거래)에서 두각을 나타내, 사이트를 통해 판매업체와 구매업체의 거래를 위한 플랫폼을 마련해주었다. 네트워크를 통해 거래 속도가 빨라지자 고객은 반응을 보이기 시작했고, 이를 통해 알리바바는 큰 성장을 이루게 되었다.

중국 실정을 누구보다도 잘 파악했던 알리바바는 2년에 걸친 이베이와의 전쟁에서 완승을 거두었다. 알리바바가 꺼내든 비장의 카드는 2003년 출시한 중국 최대의 C2C(일반 소비자간의 전자상거래) 전자상거래 사이트인 타오바오다. 이어서 2004년에 출시한 온라인 결제 사이트 '즈푸바오(支付寶, Alipay)[주36]는 거래의 안정성과 신뢰도를 한층 더 높여 알리바바의 전자상거래 역량을 더욱 강화시켰다. 2005년, 알리바바는 세계 최대 포털인 야후와 전략적 제휴를 맺고 야후 차이나의 모든 자산을 합병한 후 중국 최대의 인터넷 회사로 거듭났다. 그 결과 사용자가 2억 명이나 되는 중국 전자상거래 시장에서 알리바바는 점유율 80%를 기록하면서, 오랜 숙적 이베이의 점유율을 10% 아래로 끌어내리는 데 성공했다. 어떤 이는 이에 대해 "이베이가 글로벌 대해를 누빈 상어였을지 몰라도, 첸탕장(錢塘江, 항저우를 지나는 강 이름-옮긴이)의 제왕, 알리바바라는 악어 앞에선 힘을 제대로 못 썼습니다. 악어가 바다에 가면 상어를 못 이기듯, 상어도 첸탕장 악어를 당해내지 못하죠"라고 말했다.

2008년 말, 미국의 한 도메인 등록서비스 업체는 통계 보고서를 통해 "중국의 '닷시엔(.cn)' 도메인 등록 건수가 1,200만 개를 돌파, 독일을 제치고 세계 최다 국가 도메인으로 부상했다"라고 밝혔다. 이제 '닷시엔'보다 더 많은 도메인은 국제 공용인 '닷컴'밖에 남지 않은 것으로 알려졌다. 이로써 중국은 '닷시엔'을 통해 사이버 영토에서 문화적 자존심을 지키게 되었다. 중국 인터넷 회사는 서서히 해외 비즈니스 모델을 모방하는 수준에서 벗어나 독자적인 경쟁력을 구축하며 업계의 전면에 나서기 시작했다.

웨딩 사이트 펑파왕의 창업주인 왕웨이

웨딩 사이트 펑파왕(砰啪網)의 창업주인 왕웨이(王偉)는 아직 서른도 안 된 미혼 청년이다. 지난 2년간 중국 전역의 웨딩 촬영 스튜디오 200곳을 직접 발로 뛴 그는 인터넷을 통한 웨딩 사업의 성장 가능성을 확신했다.

"웨딩업계와 인터넷의 만남은 필연적인 추세입니다. 웨딩업계의 상품은 이제 거의 동질화됐다고 보는데, 이런 상황에서 염가 경쟁만 고수한다면 업체 이익률은 갈수록 낮아질 수밖에 없어요."

그의 말대로 현재 중국 웨딩업계는 과도한 경쟁으로 과열될 대로 과열됐다. 업체들은 저마다 고객 유치를 위해 거액의 돈을 들여 광고를 하지만 사실 실효성은 없으며, 적지 않은 업체가 제 살 깎아 먹기 경쟁으로 도산하고 말았다. 하지만 펑파왕의 비즈니스 모델은 남다르다.

우선 웨딩 촬영을 위해 스튜디오를 찾은 예비 신랑, 신부에게 펑파

주36. 에스크로(escrow) 개념의 제3자 안전 결제 시스템. 즈푸바오(제3자)는 구매자가 지불한 물품 대금을 임시로 맡아두었다가, 구매자가 상품을 수령하고 품질에 이상이 없음을 확인하면 그제야 대금을 판매자에게 지불함.

왕 우대카드를 나눠주거나 휴대폰으로 SMS 광고 문자를 발송한다. 이런 식으로 잠재 고객들을 펑파왕 사이트로 초대한 후 결혼식에 필요한 모든 서비스와 상품들을 소개한다. 이로써 한 번 사이트를 방문한 사람이라면 누구든지 주변인들에게 펑파왕을 알리게 될 것이고, 펑파왕은 입소문을 타기 시작해 사람들에게 알려지게 되는 것이다. 또 고객의 요구 사항에 맞는 최적의 업체를 빠르게 연결해줄 수 있도록 전국 각지의 스튜디오와 제휴를 맺었다. 설립된 지 2년에 불과한 펑파왕은 이미 200여 개 스튜디오와 제휴를 맺고 사업을 진행하는 중이다. 전통의 특수성이 살아 있는 중국 결혼산업에서 인터넷은 참신하고 활기찬 분위기를 더해줬다. 왕웨이는 이렇게 말한다.

"업체들은 펑파왕과 협력한 후 2010년 2사분기 매출액이 전년도 동기 대비 23%나 늘었다고 합니다. 인건비도 12%나 줄었고 광고비 지출은 35%나 절감됐죠. 인터넷 경제가 발전할수록 기존의 전통 산업도 더 큰 사업 기회를 발견하게 될 겁니다."

성다원쉐(盛大文學)는 산하에 치뎬중원왕(起點中文網)을 비롯해서 진장위안촹왕(晉江原創網), 훙슈톈샹(紅袖添香) 등의 창작문학 사이트를 거느린 중국 최대의 인터넷 문학 사이트다. 자그마치 1만 명에 달하는 전속 작가들이 이 사이트를 통해 작품을 발표하고 있으며, 작품 규모는 매일 4,000만 자에 달한다. 그 외에도 사이트가 보유하고 있는 창작소설 판권만도 30만 건에 이른다. 인터넷이 전통적인 출판업계와 만나자 전혀 새로운 수익 모델이 창출됐다. 성다원쉐의 허우샤오창(侯小强) CEO는 그 수익 모델을 이렇게 설명한다.

"기본적인 수익은 인터넷 서적 열람 비용이죠. 금액은 1천 자 기준으

성다원쉐의 허우샤오창 CEO는 출판업을 인터넷과 결합하여 새로운 수익 모델을 창조했다.

로 2~3마오 정도입니다. 수익은 작가와 회사가 각각 50%씩 분배해요. 이렇게 해서 작년 한 해만 100만 위안이 넘는 수입을 올린 작가도 벌써 열 명이 넘습니다."

그러던 중 성다원쉐는 해외에 작품을 수출하는 등 생각지도 못한 사업 기회를 잡게 되었다. 그래서 이 사이트는 일본, 프랑스 등지와 협력해서 중국의 우수 문학작품을 해외로 수출하는 데 앞장섰다. 일본의 디지북(Digi-Book)은 성다원쉐의 협력 파트너로, 일본에서는 가장 먼저 전자서적을 보급한 출판사다. 회사의 하야시리쿠 오쿠히로(林陸奧廣) 사장은 "중국의 창작소설은 일본의 휴대폰 서적 시장에서 크게 환영받고 있습니다"라면서 "『고스트 램프(鬼吹燈)』같은 공포소설은 지금 일본 젊은 이들 사이에서 반응이 좋고, 무협소설 『영웅』같은 경우도 일본 여성들이 좋아하는 타입이어서 인기가 좋습니다"라고 덧붙였다.

03 '닷시엔(.cn)' 시대

15년 전만 하더라도 중국의 인터넷 수준은 외국에 비하면 그야말로 걸음마 단계에 불과했다. 하지만 지금 중국 인터넷 기업은 누구보다도 중국의 특수성을 잘 이해하고 변화를 두려워하지 않는 민첩함을 갖게 되었다. 그 결과 업계는 40여 개의 해외 상장사를 배출해냈고, 그중 시가 총액이 10억 달러가 넘는 회사만도 15개에 달한다. 텅쉰의 시가총액은 2009년 9월 300억 달러를 기록, 구글과 아마존을 잇는 세계 3위의 인터넷주로 등극했다.

더불어 중국 인터넷은 기존의 추세에 따라가기만 했던 수동적인 태도를 버리고 새로운 기준을 창조해내는 적극적인 마인드로 무장했다. 그 결과 지금 중국은 차세대 인터넷 프로젝트를 출범시키고, IPv6[주37] 기반 인터넷 연구를 진행하고 있다. 또 중국은 인터넷 국제표준화기구 IETF(Internet Engineering Task Force)에 제출한 표준 초안 아홉 개 중에서 이미 두 개에 대한 허가를 획득했다. 중국이 시도한 인터넷 관련 글로벌 스탠더드가 세계 인터넷계의 인정을 받게 된 것이다.

중국 인터넷업계는
중국의 특수성을 잘 이해하고
변화를 두려워하지 않는 정신으로
이미 40여 개 업체가 해외에 상장했다.
딩레이의 넷이즈 역시 그중 하나이다.

    2007년 7월 영국의 주간지 《옵저버》는 '중국 인터넷, 세계를 움직이다'라는 제목의 기사를 내보냈고, 미국의 《볼티모어 선(The Baltimore Sun)》지는 2008년 2월 '인터넷, 중국 방식으로 발전하는 중'이라는 글을 올렸다.

    과거 구글이나 야후 같은 글로벌 거물 기업들은 자신의 기준으로 규칙을 먼저 제정한 후 세계로 보급시켰지만, 최근 들어 이들의 태도에도 변화가 생겼다. 중국 시장의 변화를 먼저 파악한 후에 거기에 맞춰 자신의 전략을 조정하는 방식을 택한 것이다. 장치핑은 이렇게 말한다.

    "지금과 같은 시기에는 세계적인 인터넷 거물들도 마인드를 바꿔 전략을 수정해야 할 겁니다. 과거엔 업계가 미국을 중심으로 재편됐지만 이

주37. Internet Protocol version 6. IPv6 주소는 128비트 체계로 구성되어 있으며, 128비트를 16비트씩 8부분으로 나누어 각 부분을 콜론(:)으로 구분하여 나타내고, 각 구분은 16진수로 표현된다. IPv6는 최대 1조 개 이상의 주소를 마련할 수 있다는 특징이 있다. IPv6가 쓰이면 장차 일상생활에 사용하는 모든 전자제품, 작게는 전자제품의 일부 회로까지 서로 다른 IP 주소를 갖게 된다. 그동안 IP 주소는 버전4(IPv4) 방식으로 할당됐는데, 이는 네 도막으로 나눠진 최대 12자리 번호로 이뤄져 있다. 32비트로 이뤄진 IPv4는 최대 43억 개까지 주소를 할당할 수 있으나 기하급수적으로 늘어나는 수요를 감당하지 못하고 주소가 고갈이 나 현재 IPv6로 대체 중이다.

해외시장 확대에 발 벗고 나선 중국 인터넷 기업들. 바이두와 알리바바는 이미 일본 시장에 진출했다.

젠 달라졌어요. 중국 인터넷 시장을 무시하면 어떤 업체든 백전백패하고 말아요."

중국 인터넷이 힘을 더해갈수록 국제 인터넷업계에서 중국의 발언권도 커지고 있다. 2008년 7월, 국제 인터넷주소 관리기구(ICANN)는 '.中國'라는 중국어 도메인의 국제 도메인 시스템 편입을 고려 중이라고 발표했다. 2010년 6월, 마침내 이 사안이 통과되면서 8월부터 정식으로 이를 사용할 수 있게 되었다.

3년 후에는 중국 네티즌 수가 6억 명을 돌파할 것이라고 예측하는 이도 있다. 이는 미국, 영국 등 6개 선진국 네티즌 수를 합한 것보다도 많은 수치다.

해외 시장으로 진출하려는 중국 인터넷 기업의 기세도 만만치 않다. 첸샹(千橡) 그룹은 게임 사업을 동남아시아로 확대할 계획이며, 바이두와 알리바바는 이미 일본 시장에 진출했다. 알리바바는 또한 런던에 유럽 본부를 설립한 상태다.

세계가 '닷시엔' 시대로 접어들면서 중국 인터넷 기업들은 세계 인터넷 산업을 쥐락펴락하는 큰손이 되었다.

2009년 중국 인터넷업계는 다시금 성장의 봄을 맞게 되었다. 2009년 4월 2일, 소후는 산하의 게임 사업부인 창여우(暢游)를 분리하여 나스닥에 상장하는 데 성공한 후, 주가도 거래 첫날 25% 상승한 20.02달러로 마감하는 등 순조로운 출발을 보였다. 그 후 성다여우시(盛大游戲), 넷이지(網易, Netease), 진산(金山) 등 게임 업체가 줄줄이 나스닥에 닻을 내리면서 중국 인터넷은 또다시 해외 상장의 열풍을 경험했다.

다음해에는 중국 검색엔진 시장을 뒤흔드는 소식이 전달됐다. 2010년 3월, 세계 최대 검색엔진 구글이 중국에서 철수하기로 한 것이다. 이로써 구글의 중국 홈페이지는 구글닷시엔(Google.cn)에서 구글닷컴닷에이치케이(Google.com.hk)로 전환됐다. 중국 인터넷업계는 다시 한 번 외국 자본이 중국에서 철수하는 모습을 목격했다. 과거 야후가 중국 자산을 알리바바에 매각하고 이베이도 중국 전략을 토종 업체인 이취넷(易趣,

EachNet)에 의탁하더니, 급기야 구글까지 그 대열에 합류한 것이다. 구글의 철수를 대륙 인터넷 기업의 승리라고 단정 지을 수는 없다. 하지만 세계 인터넷업계의 핵심 기술을 보유한 구글이 중국을 떠난 것은, 중국과 전 세계 인터넷 생태계에 적잖은 영향을 끼칠 것으로 판단된다.

이와 함께 텅쉰은 2010년 3월 5일 19시 52분 58초에 QQ의 온라인 동시 접속자 수가 1억 명을 돌파했다고 발표했다. 이 수치는 세계 인터넷 역사상 유례없는 기록이다. '억' 소리 날 만큼 놀라운 중국 인터넷의 '억(億)'의 시대가 다가왔다. 이는 세계 인터넷이 '닷시엔' 시대로 접어들었음을 시사하기도 한다.

시가총액이나 비즈니스 모델 면에서 중국 특색이 뚜렷한 중국 인터넷 기업들은 이제 세계 인터넷 산업을 쥐락펴락하는 큰손이 되어 중국의 위상을 널리 알리고 있다.

왕샤오야,
상하이 엑스포에서 차이나 키워드를 말하다

인터넷의 보급으로 사람 사이의 소통에 시공의 제약이 없어지면서 세계인의 생활 방식과 문화를 더 빠르게 진화시켰다. 2010년 상하이 엑스포도 인터넷을 통해 새로운 진화의 가능성을 엿보게 되었다.

2009년 11월 12일부터 전 세계의 네티즌들은 누구든지 www.expo.cn을 방문하기만 하면 '사이버 상하이 엑스포'를 경험할 수 있게 됐다. 인터넷 엑스포는 2010년 상하이 엑스포의 내용을 기반으로 삼차원 가상현실과 다중매체 기술을 이용, 상하이 엑스포 공원과 각종 전시관을 재현해놓았다. 덕분에 네티즌들은 집 밖을 나오지 않아도 상하이 엑스포의 전경을 직접 보는 것처럼 생생하게 체험할 수 있게 됐다. 그리고 상하이 엑스포를 가상공간에 지속될 수 있게 해서 '영원히 막이 내리지 않는' 엑스포로 남게 했다. 시공을 초월해서 상하이 엑스포를 더욱 빛내준 인터넷이라는 도구, 그리고 이와 관련해서 다양한 아이디어와 재능을 발휘해준 시민들에게 감사하지 않을 수 없다.

KEYWORD
6

개혁개방

차이나 파워를 일궈낸 추진 동력

개혁개방이 없었다면 지금 중국의 모습은 어떻게 변하고, 또 세계는 어떻게 변하게 됐을까? 그 답은 너무나도 당연하다. 현재 세계 언론이 '차이나 모델'이라고 일컫는 중국 특유의 개혁개방 노선을 따르는 나라들이 점점 늘고 있다. 중국이 지금까지 일궈낸 성장세를 앞으로도 유지할 방법은 한 가지다. 그것은 바로 나라 전체가 한마음 한뜻이 돼서 아직 끝나지 않은 개혁개방을 완수하는 일이다.

들어가며

'메이드 인 차이나'는 어떻게 무에서 유를 창조할 수 있었을까? 13억 인구가 경제적인 어려움을 극복하고 강력한 소비 집단으로 거듭나게 된 것은 어떤 연유에서일까? 위안화가 어떻게 국제사회에서 막강한 금융 파워를 갖게 됐을까? 중국 증시와 인터넷이 자본시장과 인터넷업계에서 일궈낸 기적의 비결은 무엇일까? 이 모든 문제에 대한 답은 하나, 바로 중국의 '개혁개방'이다.

01 격변의 30년

2008년 베이징 올림픽은 TV나 신문지상에서만 중국을 접했던 세계인들에게 중국의 새로운 모습을 알리게 된 계기가 되었다. 올림픽에서 선보인 중국은 활기차고 개방적이며 무한한 사업 기회를 지니고 시대의 흐름을 읽는 통찰력을 지닌 나라였다. 그러나 30년 전, 이탈리아 영화계의 거장 미켈란젤로 안토니오니(Michelangelo Antonioni) 감독의 눈에 비친 중국은 지금의 모습과는 거리가 멀었다.

2007년 11월, 30년 전 안토니오니 감독이 만든 다큐멘터리《중국》이 DVD로 출시되었다. 그의 카메라에 찍힌 당시 중국은 애써 숨기려 해도 그 흔한 축구장 하나 없을 정도로 가난한 붕괴 직전의 국가였다.

국가경제위원회의 위안바오화(袁寶華) 전 주임은 중국 경제가 겪은 흥망의 기복에 대해 이렇게 설명했다.

"문화대혁명이 일어난 후 1967~1969년까지 연이어 산업 생산지표가 하락했어요. 그러다가 저우언라이(周恩來) 총리가 직접 1970년 산업 전반을 진두지휘하게 되면서 상황이 다소 나아지는 듯했죠. 하지만 1973년

안토니오니 감독의 다큐멘터리 《중국》 촬영 현장. 30년 전 중국의 모습을 카메라에 담았다.

말, 문화대혁명의 주동 세력인 '사인방(四人幇)'[주38]과 이들이 내세운 자본주의 비판운동 '피린, 피쿵, 피저우궁(批林, 批孔, 批周公)'[주39]이 극성을 부리면서 1974년 생산지표는 다시 한 번 곤두박질치게 됩니다. 1975년, 덩샤오핑이 국무원에 복귀하면서 생산 현황은 양호한 수준을 회복하지만, 이듬해 덩샤오핑이 실각하면서 또 한 번의 추락을 경험하게 되죠. 10년간 중국 산업지표는 정치적 요인으로 본의 아니게 널뛰기 양상을 보입니다."

그 무렵 중국연구소의 부소장이었던 장싱싱(張星星)은 문화대혁명을 이렇게 평가한다.

"문화대혁명은 1966년에서 1976년에 이르는 10년간 공산당과 국가, 그리고 전체 중국인에게 심각한 재난을 초래한 내란이었어요."

개혁개방 후 30년을 이어오면서 중국의 경제, 사회에는 천지개벽이라고 해도 좋을 만큼 거대한 변화가 찾아왔다. 1978년부터 2008년까지 중국 경제는 9.8%라는 경이로운 속도로 성장해왔으며, 세계 GDP 비중도 기존의 1%에서 5%까지 늘어난 3위의 경제대국이 됐을 뿐만 아니라(2010년 기준 GDP는 5조 8,786억 달러로 일본을 추월해 2위에 올랐다-편집자) 외화보유 규모도 세계 최대다. 국민소득도 1978년 190달러였던 것이 2008년 3,180달러를 기록, 비약적인 증가세를 보였다(2010년 기준 1인당 GDP는 4,412달러이다-편집자). 1980년부터 2000년까지 중국이 일궈낸 경제성장이 세계 GDP에 끼친 공헌율은 14%로 미국 다음으로 큰 수치이다. IMF도 중국이 2007년부터 세계 경제발전을 견인하는 최대 동력이 돼서 미국의 역할을 대신해왔다고 평가한다. 상전벽해, 새로워진 중국의 모습 앞에서 사람들은 '개혁개방'이라는 큼지막한 문자를 떠올리지 않을 수 없다.

스웨덴 국제사무연구소의 중국 문제 전문가인 요한 라게르크비스트(John Lagerkvist)는 신화사 기자와의 인터뷰에서 "30년 전부터 추진된 개혁개방은 중국에 엄청난 변화를 가져왔고, 중국의 변화는 세계 각국에 적지 않은 영향을 미쳤습니다"라고 전했다. 중국은 국제사회에서 갈수록 중대한 역할과 임무를 담당하고 있으며, 서방 국가들은 중국의 전통과 대중예술, 디자인, 패션, 영화에 주목하기 시작했다. 라게르크비스트는 이어서 말했다.

"이전에는 중국의 존재를 이렇게 가까이서 느껴본 적이 없어요. 이제 경제, 정치, 문화 등 전 분야에서 중국의 온기를 느낄 수 있게 됐죠."

라게르크비스트는 그중에서 가장 큰 영향력을 발휘한 것은 '쾌속 성

주38. 문화대혁명 기간에 무소불위의 권력을 휘둘렀던 4명의 중국 공산당 지도자. 마오쩌둥의 부인인 장칭(江靑)을 비롯해 정치국 위원이었던 야오원위안(姚文元), 중국공산당 중앙위원회 부주석 왕훙원(王洪文), 정치국 상임위원 겸 국무원 부총리 장춘차오(張春橋)이다. 1976년 9월 마오쩌둥이 사망하고 사인방이 체포되면서 문화대혁명은 막을 내렸다.
주39. 중국의 전 국방장관이자 당 부주석이었던 린뱌오(林彪)와 그가 즐겨 인용한 공자(孔子), 그리고 공자가 추앙했던 주(周)나라 군주 주공(周公)을 아울러 비판한 운동. 귀족을 옹호한 공자의 사상을 당 노선에 도입하여 자본주의의 부활을 꾀하였다고 비판함.

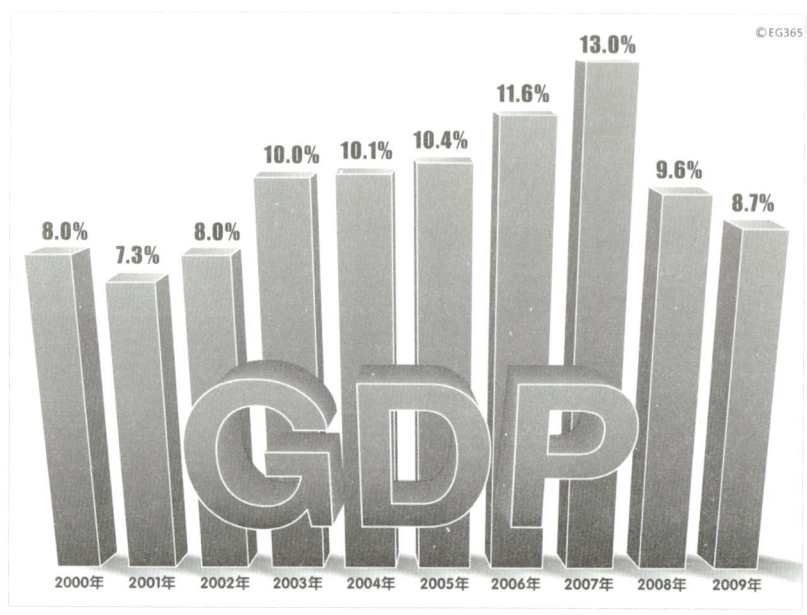
중국 GDP 성장률(출처 : CFP)

장을 구가하며 약진한 중국 경제'라고 지적했다. 경제성장은 중국에만 유리하게 작용한 것이 아니라 세계경제의 성장에도 중대한 견인 작용을 했다. 중국의 수입 규모가 커지면서 다른 나라에 취업 기회가 늘게 된 것도 그 예이다. 그는 개발도상국들이 이미 중국식 발전 노선을 벤치마킹하고 있다고 덧붙였다. 실제로 중국에 인접한 일부 국가들은 중국식 개혁 모델을 서둘러 도입하는 양상이다.

02   '위험한' 계약

중국의 개혁은 농촌에서부터 시작됐다. 1978년 12월, 안후이(安徽)성 샤오강촌(小崗村) 농민 18명이 어두컴컴한 불빛 아래 모여서 목숨을 걸고 무엇인가에 붉은 손도장을 찍었다. 이는 '가구별로 경작지를 분배해서 생산 책임을 나누자'라는 내용의 비밀계약서였다. 생산 체제를 도급제로 바꾸자는 이 주장은 사회주의 농촌 시스템의 근간이었던 '집단생산제'를 부정하는 일이었으며, 이내 사회적인 논쟁을 불러일으켰다.

논쟁의 여파는 지방 정부에까지 전달됐고, 안후이성의 완리(萬里) 당서기는 이 문제를 논의하기 위해 안후이성 공산당 중앙위원회 상무회의를 열었다. 안후이성 농촌위원회의 저우르리(周日禮) 주임은 당시 상황을 이렇게 회상했다.

"상무회의에서는 의견을 모을 수 없었어요. 중앙 문건에서도 '농지를 나누거나 개별적으로 경작하는 행위를 엄금한다'라고 확실히 밝히고 있으니, 중앙과 대치해서 좋을 게 뭐 있냐는 거였죠. 이 사람은 이렇다, 저 사람은 저렇다 하며 의견이 분분하자 완리 서기는 '옳은지 그른지 한 번

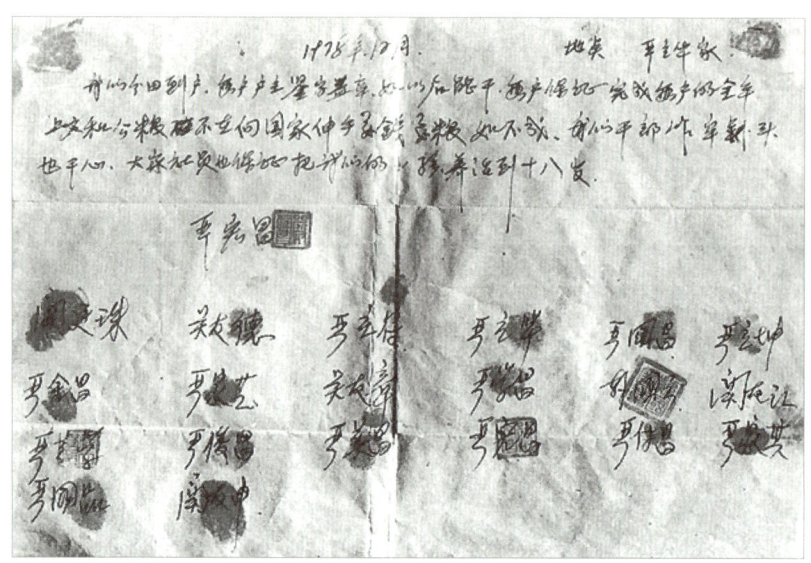
1978년 12월, 안후이성 샤오강촌 농민 18명이 붉은 손도장을 찍은 비밀계약서.

직접 해봅시다. 그렇지 않고서는 결론이 안 나겠네요'라고 하며 회의를 마무리 지었습니다."

그의 말대로 실천은 진리를 검증하는 기준이 되었다. 1980년 봄까지 안후이성 페이시현(肥西縣)의 생산 집단 97%가 도급제를 실시한 결과, 그해 거둬들인 곡식이 전년도의 3배나 됐다. 결국 1980년 1월, 안후이성은 도급제도 사회주의 생산책임제의 한 형태가 될 수 있음을 인정했다.

1982년 1월 1일, 중국공산당 중앙위원회는 '전국 농촌업무 회의기록'이라는 공문을 하달했다. 이는 '생산량에 따른 차별적 급여 지급', '가구별 생산도급제' 등도 사회주의 집단경제의 생산책임제에 포함시키겠다는 내용이었다. 1983년, 중국공산당 중앙위원회는 생산도급제가 공산당의 지도 아래서 탄생한 중국 농민의 혁신적인 창조물이라고 천명했다. 1991

년 11월 25일부터 같은 달 29일까지 거행된 중국공산당 제13기 중앙위원회 제8차 전체회의에서는 '농업 및 농촌업무 강화에 관한 결정'이 통과됐다. '결정'에서는 집단생산 책임제와 가구별 도급생산제를 중국 농촌집단경제조직의 양대 제도로 삼을 것이라고 밝혔다. 이는 농촌 경제의 체제개혁을 위한 첫 행보가 됐고, 이로써 '이다얼궁(一大二公, 인민공사의 규모가 크고 공유화의 정도가 높을수록 사회주의를 제대로 실현하는 것이라는 뜻-옮긴이)', '다궈판(大鍋飯, '큰 가마솥 밥'이라는 말로 모두 함께 나눠먹는다는 의미-옮긴이)'이라는 용어도 역사 속으로 사라지게 됐다.

도급제가 실시된 후 개개인의 지출과 수입 관계가 서로 연계됐고, 농민들은 보다 적극적으로 생산에 임하게 됐다. 생산 효율이 높아진 것은 두말할 나위가 없었다. 생산력이 향상되면서 사람들의 개혁에 대한 신뢰와 자신감도 더욱 커졌다.

가구별 생산도급제가 실시되면서 중국의 드넓은 토지에서는 유례없는 규모의 생산량을 기록했다. 1982년에서 1991년에 이르는 10년간 중국의 양식 생산량은 매년 8%의 속도로 증가했고, 1984년에는 전국 양식 생산량이 역대 최고인 8,000억 근을 기록했다. 중국 정부는 세계식량농업기구(FAO, Food and Agriculture Organization)에 "중국이 전 세계의 10%도 되지 않는 경작지와 5%도 되지 않는 담수 자원을 이용해서 전 세계 인구 22%의 식량문제를 해결했다"라고 선포했다.

생산력이 높아지면서 중국 농민은 가난에서 벗어나기 시작했다. 1978년, 중국 농민의 1인당 순수입은 134위안이었으나 2008년에는 30배 오른 4,140위안으로 껑충 뛰었다.

가구별 생산도급제가 실시되면서 훗날 중국 경제성장의 역군이 된 산

세계은행의 린이푸 부총재는 농촌 개혁이야말로 30년 개혁 성공의 가장 중대한 기점이 되었다고 말했다.

업 노동자층도 형성되기 시작했다. 경작지에 묶여 있던 수억 명의 농촌 잉여 인력이 풀렸기 때문이다. 이들은 거티후(자영업자)나 향진(鄕鎭)기업[주40], 민영기업에 흡수된 경우를 제외하고 대부분 산업 인력으로 재배치됐다. 그들은 급여나 작업 환경에 불평하지 않고 고생을 마다하지 않았으며, 다양한 재능과 근면함을 바탕으로 '메이드 인 차이나'가 세계적인 경쟁력을 갖추는 데 핵심 원동력이 되었다.

세계은행의 린이푸(林毅夫) 부총재도 중국 경제성장의 시발점을 농촌에서 찾는다.

"농촌 개혁이 성공하면서 농민의 적극성이 발휘됐고, 생산량이 급속도로 늘어나는 혁명기를 맞았죠. 이는 도시 개혁을 위한 물질적인 기반이 됐고, 중국은 이를 통해 시장 위주의 개혁 정책에 자신감을 갖게 됐습니다. 농촌 개혁이야말로 30년 개혁 성공의 가장 중대한 기점이 됐다고 봐요."

주40. 우리의 읍면에 해당하는 향진의 주민들이 중소기업을 형성해서 경영과 생산 및 판매를 자율적으로 결정하는 형태이다. 이는 부분적으로 자본주의 경영 체제를 도입하여 생산성의 큰 향상을 보였다.

03 혈로를 뚫다

개혁의 씨앗이 농촌에서 싹트고 있을 무렵, 중국의 고위층 지도자들은 세계정세에 귀를 기울이고 있었다. 중국과 서방 국가 간의 차이를 가늠해서 중국이 나아가야 할 새로운 발전 방향을 정하기 위해서였다. 1978년, 부총리를 비롯한 부위원장급 이상의 지도자 12명이 개혁개방 노선 추진을 위한 해외 시찰에 나섰다.

1978년, 국무원 부총리였던 덩샤오핑은 일본을 방문해서 시속 210킬로미터 신칸센(新幹線) 열차를 타고는 "등 뒤에서 누군가 재촉하는 것처럼 빨리 달리는 느낌이네요. 중국에 필요한 것도 바로 이렇게 빨리 달리는 일입니다"라고 소감을 밝혔다.

그때 또 다른 부총리 구무(谷牧)는 대표단을 이끌고 유럽 순방 길에 올랐다. 1개월 남짓한 일정 속에서 그들은 프랑스, 스위스, 독일 등 다섯 개 국가를 방문하고 공장, 광산, 항구 등 선진적인 산업 현장을 시찰했다. 서방 국가의 높은 경제 수준을 목격한 그들은 깊은 인상을 받았다.

"그때 저희는 중국의 경제 정책 책임자였는데, 서양 국가들의 선진적

1979년 1월 1일, 덩샤오핑은 《타임》지의 '올해의 인물'로 선정돼 표지를 장식했다.

인 제조업 수준을 둘러보고 나니 그제야 중국의 낙후한 현실이 보이더군요. 더 이상 지체해서는 안 되겠다는 생각이 들었습니다."

귀국 후 그들은 '어떻게 하면 중국을 좀 더 빠르게 성장시킬 수 있을까?'라는 생각으로 개혁개방을 서둘렀다. 1978년 12월 18일, 중국공산당 11기 중앙위원회 제3차 전국대회가 베이징에서 개최됐다. 대회에서는 당과 국가가 사회주의의 현대화 작업을 중점으로 한 개혁개방을 실시하겠다고 정식으로 선포했다. 그때부터 경제 발전을 향한 열정에 불이 붙었고, '개혁'과 '개방'은 중국 경제성장의 두 축으로 자리매김했다.

1979년 1월 1일, 《타임》지는 '올해의 인물'로 덩샤오핑을 선정하고 표지에 그의 사진을 실었다. 또한 선정 사유에 대해서는 "덩샤오핑은 쇄국의 문을 열고 중국을 세상 밖으로 나오게 했으며, 그로 말미암아 세계 각국도 중국에 들어갈 길이 열렸다"라고 밝혔다.

중국 정부는 1978년 경제체제를 '개혁'하고 대외 문호를 '개방'했다. 1979년 중국 대외개방의 시발점은 남쪽 해안 도시 선전으로 낙점되었다.

그때까지만 해도 선전은 바오안현(寶安縣)이라고 불리던 변두리 소도시였다. 반면 강을 사이에 끼고 마주보는 홍콩은 이미 눈부신 성장을 이뤄 '동방의 진주'로 거듭난 상태였다. 홍콩 외자유치국의 위안겅(袁庚) 전 부이사장은 홍콩과 대륙이 시너지 효과를 창출했던 당시 모습을 이렇게 회상했다.

"광둥 바오안현의 서커우공사(蛇口公社)는 산업단지를 조성하고 공장들을 지으면서 외국 자본을 유치했어요. 이렇게 해서 홍콩의 우위와 중국 대륙의 장점이 하나로 결합될 수 있었죠. 중국 대륙은 토지와 노동력이 저렴하고 풍부하며 홍콩에는 자금과 산업 운영 노하우가 있었으니까요."

이어 1979년 4월, 중앙 업무회의 석상에서 광둥성은 인접한 홍콩과 마카오의 유리한 조건을 이용해 선전, 주하이, 산터우 지역에 수출 임가공 단지를 조성하자고 제안했다. 덩샤오핑은 그 구상에 동의했다. 덩샤오핑은 실제로 개혁개방을 추진하는 데 앞서 시범사업이 필요했고, 그래서 광둥성 등지를 시범 지역으로 선정했다. 중국공산당 광둥성 위원회 부서기였던 왕취안궈(王全國)는 임가공 단지 구상에 덩샤오핑이 보인 반응을 떠올렸다.

"덩샤오핑은 '맞아, 경제특별구역을 하나 만드는 것도 괜찮지. 예전에도 산시성, 간쑤성, 닝샤자치구는 산간닝 구역이라고 해서 특별 지역이 아니었나. 그런데 정부는 돈이 없으니 자체적으로 마련해서 혈로를 뚫어 보도록 해'라고 말했습니다."

1979년 7월 2일, 폭죽이 터지며 개혁개방의 첫 포문을 연 서커우 공업단지의 설립을 축하했다. 그로부터 13일 후, 중국공산당 중앙위원회 국무원은 문건을 통해 선전, 주하이, 산터우, 샤먼에 경제특구를 설립하라고 지시했다. 10년 후에는 하이난(海南)이 중국의 다섯 번째 경제특구로 지정되었다.

홍콩, 마카오의 화교, 외국 업체 등은 특구에 공장을 설립하는 게 허용됐다. 그 후 1984년, 다롄(大連), 톈진, 칭다오(靑島), 상하이, 원저우, 광저우 등 14개 연해 도시가 추가로 개방됐다. 1985년 이후에는 창장삼각주, 주장삼각주, 민난(閩南)삼각주, 산둥 반도, 랴오둥(遼東) 반도, 허베이, 광시 등이 속속 경제개발구로 선정됐고, 그 결과 연해 지역을 중심으로 한 경제벨트가 형성되었다.

1986년 1월 6일, 《타임》지는 '올해의 인물'로 다시금 덩샤오핑을 선정하고 표지에 실었다. 이번 선정 이유는 '덩샤오핑이 개혁개방 정책을 꾸준히 실시한 덕에 1985년 한 해 동안 중국이 많은 분야에서 큰 성과를 거두며 역대 기록들을 새롭게 갈아치웠다'라는 것이었다. 개혁개방의 최고 성과는 중국인의 사고가 유연하게 바뀌었다는 점으로, 이는 생산력 증대보다 훨씬 더 가치 있는 소득이다. 덩샤오핑은 중국인들을 먹을 것과 입을 것에 대한 고민에서 해방시켰다. 두 번이나 《타임》지 표지를 장식한 것도 이런 연유다.

1990년, 중국 정부는 상하이 푸둥 신구(新區)를 개발하여 창장 연안 도시의 개방 속도를 가속화하기로 결정했다. 이로써 중국에는 푸둥을 주축으로 하는 창장 경제벨트가 생겨났다. 1992년, 중국은 일부 국경 도시와 내륙의 성 및 자치구 정부의 소재지까지 개방 범위를 확대했다. 이들 중대형 도시에는 15개의 보세구를 비롯해 국가급 경제기술 개발단지 49개, 하이테크산업 개발단지 53개가 들어섰다. 북부에서 남부, 동에서 서에 이르기까지 중국 사회주의 현대화 작업을 위한 대외 개방 환경이 조성된 것이다. 이들 개방 지역에는 다양한 우대 정책을 실시하여 무역 지향형 경제, 수출을 통한 외화 획득, 선진 기술 도입이 용이하게 이뤄졌다.

2009년 6월 말까지 중국에는 총 67만 개의 외상 투자 기업이 설립됐다. 500대 다국적기업 중에서 480개가 중국에 투자했으며, 실제 투입된 외자 누적액도 8,526억 달러에 이르렀다. 1992년부터 중국은 17년 연속 외국 자본을 가장 많이 유치한 개발도상국으로 이름을 올렸다. 대외 개방 범위가 갈수록 확대되면서 중국은 세계 각국과의 경제무역 거래를 적극적으로 추진했다. 중국의 수출입 무역 총액은 1978년 29위였던 것이 2008년에는 3위로 훌쩍 뛰어올랐고, 세계무역 총액에서 차지하는 비중도 0.8%에서 8%까지 상승했다. 전 세계 무역 성장에 대한 중국의 공헌율은 가히 세계 최고라고 할 만했다.

04 비(非)공유제의 합법화

중국의 도시들도 개혁의 봄바람을 타고 새로운 분위기를 만들어냈다. 1981년, 중국 전역에는 거티후라고 불리는 자영업체가 261만 개에 달했고 여기에 종사하는 사람만도 320만 명이었다. 이런 가운데 '사쯔(傻子, '바보'라는 의미―옮긴이)'라고 이름 붙인 거티후가 등장하면서 중국 정부는 적잖은 고민에 빠지게 되었다.

안후이성 우후(蕪湖) 지역에서 과쯔(瓜子, 해바라기씨를 소금이나 향료에 넣어 볶은 것―옮긴이)를 팔던 녠광주(年廣久)라는 상인은 과쯔에 '사쯔과쯔(傻子瓜子)'라는 이름을 붙여 팔아 판매량이 급증했다. 그는 일손이 부족해지자 종업원을 채용했고, 어느새 그 수가 12명에 이르게 되면서 문제가 발생했다. 마르크스의 『자본론』에서는 피고용자가 8명이 되면 자본주의 경제라고 칭했기 때문이다. 12명의 직원을 둔 녠광주는 이미 자본주의 경제주체가 된 셈이다. 이러한 사상의 속박은 1980년을 전후로 나타난 녠광주 같은 거티후들을 압박했다.

광저우의 또 다른 거티후, 가오더량(高德良)의 '저우성지타이예지(周

生記太爺鷄)'라는 닭집도 계속 장사를 하게 놔둬야 하는지에 대한 논쟁이 거세게 일었다. 광둥의 가오야오현(高耀縣)에서는 천즈슝(陳志雄)이라는 농민이 양식장을 도급해서 경영했는데, 역시 같은 고민을 중국 사회에 안겨줬다. 훗날 '싸쯔과쯔' 사건은 덩샤오핑의 귀에까지 들어갔고, 이에 대해 그는 명확한 의사를 밝혔다.

"싸쯔과쯔를 운영하는 게 뭐 그리 나쁩니까? 사회주의에 피해를 주기라도 하나요?"

덩샤오핑의 말은 녠광주 같은 이들의 이익을 보호했고, 중국에 비(非)공유제 경제체제가 시작될 것이라는 사실을 시사했다. 1984년에 녠광주의 과쯔 공장은 종업원 103명을 고용해서 하루 9,000킬로그램의 과쯔를 생산했다. 그 후 1987년, 중국공산당 중앙위원회가 5호 문건을 발표하면서 문제의 직원수 제한 규정은 완전히 철폐되었다.

1992년, 덩샤오핑의 남순강화 후 개혁개방 정책은 두 번째 성장의 봄을 맞았다. 그해 10월 22일, 중국공산당 제14차 전국대회에서는 '사회주의 시장경제'라는 개념이 처음 등장했다. 보고서는 비공유제 경제가 사회주의 시장경제를 구성하는 중요한 부분이라고 분명하게 밝혔다. 과거에는 전혀 어울릴 것 같지 않던 '비공유제 경제', '시장경제'와 '사회주의 제도'가 중국의 개혁개방 정책 속에서 하나로 융합되었다.

중국 사회과학원의 류궈광(劉國光) 전 부원장은 이것을 조화의 힘이라고 말한다.

"예전에는 시장경제가 사유제가 허용된 곳에서나 가능한 시스템이라고 생각했어요. 사회주의는 공유제를 지향하는 시스템이니 시장경제와는 어울리지 않는 게 당연하죠. 그런데 우린 생각을 바꿔 먹었습니다. 공유

메추라기 사업으로 성공한 류용하오는
중국 최초의 민영기업인 시왕그룹을 설립했다.

제를 개혁하고 다듬으면 시장과 결합할 수도 있겠다고 말이죠. 이렇게 결합하면 경제의 효율성이 높아질 거라고 믿었어요."

그 후 불가능은 가능으로 바뀌어 비공유제 체제가 빠른 속도로 확산됐다. 공직까지 버리고 사업에 뛰어드는 사람이 부지기수였다. 선전시에는 중국 최대 규모를 자랑하는 국제무역센터 빌딩이 있었는데, 여기에 입주한 업체 수만 300여 개나 되었다. 책상 하나만 들여놓고는 회사라고 하는 곳도 있을 정도로 창업 열풍은 대단했다. 사업자 등록이 폭증하면서 베이징시가 보유하고 있던 증서 발급용지는 1992년 8월 22일 동나고 말았고, 공상국은 톈진시까지 가서 등록증 1만 장을 조달해올 수밖에 없었다.

수없이 많은 사람, 이를테면 마룬(馬侖), 판스이(潘石屹), 천둥성(陳東升), 마오전화(毛振華) 등과 같은 사람들이 창업의 대열에 앞장섰다. 훗날 그들은 자신들을 가리켜 '92세대'라고 이름 짓기도 했다. 메추라기 사업으로 성공한 류용하오(劉永好)는 중국 최초의 민영기업인 시왕(希望)

그룹을 설립했다. 또 완샹첸차오(萬向錢潮)는 향진기업으로는 최초로 증시에 상장했다. 이처럼 비공유제 경제체제는 중국 경제를 구성하는 중요한 기반으로 자리 잡게 되었다.

통계를 살펴보면 1992년부터 2008년까지 민영 경제는 중국 국민경제에서 가장 돋보이는 신 성장 동력이었다. 1992년 14만 개였던 민영기업은 2008년 657만 개로 47배나 늘어났다. 2008년 11월 기준으로 민영기업의 순이익은 전년도 대비 36.6% 성장한 5,495억 위안을 기록, 그 성장률이 전국 평균치인 31.7%를 크게 웃돌았다. 중국 전역의 거티후는 16년간 1,543만 개에서 2,917만 3천 개로 늘어났고, 자금도 601억 위안에서 9,006억 위안으로 불어났다. 16년간 누적된 고정자산 투자액만도 11조 1,800억 위안에 달했다.

05 국유기업 구조조정의 머나먼 여정

녠광주의 '사쯔과쯔'가 비공유제 경제체제를 형성하고 있을 때, 중국의 국유기업에도 개혁의 새바람이 불어 닥쳤다. 『챠오 공장장 부임기(喬廠長上任記)』라는 소설에 등장하는 가상의 국유기업 공장장 챠오광푸(喬光樸)는 중국 국민들 사이에서 논란이 됐던 화제의 캐릭터다. 챠오광푸에게 중국 전역의 관심이 쏠렸던 것은, 국유기업 공장장으로는 보기 드문 책임감과 세심함의 소유자였다는 데도 원인이 있지만, 사회적으로 '국유기업을 어떻게 개혁할 것인가?'가 초유의 관심사였던 당시 시대상과 더 깊은 연관이 있다.

1978년, 국유기업 수는 총 8만 3,700개로 전체 기업 수의 24%에 불과했지만 이들의 총 공업생산액은 전체의 77.6%인 3,289억 위안, 종업원 수는 7,451만 명에 달했다. 또 납세액도 962억 4,200만 위안으로 국가 재정수입의 85%를 차지할 정도였으니, 국유기업이 그때 중국 경제의 기둥이었다고 해도 무리는 아니다. 그러나 계획경제 체제에서는 국유기업에 독자적인 경영권이 없었기 때문에 경영자와 직원들은 업무에 적극적으로 임하지 않았고, 그 결과 국유기업은 오랫동안 저효율 상태로 운영돼 왔다.

1979년, 국무원은 서우두철강(首都鋼鐵)을 비롯한 국유기업 여덟 곳을 시범업체로 선정한 후 이들에 대한 구조조정을 단행했다. 개혁의 키워드는 '권한과 손익 분산'이었다. 정부의 강한 개혁 의지로 국유기업에는 활력이 살아났고, 일부 업체는 해외 선진기술을 도입하는 등 과감한 혁신을 시도했다.

개혁을 통해 어마어마한 성과를 거둔 상하이 바오산강철(寶山鋼鐵)은 국유기업 개혁의 전형적인 모범 사례가 되었다. 전국인민정치협상회의[주41]의 천진화(陳錦華) 전 부주석은 이렇게 회상했다.

"바오산강철은 1978년부터 철강 1,600만 톤을 생산했는데 이는 그해 계획치를 크게 웃도는 수치였어요. 바오산강철이 세계 최고의 철강업체 순위에 진입했다는 것보다 국유기업의 새로운 성장 모델을 제시했다는 점이 더 중요합니다."

1984년 10월, 중국공산당 12기 중앙위원회는 제3차 전국대회를 열고 '중국 경제체제 개혁에 관한 결정'을 발표했다. 이 결정에서는 "기업, 특히 국유기업에 활력을 불어넣는 것이 기업 개혁의 핵심이 될 것"이라고 밝혔다. 그리고 1993년 11월, 중국공산당 14기 중앙위원회 제3차 전국대회에서는 국유기업에 대한 전면적인 개혁을 선포하고 '권한과 손익 분산'을 국유기업 개혁의 양대 핵심 포인트로 설정했다.

주41. 1949년 9월 공산당의 제의에 따라 성립된 정책 자문기구로, 공산당을 비롯한 8개 정당의 대표 및 각 단체와 소수민족, 홍콩과 마카오 동포 등을 묶어 구성됨. 건국 초기인 1949년 9월 중국 인민정치협상의 제1차 전체회의가 베이징에서 열렸다. 당시 임시헌법 역할을 한 '정협공동강령'을 제정하여 중앙 인민정부를 탄생시켰으며, 전인대가 구성되기 전까지 국회 역할을 수행했다.

국가경제무역위원회의 천칭타이 전 부주임은 이렇게 말했다.

"14기 중앙위원회 제3차 전국대회에서는 사회주의 시장경제가 확립됐습니다. 그때 국유기업 개혁 방식에도 큰 변화가 생겼는데, 이는 '권한 분산'과 '도급제'를 바탕으로 한 기업의 활성화였어요. 이를 통해 기업은 보다 독립적인 시장 주체로 거듭나게 됩니다."

1996년 6월, 국유기업 혁신은 '재산권 개혁'이라는 새로운 단계에 접어들었다. 국유기업의 외형적인 기틀은 그럴싸하게 만들어졌지만, 퇴직자 문제나 잉여 인력, 기타 사회적 책임 등이 복합적인 문제로 떠올라 개혁이 본격적인 단계로 접어든 1997년까지도 심각한 적자를 면치 못했다. 1998년, 정부는 3년 내에 국유기업을 어려움에서 벗어나게 하겠다는 포부를 밝혔고 2000년 말 그 목표는 기본적으로 실현되었다. 그 후 2007년에 국유기업의 순이익은 1조 6,200억 위안, 납부한 세금은 1조 5,700억 위안에 달해 신기록을 경신했다. 17기 공산당 전국대회의 보고서는 '국제화'라는 키워드를 인용해 국유기업의 해외진출 전략을 정의했다. 중앙기업은 이제 중국 경제의 해외 원정을 위한 주력부대로 성장했다.

2008년 말까지 국자위가 관리하는 117개의 중앙기업이 해외투자를 통해 전 세계 127개 지역에 1,791개의 기업을 설립했고, 그중 수익을 내는 기업이 79.9%에 달했다. 2009년에 미국의 《포춘》지가 발표한 전 세계 500대 기업에 랭크된 중국 국유기업 수는 24개나 됐는데, 이는 전년도에 비해 다섯 개나 늘어나고 2003년과 비교하면 18개나 증가한 규모이다.

06 중국 경제의 초고속 질주

21세기 초입부터 세계경제가 불안정 속에서 출렁일 때, 중국은 고도의 성장률을 구가하며 세계경제 체제에 편입되었다. 2001년 11월 10일, 카타르의 수도 도하에서 개최된 제4차 WTO 각료회의에서 유세프 카말 의장은 "각료회의의 만장일치로 중국이 WTO의 정식 회원국이 됐음을 선포합니다"라고 외쳤다. 중국은 WTO에 가입하는 데 장장 15년이라는 세월을 쏟았다. 대외 경제무역 합작부 전 부부장인 스광성(石廣生)은 중국의 WTO 가입 의지에 대해 이렇게 묘사했다.

"가입 조항 하나하나가 중국에는 개혁이었죠. WTO 가입 후, 중국은 3,000여 개가 넘는 법률 조항들을 수정해야 했답니다. 그건 중국에 또 다른 의미의 개혁개방이었어요. 개혁개방이 한 층 더 깊은 단계로 접어들었다고나 할까요?"

세계경제에 대한 참여권을 부여받은 후 중국의 개혁 의지를 의심해 왔던 국제 여론은 서서히 그 목소리를 낮췄다. 외국의 보도 매체는 중국이 초스피드로 달리는 맹수처럼 엄청난 속도의 경제개혁을 추진 중이라

중국의 세계무역기구(WTO) 가입 과정

- **1996년 3월 20일**
  중국은 WTO 가입을 위해 비공식 루트로 협상 시작

- **1997년 3월 6일**
  중국의 WTO 가입 협상이 진전되었고, EU도 그해 가입 희망

- **1997년 12월 5일**
  WTO 개발도상국 회원들이 제네바에서 만장일치로 중국의 조속한 가입을 희망한다는 성명 발표

- **1999년 말**
  미국과 WTO 가입을 위한 쌍방 협의 달성

- **2001년 11월 10일**
  WTO 제4차 부장급 회의에서 중국의 가입 승인

- **2001년 12월 11일**
  중국은 WTO 143번째 회원국으로 정식 가입

고 과장되게 표현했다. 2001년 WTO 가입 후 중국은 매년 평균 5,000억 달러의 상품을 수입해 왔는데, 이는 무역 대상국에 1,200만 개의 일자리를 창출하는 효과를 발휘했다. 이는 세계 무역 역사상 유례가 없는 대단한 기적이었다. 2006년 말, WTO의 라미 사무총장은 이런 중국에 대해 "전체적으로 볼 때 중국의 성적은 A+입니다"라고 평가하기도 했다.

초스피드 성장은 중국의 모습을 빠른 속도로 바꾸어놓았다. WTO 가입 후 지금까지 9년간, 중국의 개혁개방은 세계경제 구조에 보다 깊이 침투하게 되었다. 후진타오 주석은 이런 상황을 종합해서 설명했다.

"지난 30년간 사회주의 중국, 중국공산당, 중국인의 모습이 큰 변화를 겪게 된 근본적인 원인은 '개혁개방'입니다. 중국이 공산당의 기본 노

WTO의 라미 사무총장은 급성장한 중국 경제에 대해 전체적으로 A+의 성적이라고 평가했다.

선을 따라 시종 개혁개방의 길을 잘 따라왔기 때문입니다. 중국의 향후 발전 방향도 개혁개방에 달려 있습니다."

개혁개방 30년간 중국은 자국과 세계의 관계를 입체적으로 바꿔놓았으며, 국가와 국민들에게 성공이 보장된 미래로의 탑승권을 건넸다. 40년에 달하는 세계 인터넷 역사에 비해 중국 인터넷 15년 역사는 비교할 수 없을 만큼 짧은 세월이지만, 중국 인터넷은 지금 세계 최고로 우뚝 섰다. 이런 기적을 어떻게 설명할 수 있을까? 수백 년 역사의 자본시장에서 고작 스무 살에 불과한 중국 A주가 막강한 증시 파워를 자랑할 수 있게 된 비결은 무엇인가? 각국의 배타적인 금융 장벽을 뚫고 세계로 뻗어나간 위안화, 세계 최대의 구매력을 갖게 된 13억 중국 인구, 무에서

개혁개방 - 차이나 파워를 일궈낸 추진 동력

유를 창조한 '메이드 인 차이나', 이들이 보유한 힘의 근원은 어디에 있을까? 이 모든 질문에 답할 수 있는 단어는 단 하나, 그것은 바로 '개혁개방'이다. 중국만의 선명한 컬러를 지닌 개혁개방은 이미 중국을 성공적으로 변화시켰고, 이젠 세계를 향해 그 영향력을 뻗치고 있다.

왕샤오야, 상하이 엑스포에서 차이나 키워드를 말하다

상하이 엑스포는 베이징 올림픽 이후 중국이 주최한 또 하나의 세계적인 성대한 대회이다. 이는 중국 개혁개방 30년 역사의 거대한 성과를 보여줄 뿐 아니라 개혁개방의 단계를 심화시키기 위한 새로운 기점이 되었다. 이는 중국에만 기회가 되는 것이 아니라 전 세계인의 기회이기도 하다. 역대 엑스포는 인류 문명이 이룩한 눈부신 성과를 확인하는 역사의 장이 돼왔다. 2010년 엑스포는 상하이의 잔치이자 중국의 잔치고, 더 나아가 세계인의 축제이다. 이번 축제는 세계경제에 새로운 활력을 불어넣어줄 것이라는 기대에 부응했다. 또 인류 공동체가 '삶에 아름다움을 가져다주는 도시, 상하이'를 체험하고, 조화롭고 유기적인 지구 공동체를 수립하도록 앞장섰다.

부록 :

미처 말 못한 차이나 파워의 원천

01 춘제 : 전 세계인의 페스티벌
02 중국 영화 : 전 세계를 향한 중국 문화의 얼굴
03 메이란팡 : 다채롭고 경이로운 중국 무대예술의 산증인
04 'YAO' : 야오밍이 이끄는 시대
05 올림픽, 엑스포 건축물 : 도시 문명과 세계 유산

01 춘제 :
전 세계인의 페스티벌

중국의 '음력 설'에 해당하는 춘제(春節)는 중국 문화의 정수를 보여주는 대표적인 문화 코드이다. 최근에는 중국인 말고도 춘제를 페스티벌로 즐기는 인파가 늘고 있다. 파리의 샹젤리제 거리를 가득 메운 화려한 차림의 춘제 관광단, 오색찬란한 컬러로 장식한 뉴욕 엠파이어스테이트 빌딩, 런던 옥스퍼드 거리에 높이 걸린 큼지막한 홍색 등, 해를 거듭할수록 규모를 더해가는 요하네스버그의 경축행사가 이를 반증한다. 해외에서 춘제는 더 이상 화교를 포함한 중국인만의 명절이 아니다. 춘제의 열기는 외국인에게까지 전달돼 매우 흥미롭고 이색적인 문화 현상이 돼가고 있다. 이런 추세대로라면 춘제가 서양의 크리스마스와 같은 세계적인 페스티벌로 거듭나는 것도 시간문제일 것 같다.

국제문제 전문 매체인 환추왕(環球網)에서는 2009년 초 '춘제 페스티벌, 세계인의 명절 될까?'라는 제목으로 설문조사를 실시했다. 총 3,655명이 응모한 조사에서 "예"라고 답변한 사람이 2,617명으로 전체의 72%를 차지했으며, "아니오"라는 답변은 1,038표로 28%에 불과했다.

기억 속의 춘제

60여 년 전만 하더라도 춘제는 중국인만의 폐쇄적인 명절이었다. 모든 물자가 부족했던 시절의 춘제는 연중 소비가 최고라는 명절 특수의 개념을 무색하게 했고 오히려 가난만 부각시켰다.

춘제의 즐거움은 온 가족이 한자리에 모여 음식을 나눠먹으며 섣달그믐을 보내고 새해를 맞이하는 데 있다. 그래서 춘제를 지내려면 먹을거리 위주로 설맞이 용품을 넉넉하게 준비해야 했다. 그맘때 식료품을 판매했던 국영 소매점이나 협동조합, 민관합작 식품점이나 소형 점포는 손님으로 인산인해를 이뤘고, 가판대 빼곡히 쌓인 설맞이 용품도 금세 동이 났다. 평일에는 고기는 고사하고 잡곡조차 여의치 않았기에 섣달그믐에 먹었던 강력분으로 만든 자오쯔(餃子, 물만두—옮긴이)는 유달리 맛있었다.

《베이징르바오(北京日報)》의 1957년 2월 3일자 신문은 '일반 가정의 섣달그믐 밤'이라는 기사를 통해 춘제의 풍경을 묘사했다.

"기자는 12월 30일 저녁, 지인의 집을 방문했다. 집 안으로 들어가기도 전에 문 사이로 어르신과 아이들의 웃음소리가 새어나왔다. 음식 장만은 많이 하셨느냐고 안주인께 물었더니 '고기 몇 근에다 닭 한 마리, 생선 한 손, 야채, 두부 정도면 몇 날 며칠은 우리 식구 즐겁게 먹을 양이죠!'라고 대답한다."

이것은 그때 기준의 설음식치고는 상당히 풍성한 수준이다. 나이 든 중국인은 누구나 어릴 적 외상으로 고기를 끊어다 춘제를 지낸 기억을 가지고 있다. 저우(周)라는 성을 가진 한 친구는 유년 시절 춘제를 이렇게 회상한다.

"집 안에 고기 요리는 흔치 않았죠. 지갑 사정이 여의치 않으니 어쩌겠어요? 춘제 아침이었어요. 부모님이 설음식 때문에 이런저런 이야기를 나누시더니 아버지가 일찌감치 집 밖을 나서시더군요. 그래도 일 년에 한 번뿐인 명절인데 고기라도 몇 근 사러 나가신 거죠. 그런데 그때는 지금만큼 물자가 풍부한 시절이 아니었기 때문에 뭐 하나 사려고 해도 항상 줄을 서야 했어요. 설을 앞두고 그 줄이 더 길어질 것은 뻔한 일이죠. 그날 오후 늦게야 돌아오신 아버지의 손에는 한 근 남짓한 고깃덩이가 들려 있었습니다. 그땐 이미 우리 가족 외상값이 너무 많이 밀려 있었어요. 아버지가 외상으로 가져올 수 있는 건, 한 근이 최대였죠. 얼마 되지도 않는 고기로 뭘 만들 수 있었겠습니까? 고기볶음은 사치였죠. 손바닥만 한 고기로 대식구를 먹여야 했던 어머니는 고민 끝에 '러우사오산펀위안쯔(肉燒山粉圓子)'란 요리를 만들어 내셨어요. 고구마 가루로 완자를 만들고 고기와 같이 볶아낸 음식이죠. 음식량은 늘어났지만 고기 양이 적어서 한 사람한테 몇 조각 돌아가지도 않았어요. 그나마도 자식들이 고기를 다 먹어 치우면 부모님은 고구마 완자만 집어 드셨죠. 지금 생각해보면 외상으로 끊어온 고긴데 그분들이 편히 삼키실 수나 있었겠나 싶어요."

매년 춘제가 되면 일부 지역에서는 주민들에게 1인당 기름 반 근, 고기 반 근을 배급하기도 했다. 그 외에도 춘제를 맞은 가정의 가계부에는 '강력분 두 근, 대두 한 근, 녹두 한 근, 쌀 몇 근, 생선 다섯 근'도 구입 항목에 적혀 있었다. 부지런하고 야무진 주부들은 가족 전체가 먹을 세 끼 춘제 음식을 미리부터 세심하게 준비했다.

음력 12월 28일에는 밀가루를 반죽한 후 발효시키고, 29일에는 각종 간식거리를 만든다. 평소에는 아끼느라 한 방울도 못 썼던 기름도 달고 짜고 바삭바삭하고 구수한 당근 완자요리, 고구마 완자, '파이차(排叉, 한국의 타래과와 비슷한 과자)'를 만들 때만큼은 듬뿍듬뿍 들어간다.

한편 배추는 서민의 가난한 일상을 함께했던 저렴한 식재료이다. 주부들은 배추 하나만 가지고도 지지고 볶고 한 상 가득 음식을 내온다. 제모바이차이둔(芥末白菜墩, 배추 겨자 절임), 차이신반량차이(菜心拌涼菜, 배추 고갱이 무침), 우샹라바이차이(五香辣白菜, 매운 배추 요리), 옌바이차이(腌白菜, 절인 배추), 추류바이차이(醋熘白菜, 신 배추 요리), 차오쏸차이(炒酸菜, 절인 배추 볶음), 둔쏸차이(炖酸菜, 배추찜), 여우포메이간차이(油潑梅幹菜, 말린 갓튀김) 등 배추가 들어간 메뉴는 끝도 없다.

춘제 때 아이들의 마음을 가장 들뜨게 하는 건 뭐니 뭐니 해도 설빔이다. 그때만 해도 아이들이 새 옷을 입을 기회는 춘제밖에 없었다. 어머니들은 일 년치 옷감표를 차곡차곡 모았다가 빨갛고 파란 코르덴(흔히 '골덴'이라 함-옮긴이) 천이나 꽃무늬 천을 산다. 그때부터 시작되는 어머니의 '다다다' 재봉틀 소리는 밤늦게까지 이어지고, 그렇게 만들어진 설빔을 아이들은 배게 밑에 고이 접어두었다가 춘제 아침이 돼야 꺼내 입는다. 설빔이라고 해봤자 사내아이는 남색 아니면 회색, 녹색, 계집아이는 분홍 아니면 빨강, 노랑 체크무늬 옷으로 매번 똑같았다. 그래도 설빔을 입어보는 아이들의 흥분은 좀체 가라앉지 않는다. 그 외에도 폭죽놀이나 먀오후이(廟會, 잿날이나 정한 날에 절 안이나 절 입구에 개설되던 임시 시장-옮긴이) 구경은 춘제 행사의 하이라이트다.

그러나 개혁개방 후 생활수준이 높아지면서 춘제 음식에도 변화가 나타나기 시작했다.

1980년, 베이징에는 '량여우스핀(粮油食品)'이라는 회사가 만든 급속 냉동 자오쯔가 판매되기 시작했다. 1981년 춘제 때 베이징시는 가구당 한 근 가격이 4~8위안 정도 되는 화차(花茶) 두 냥, 다랴오(大料, 팔각 모양의 단단한 껍질로 쌓인 향신료-옮긴이)와 국화, 목이버섯 각각 한 포, 배추 20근, 두부 한 근, 콩 제품 한 근을 배급했다. 일부 간이식당은 평상시에는 잘 내놓지 않던 미싼다오(蜜三刀, 두 겹의 밀가루튀김에 달콤한 소스를 입힌 사각형 모양의 간식-옮긴이) 등 주전부리를 메뉴에 추가하기도 했다.

　1983년, 도시 주민들이 배급받은 춘제 음식은 강력분 세 근, 잡콩 한 근, 찹쌀 한 근, 땅콩기름 네 냥, 참기름 한 냥, 땅콩 반 근, 과쯔(瓜子) 세 냥, 마장(麻醬, 깨와 땅콩을 섞어 만든 소스) 한 냥, 생선 두 근(1인당 조기 반 근은 반드시 배급됨)이었다. 1989년에는 향신료 26가지, 콩 제품 14가지, 장아찌 35가지가 판매되어 베이징 시민은 더 이상 쌀, 밀가루, 생선, 고기 등 춘제 음식 때문에 줄을 서지 않아도 됐다. 나중에는 재래시장이 곳곳에 생겨나면서 평소 필요한 음식은 바로 시장에 가서 살 수 있었다. 그때부터 사람들은 춘제 때가 되면 오히려 무엇을 먹을지 고민할 정도로 물자가 풍성해졌다.

　경제가 발전하면서 춘제를 보내는 모습에 많은 변화가 생겼다고는 하지만 세계인의 페스티벌로 자리 잡기에는 아직 갈 길이 멀어 보였다. 그러나 시장이 개방되면서 중국인의 해외 진출 기회도 많아졌는데, 이는 춘제의 국제화를 앞당겼다. 해외 각지로 진출한 중국인들이 춘제가 세계인의 명절이 되도록 돕는 불씨 역할을 한 것이다.

　춘제는 전 세계에 퍼진 중국인들을 하나로 모으는 심리적인 구심점이 되어왔다. 따라서 중국인이 있는 곳이라면 어디나 춘제가 있다. 유럽

세화는 중국 전통의 춘제 풍속으로 외국인에 눈에는 이국적인 정서가 짙어 큰 흥미를 끌고 있다.

의 아무리 외진 소도시라도 중국인이 한 명만 있다면 그곳의 아이들은 세뱃돈을 받게 될 것이다. 이집트에는 20세기 초에 건너가 정착했던 중국인의 후손들이 모여 산다. 비록 지금은 중국말이 서툴지만 춘제만 되면 온 가족이 함께 모여 자오쯔를 빚는 전통은 여전하다. 춘제 용춤 퍼레이드를 비롯한 각종 경축 행사에는 수천, 수만 명의 중국 동포가 모인다. 춘제는 수많은 외국인을 불러들일 만큼 이국적이고 다채로운 행사이다. 중국의 전통 용춤, 불꽃놀이, 세화(歲畵, 설날 때 실내에 붙이는 즐거움과 상서로움을 나타내는 그림-옮긴이) 붙이는 풍습은 그들의 눈길을 끌기에 충분하다.

황금연휴가 가져온 특수

1992년, 덩샤오핑의 남순강화 후 중국은 개혁개방의 속도에 박차를 가했다. 이러한 전대미문의 성장은 중국의 각 분야에 영향을 미쳤고, 중국인들이 춘제를 보내는 모습에도 변화를 불러왔다.

이전에는 춘제만 되면 거의 모든 식당이 문을 닫고 영업을 하지 않았다. 누구나 집에서 설음식을 푸짐하게 준비하기 때문에 식당을 찾을 필요가 없었던 것이다. 그러나 1994년 춘제 때부터 일부 식당에서 연장 영업을 시작하더니 이제는 '춘제 기간 쉽니다'라는 안내문을 찾기가 힘들어졌다. 요즘은 춘제 때 식당에서 가족 모임을 치르는 것이 유행이 돼서, 식당마다 가족 모임 유치에 열을 올린다.

예전에는 춘제 때 가정마다 설음식 준비에 공을 들이는 것이 전통이었다. 가난하고 힘들게 보낸 한 해를 먹을 복으로 보상한다는 심리 때문이다. 그러나 생활수준이 향상되고 평소 먹는 데 부족함이 없어지면서, 춘제라고 해서 특별히 음식 준비에 수고를 들일 필요가 없어졌다. 오히려 함께 모여 이야기를 나누는 것에 더 중요한 가치가 부여됐다.

새해맞이 용품 시장을 찾는 사람들의 장바구니에도 변화가 찾아왔다. 사람들은 먹을거리로 가득 찬 장바구니 대신 덕담이 쓰인 춘련(春聯, 신년을 맞을 때 써서 문이나 기둥 등에 붙이는 글귀-옮긴이)이나 '복(福)'자가 적힌 종이(빨간 바탕에 황금색 글씨로 '복'이라고 쓴 종이를 거꾸로 매달아 복을 내려달라고 비는 춘제 풍습이 있다-옮긴이)만 달랑 들고 온다.

춘제 기간 오락거리에도 다양한 선택권이 생겼다. 집에서 자오쯔를 빚으며 설 특집 TV 프로그램 〈춘완(春晚)〉(매년 춘제 전날 저녁에 방송하는 디너쇼 성격의 TV 프로그램-옮긴이)을 보는 것은 벌써 옛말이 됐다. 춘제는 가족이 한자리에 모이는 명절 개념이기보다는 삶의 질을 높이기 위한 연휴의 성격으로 변했다.

1999년 국경절 기간 전국 각지의 여행객 수는 2,800만 명이었으며, 이에 따른 국내여행 수입은 141억 위안에 달했다.

    1992년, 다섯 명의 여행객이 춘제 기간을 이용해 빙등(氷燈) 축제를 보려고 하얼빈으로 떠나는 장면이 신문에 크게 보도된 적이 있다. 기사는 춘제의 전통에 서서히 변화가 찾아오고 있음을 지적했다. 춘제맞이 반값 비행기 티켓도 이제 옛말이 되었다. 최장 기간 연휴로 기록된 1996년의 춘제 때는, 정월 초하루에서 초이레에 이르는 7일간 비행기 티켓 가격이 천정부지로 치솟았다. 여행업계가 최대 불경기로 여겼던 춘제는 그때부터 유례없는 호황기를 맞게 되었다.

    1997년부터는 춘제에 여행을 떠나는 것도 쉽지 않았다. 왜냐하면 동남아, 하이난, 쿤밍(昆明), 시솽반나(西雙版納, 윈난성 최남단에 위치한 타이족자치주의 관광지-옮긴이), 샤먼, 우이산(武夷山)으로 가는 비행기 편이 전년도 12월부터 일찌감치 매진되기 때문이다. 1999년에는 연휴에 일어나는 경제 특수를 가리키는 신조어, '황금연휴'와 '연휴경제'가 탄생했다.

1999년 9월, 경제발전을 견인하기 위해 '소비를 장려하고 내수를 확대'하는 정책이 정부 차원에서 추진됐다. 이에 따라 정부는 기존에 부분적으로 실시했던 주5일 근무제를 기초로 근로자의 연휴 기간을 대폭 확대하기로 결정했다. 이때부터 춘제, '노동절(勞動節)', '국경절(國慶節, 중화인민공화국 건립일로 10월 1일부터 시작됨-옮긴이)'의 연휴 기간이 7일로 확대됐다. '황금연휴'와 '연휴특수'의 기반이 형성된 것이다.

'연휴경제'는 연휴 기간 활성화된 소비가 공급과 수요를 촉진시켜 경제발전을 견인하게 된다는 일종의 경제 모델이다. 그래서 일각에서는 "일자리를 만들려면 연휴를 즐겨라"라는 말도 나왔다.

'연휴경제'의 범주는 대개 3차 산업과 관련된다. 연휴경제를 지탱하는 핵심 산업인 여행업 외에도 외식, 오락, 스포츠, 교통·운수, 영화, 전시회, 광고, 심지어 복권 업계도 연휴경제의 범주에 든다.

연휴경제의 최대 수혜자인 여행업은 황금연휴를 이용해 매년 대박을 터뜨리고 있다. 중국 여행국과 통계국의 조사에 따르면, 1999년 국경절 기간 전국 각지의 여행객 수는 2,800만 명이며, 이에 따른 국내여행 수입은 141억 위안에 달한다고 한다. 2000년 춘제의 여행 수입은 더 높은 181억 위안을 기록했다. 그 후에도 매년 황금연휴 여행 수입은 경이로운 성장세를 보여왔다.

사실 길어진 연휴, 여행업과 연휴경제의 발전은 모두 강력해진 중국의 경제력을 보여주는 현상이다. 개혁개방 이후 사회 전체의 생산력이 증대되면서 중국인의 수입도 높아졌다. 각국의 사례를 돌아보면 1인당 GNP가 500~800달러에 이르는 시기가 여행 소비가 급증하는 기점이 된다. 1999년 중국인의 1인당 GNP는 5,854위안, 즉 500달러 수준이었는데,

1997년부터 캐나다에서는 매년 춘제 때면 십이지신상을 주제로 한 우표를 발행한다.

그중에는 심지어 1,000달러를 넘어서는 도시도 일부 있었다. 중국도 여행과 관련된 소비가 급증하는 문턱에 이른 것이다.

경제력이 크게 향상되면서 국제사회에서 중국의 영향력이나 위상도 높아졌다. 이로 인해 중국을 대표하는 명절인 춘제가 세계인의 관심과 주목을 끌고 있다. 매년 춘제가 되면 각국의 정재계 인사들이 중국인들을 향한 새해 덕담이나 인사말을 보내온다.

1997년부터 캐나다에서는 매년 춘제 때면 십이지신상(十二支神像)을 주제로 한 우표를 발행한다. 캐나다 총리가 매년 중국인에게 신년 덕담을 보내는 전통은 현재까지 십몇 년째 지속되고 있으며 그 내용도 해를 거듭할수록 감동적이다. 2008년, 캐나다 스티븐 하퍼(Stephen Harper) 총리의 신년 인사가 동영상으로 나왔다. 하퍼 총리는 인사말에서 "삼가 캐나다 정부와 저희 가족을 대표해서 새해를 맞은 여러분에게 축하의 말을 전합니다. 항상 건강하시고, 앞으로도 모든 길이 활짝 열려 부자 되시기를 기원합니다!"라고 전했다.

2000년 1월, 러시아의 푸틴 대통령은 주중국 대사관을 통해 장쩌민(江澤民) 주석에게 춘제 축하메시지를 전했다. 그 후 매년 춘제가 다가오면 푸틴 대통령은 중국 지도자들에게 연하장을 보내 중국인을 향한 신년 덕담을 대신하고 있다.

중국의 국력이 강해질수록 세계 각지에 흩어진 중국인의 위상도 높아지고 있다. 미국에서 춘제는 정치 인사가 화교 사회에 접촉하기 위한 필수 코스이다. 일부 연방정부, 주정부 의원 중에는 이 기간에 하루 대여섯 차례 화교 모임에 참석하는 사람도 있다. 200여 개에 달하는 화교 단체의 춘제 행사를 모두 들른다고 쳐도 꼬박 일주일은 소요될 것이다. 이런 민선의원들은 화교 모임의 초청을 받으면 반드시 참석해야 하며, 참석한 이상 연설을 해야 한다. 또 연설이 끝난 다음에는 두 손을 가슴에 모은 채 중국어로 "새해 복 많이 받고 돈 많이 버십시오!"라고 말한다.

춘제를 마치 조국의 명절인 양 중시하는 외국인들도 있다. 이들은 대부분 중국과 끊을 수 없는 인연을 맺은 사람들이다. 어렸을 적 죽 중국에서 살며 공부했던 아르헨티나의 중국 연구 전문가 호르헤 말레나(Jorge Malena) 교수는 1982년에 아르헨티나로 돌아간 후에도 매년 음력 새해만 되면 수도 부에노스아이레스를 찾는다. 그곳의 '차이나 거리'에서 열리는 춘제 행사에 참여하기 위해서다. 말레나 교수는 "보통 중국 춘제는 1월 말에서 2월 초예요. 그 시기는 아르헨티나의 여름휴가 기간이기 때문에 우리 가족은 휴가 삼아 차이나 거리에 나갑니다. 용춤도 보고 중국 요리도 먹죠. 아이들에게는 중국의 선물을 사주고요. 친한 중국 친구들과도 모여서 중국 전통 명절을 같이 즐긴답니다"라고 말했다.

세계인이 모두 아는 춘제

금세기 초, 중국의 WTO 가입 후 중국과 세계와의 교류는 갈수록 다양하고 긴밀한 양상을 띠고 있다. 중국 경제의 꺼지지 않는 성장 열기를 볼 때 동방의 대국, 중국의 굴기는 이미 불변의 사실처럼 굳어지고 있다. 이런 상황에서 세계인의 시선이 전통의 미와 새로운 활력이 공존하는 땅 중국에 집중되는 것은 어찌 보면 당연하다.

이런 상황에서 춘제는 더 이상 중국인들이나 화교들만의 잔치가 아니다. 매년 음력설만 되면 유럽에서 북미에 이르기까지, 또 아프리카에서 아시아에 이르기까지, 세계 곳곳에서 춘제의 숨결을 느끼는 것은 그다지 어렵지 않다. 해외에서 일어나는 춘제 열풍은 중국의 발자취가 세계 곳곳에 남겨졌다는 증거다.

2006년 1월 26일, 영국 런던의 켄 리빙스턴(Ken Livingstone) 시장은 춘제를 맞아 중국 여가수 리위춘(李宇春,〈차오지뉘성超級女生〉이라는 TV 프로에서 우승하며 스타덤에 오른 여가수-옮긴이)을 초청해 홍등 점화식을 가졌다. 이는 영국 역사상 최대의 춘제 경축 행사로 그때부터 영국의 춘제 행사 분위기는 더욱 고조됐다. 영국의 토니 블레어(Tony Blair) 전 수상은 1월 23일, 영국 내 중국인을 향한 춘제 경축 멘트를 보냈다. 미국의 부시 전 대통령도 새해 인사말을 통해 "중국의 신년은 과거를 계승하고 새해의 기운을 읽어내는 정신·문화적 경계입니다. 전 세계의 화교 분들이 중국의 문화자산에 자긍심을 느끼시길 바랍니다. 이는 중국의 가치이자 전통이며 후손 대대로 물려줘야 할 문화유산이기 때문입니다"라고 밝혔다.

2006년, 파리 시장 베르트랑 들라노에(Bertrand Delanoe)는 시정부 앞 광장에서 중국 춘제 경축행사를 주최했다. 정월 초하루 17개의 중국계 단체가 이곳의 '2006년 병술년(丙戌年) 춘제 퍼레이드' 행사에 참석했다. 여기에는 들라노에를 비롯한 파리 3구, 4구 구장들이 참석해 자리를

영국 런던의 켄 리빙스턴 시장은
춘제를 맞아 중국 여가수 리위춘을 초청해
홍등 점화식을 가졌다.

빛냈다. 그들은 이어 용춤 공연에서 직접 눈동자도 그려 넣고 화교들에게 신년 인사말을 건네기도 했다. 중국 주재 스웨덴 대사관도 춘제 행사를 개최했는데, 여기에는 스웨덴 황태자가 참석해 사자춤 공연에서 직접 사자의 눈을 그려 넣기도 했다. 말레이시아 화교의 신년 행사 '카이먼잉빈(開門迎賓)'이 2월 4일 페낭에서 열렸다. 80여 개 화교 단체에서 몰려든 5,500명의 중국인이 거리에서 사자춤, 용춤을 췄는데, 이 행사에는 말레이시아 압둘라 바다위(Abdullah Badawi) 총리가 직접 참석했다.

2009년 1월 23일, 미국 뉴욕의 엠파이어스테이트 빌딩은 4일 연속 빌딩 정상부에 홍색, 황색으로 된 1,327개의 등불을 비춰 중국 춘제를 경축했다. 엠파이어스테이트 빌딩이 춘제용 채색등으로 건물을 장식한 지는 벌써 9년째에 접어든다. 뉴욕시는 2003년부터 춘제를 법정 공휴일로 지정하기도 했다.

춘제는 해외의 많은 외국인으로부터 보편적인 공감대를 형성하고 있으며, 갈수록 많은 외국인이 이 중국 명절을 즐기고 있다.

미국 뉴욕의 엠파이어스테이트 빌딩은
4일 연속 빌딩 정상부에 홍색, 황색으로 된 1,327개의
등불을 비춰 중국 춘제를 경축했다.

    2006년 춘제 전날 밤, 한 매체가 세계 각지의 거리에서 8~10명의 현지인을 대상으로 "중국의 명절 춘제를 아시나요?"라는 제목의 설문조사를 실시했다. 결과는 놀라웠다.

    파키스탄의 수도 이스탄불 거리에서는 행인 열 명 중 다섯 명이 '안다'라고 대답했다. 말레이시아인의 춘제 인지도는 100%. 말레이시아의 인구는 주로 화교와 말레이시아인, 인도인으로 구성되어 있기 때문에 춘제는 일찌감치 전국적인 명절로 자리 잡을 수 있었다. 이날만큼은 말레이시아인, 인도인들도 화교 친구들에게 "돈 많이 버세요"라는 새해 인사를 건넨다.

    미국 뉴욕의 조사 결과에서도 춘제의 인지도는 높게 나왔다. 메릴린치(Merrill Lynch) 증권의 총괄 매니저인 엘리스는 어렸을 적부터 중국인의 춘제 문화를 알았다고 한다. 그녀는 새해만 되면 차이나타운으로 가서 폭죽놀이나 홍색 등롱, 사자춤, 용춤 등을 구경했다. 그녀가 춘제에서 받은 깊은 인상은 지금도 잊히지 않는 추억이 됐다.

프랑스 파리에서는 아홉 명이 중국의 춘제에 대해 안다고 답했고, 그중 일곱 명은 춘제가 얼마 남지 않았다는 사실도 알았다. 그리고 음력 12월 30일 밤, 온 가족이 모여 앉아 왁자지껄하게 밤을 지새운다는 사실을 정확하게 아는 이도 있었다.

서반구에 위치한 브라질은 중국과 상당한 거리를 두고 멀리 떨어져 있다. 하지만 수도인 브라질리아, 공업도시 상파울루에서 만난 브라질 사람들의 50%는 '춘제가 중국인 가족이 한자리에 모여 지내는 중요한 새해 명절'이라는 사실을 알고 있었다. 한 브라질인은 "춘제가 언제인지 정확한 날짜는 모르지만, 중국 상점에 어느 순간 상품이 빼곡해지면 춘제가 얼마 남지 않았다는 뜻이다"라고 말했다.

이처럼 갈수록 많은 외국인이 중국의 춘제를 인지하고 있다. 그것은 중국의 국제적 위상이 날로 높아지고 춘제에서 오는 연휴경제 효과를 세계 각국도 누리고 있기 때문이다.

중국 여행국 홈페이지에 올라온 통계 보고서에는 2009년 중국 춘제 황금연휴 기간 전국 여행객 수가 전년도 대비 24.7% 늘어난 1억 900만 명에 달했다고 밝혔다. 보고서는 이어 이를 통해 중국이 거둔 여행 수입은 전년도 대비 23.1% 증대된 509억 3,000만 위안이라고 전했다.

생활수준이 향상되면서 사람들은 더 이상 국내 여행에 만족하지 않고 해외로 시선을 돌리기 시작했다. 해외에서 춘제를 즐기게 된 중국인들은 해외에서 설음식을 먹고 설용품을 구입한다. 이는 세계 각국 입장에서 볼 때 절호의 사업 기회이다. 한 외국인은 "춘제는 중국 경제성장의 상징이 돼서 각국에 풍성한 '재물운'을 가져다줬다"라고 말한다.

독일 뮌헨에 집이 있다는 무어 여사는 10년 전만 해도 독일 내 중국인들은 춘제를 지내는 것이 쉽지 않았다고 말한다.

"그때 중국인들은 제대로 된 설용품을 사기 어려웠죠. 그런데 지금은 대형마트에서 대부분 춘제용품을 구비해놓고 있어요. 어떤 곳은 중국 춘제용품 전용 가판대를 마련해놓기도 하죠. 대형 홍등이나 춘련 같은 것들 말이에요."

'춘제 특수'가 중국 외의 다른 나라에까지 전달된 것이다. 벨기에의 대형마트에서는 중국인을 위한 설용품 특별 가판을 마련했으며, 캐나다에서는 춘제 때 거의 모든 대형마트에서 춘제용품을 장만할 수 있을 정도가 됐다. 까르푸는 프랑스의 각 체인에 '중국 용품 전문 코너'를 마련해 중국 특색이 가득한 상품들로 가득 채워놓는다. 일부 마트는 입구에서부터 대형 홍등이나 춘련, 용머리 그림 등을 걸어놓기도 한다. 프랑스의 유명한 라파예트 백화점은 입구에 대형 홍등을 걸어두는 것을 시작으로 내부를 온통 금색, 홍색으로 인테리어했다. 금방이라도 살아서 뛰쳐나올 것 같은 십이지신상과 중국어로 쓰인 '새해 복 많이 받으세요' 문구, 뒤집힌 '복(福)' 글자도 인상적이다.

2010년 춘제, 100년 역사를 자랑하는 뉴욕 메이시 백화점에서는 용춤과 사자춤을 시작으로 다채로운 춘제 행사를 열면서 1,000명이 넘는 중국 여행객을 맞이했다. 3,000만 달러의 소비 효과를 일으킬 것으로 기대되는 중국 여행객을 끌어들이기 위한 수단이다. 2007년부터 메이시 백화점을 찾는 중국인 여행객은 빠르게 늘어나 이들을 통한 매출 성장률이 매년 50% 이상을 기록했다. 메이시 백화점은 2년 전부터 미국 전역 800개 지점에서 중국 신용카드 '인롄카(銀聯卡)'를 받기 시작했다. 그들은 "중국 고객의 구매력은 세계 최고다"라고 서슴없이 말한다.

메이시 백화점은 급격히 늘어난 중국인 여행객을 통한 매출 성장률이 매년 50% 이상을 기록하자 800개 지점에서 중국 신용카드 '인롄카'를 받기 시작했다.

금융위기 속에 맞이한 춘제

2008년 말, 금융위기의 먹구름이 전 세계를 뒤덮은 후 세계경제는 유례없는 암흑기에 접어들었다. 하지만 2009년, 중국 상공에 밝아온 기축년(己丑年) 새해는 금융위기의 먹구름을 조금씩 걷어내기 시작했다. 그해 세계인의 시선은 대부분 중국 대륙으로 쏠렸다.

2009년 1월 23일, 유엔의 반기문 사무총장은 중국인과 전 세계 화교들을 향해 '새해 복 많이 받으십시오!'라는 신년 축하 메시지를 보냈다.

오스트레일리아 케빈 러드 총리의 뛰어난 중국어 실력은 중국인들 사이에서도 화제다. 2009년 1월 25일, CCTV는 러드 총리의 중국어 새해 인사말을 방송했다. 러드 총리는 또렷한 발음으로 이렇게 말했다.

"여러분 안녕하십니까? 삼가 오스트레일리아 정부를 대표해서, 새해를 맞으신 전 세계 중국인 여러분께 축하의 인사를 드립니다. 올해는 모두 건강하시고 사업도 번창하길 바랍니다!"

반기문 사무총장의 연하장과 러드 총리의 중국어 인사에 중국인들은 감탄해 마지않았다. 심지어 어떤 이는 반기문의 한자 글씨체를 보고 서체가 예쁘다고 칭찬하기까지 했다.

이상 두 명의 인사 외에도 영국의 고든 브라운(James Gordon Brown)

> Secretary-General's New Year's Greetings
> to the Chinese People
>
> On the occasion of the Lunar New Year – the Year of Tiger,
> I would like to extend my warmest wishes to the Chinese
> people. I wish the Chinese people greater prosperity,
> happiness and wellbeing in the New Year. I look forward
> to greater contributions by the Chinese people toward
> world peace and development in the New Year.
>
> 虎年大吉
> 聯合國 秘書長
> 潘基文

2010년 반기문 유엔 사무총장이
전 중국인에게 보낸 춘제 연하장

수상, 캐나다의 스티븐 하퍼 총리, 덴마크의 안데르스 포그 라스무센(Anders Fogh Rasmussen) 총리, 인도네시아의 수실로 밤방 유도요노(Susilo Bambang Yudhoyono) 대통령, 싱가포르의 리셴룽(Lee Hsien Loong) 대통령, 말레이시아의 압둘라 바다위 대통령 등 각국의 수많은 정계 인사가 중국인과 화교를 향해 신년 메시지를 전했다.

경제위기 때문에 미국인들은 저축을 늘리기 시작했고, 유럽인들의 지갑도 좀체 열리지 않는 상황에서 중국 여행객들은 도리어 세계 곳곳의 상품을 사들이기 시작했다. 2009년 한 해 중국인이 프랑스에서만 구매한 면세품은 총 1억 5,800만 유로를 기록했다. 중국은 프랑스 면세상품 매출 순위에서 1위인 나라가 됐다.

지금은 퇴직한 72세의 벨기에 출신 정신과 의사 크리스티나. 그녀는 한 번도 중국에 가본 적은 없지만 2009년이 중국의 기축년이라는 사실을 잘 알고 있다며 이렇게 말했다.

"지금 많은 벨기에인이 중국의 춘제를 알고 있어요. 중국인들처럼 춘제의 시끌벅적하고 흥겨운 분위기를 같이 느끼고 싶어 하죠. 중국 춘제에 대한 유래는 잘 모르지만 춘제를 통해 사람들이 더 밝은 미래를 소원한다는 사실은 알고 있어요. 그건 벨기에 사람들의 심리와도 비슷하죠. 금융위기 여파 속에서 자신감을 잃은 사람들은 미래에 대한 신뢰를 회복해야 해요. 이런 측면에서 중국의 기축년 춘제가 중국인뿐 아니라 우리 모두에게도 희망을 가져다줬으면 좋겠네요."

사람들을 하나 되게 하는 춘제의 힘은 일부 국제기구에까지 전달됐다. 세계은행과 IMF 중국 직원협회의 스하이옌(施海雁) 부주석은 2007년부터 중국 직원협회와 함께 춘제 행사를 기획했다. 행사에는 수천 명의 각국 직원들이 참석해서 친목의 시간을 보냈다. 그녀는 IMF의 도미니크 스트로스칸 총재도 초청한 적이 있다면서 이렇게 말했다.

"2009년 중국은 기축년의 해를 맞았습니다. 침체된 각국의 경제에 '소의 해'인 기축년의 소망이 전달된다면 세계에 '불 마켓(Bull Market)'의 열기가 회복될지도 모릅니다. 스트로스칸 총재가 춘제 행사에 참석한 것은 그의 업무에도 많은 이점이 있습니다. 그가 집중해서 세계 각국 공동의 난제를 해결하도록 한마음 한뜻으로 도울 것이기 때문입니다."

포스트 위기 시대, 중국 정신문화의 파워

춘제는 세계를 향해 내미는 중국 전통문화의 얼굴이다. 이는 문화 현상이지 단순히 먹고 마시거나 즐기는 오락성 연휴가 아니다. 중국인 특유의 윤리·도덕적 정서, 생명존중 사상, 심미적인 사상, 인정을 하나로 모아 중화문명의 저변을 세계에 알리는 기간인 셈이다. 사람들은 이날 한자리에 모여 새해 인사를 나누는 등 각종 행사를 통해 친지, 지인들과 친밀함을 확인한다. 깊은 정을 담은 신년 덕담에서는 활기찬 생명력이 전달된다. 이 모든 것이 춘제가 동서 문화 차이를 넘어서 세계인의 명절로 성장할 수 있는 잠재력이 된 것이다.

미국 글로벌 자산관리 회사의 노먼 스완슨 총재는 1974년부터 300~400번 중국을 방문하면서 춘제도 여러 번 경험했다며 이렇게 말했다.

"춘제는 중국인들이 일 년 중 가장 맘 놓고 즐기는 명절입니다. 그땐 저도 중국 친구들과 격의 없이 같이 술 마시고 식사하며 더없이 즐거운 시간을 보내죠. 중국의 춘제는 제게 잊을 수 없는 추억입니다."

중국을 방문한 NBA 농구스타 코비 브라이언트는 춘제에 대해 이렇게 말했다.

"춘제 땐 폭죽을 터뜨리고 사자춤도 추고 자오쯔를 먹죠. 예전에도 몇 차례 중국을 방문한 적이 있었는데, 중국 문화를 더 깊이 이해하고 싶어요. 문화야말로 사람들 사이를 연결해주는 직접적인 통로니까요."

브라질의 일부 현지인은 중국인들이 좋아하는 '복'자를 사서 거꾸로 걸어두고 새해의 좋은 기운을 빌어보기도 한다.

독일의 함부르크에서 개최된 새해맞이 행사에서는 '태극 무술'을 비롯하여 생동감 있는 '그림자 연극', '예쁜 자오쯔 빚기 행사'가 선보여 신년 분위기를 물씬 풍겼다. 현장에 모인 독일인들은 저마다 중국인들에게 신년 덕담을 건넸다.

벨라루스의 역사문화 박물관에는 독특한 새해 행사가 뜨거운 열기 속에서 개최됐다. 행사를 통해 중국의 전통 공연과 절지 공예인 젠즈(剪紙, 종이를 잘라 표현하는 공예—옮긴이), 춘련을 선보여 현장에 모인 현지인들이 춘제를 보다 재밌게 즐기도록 도왔다. 현지 아이들의 중국 시 낭송도 행사의 분위기를 흥겹게 했다.

음력 섣달그믐부터 정월 대보름까지, 미국 워싱턴 특별구역에서도 춘제 행사가 끊임없이 이어진다. 일 년에 한 차례 이뤄지는 푸드 먀오후이는 명절 분위기를 최고조로 이끄는 주역이다. 요란한 악기 소리와 흥겨운 춤, 다채로운 색감과 풍미를 자랑하는 중국 음식은 먀오후이를 더욱 특별하게 만드는 요소이다. 미국인들도 이들과 함께 경축행사의 즐거움에 한껏 젖어든다. 《워싱턴 포스트》지는 이러한 일련의 춘제 행사에 대해 '중국의 유교적 전통과 문화 예술을 담고 있다'라며 호평했다.

프랑스의 춘제 행사는 시정부 광장을 출발하는 퍼레이드 행렬로 성대한 막을 올린다. 그들은 중국의 전통 옷을 입고 북을 치며 용춤과 사자춤을 춘다. 독특하고 화려한 춘제 퍼레이드는 프랑스인들을 흥분의 도가니로 몰아넣는다. 수잔이라는 이름의 한 여성은 "중국 춘제는 다양하고 볼거리가 많아 눈이 어지러울 지경이에요. 행사가 끝난 뒤에도 계속 생각나게 하는 힘이 있죠"라고 말한다. 그녀는 전에도 중국인 친구 집에서 춘제를 보낸 적이 있는데, 춘련을 붙이고 폭죽을 터뜨리며 세뱃돈을 주고 설음식을 먹었다. 그녀에게는 이러한 행사 하나하나가 신기하고 흥미로울 뿐이며, 이젠 어째서 중국인들이 춘제만 되면 하나같이 집으로 돌아가 새해를 보내는지 이해하게 되었다.

브라질은 최근 중국의 십이지신상을 주제로 한 우표를 발행하는 등 춘제를 기념하는 모습이다. 브라질 사람들은 이런 게 중국 문화에 대한 존경심의 표현이라고 생각한다. 우표는 보편적인 언어이기 때문에 종족이나 신앙, 문화를 떠나서 그 민족에 대한 이해와 존경을 표현하는 데 효과적인 매체 역할을 한다.

2007년 춘제 때 《스웨디쉬 데일리(Swedish daily)》지는 일찍이 '금돼지

춘련을 붙이고 폭죽을 터뜨리고 세뱃돈을 주고 설음식을 먹는 등 다양한 춘제 풍속이 서양인들 가정에까지 침투하고 있다.

중국'이라는 제목의 기사를 보도하기도 했다. 중국에서는 예로부터 '금돼지'가 재물과 부(富), 풍성한 수확의 상징이었다. 중국의 선조들은 선견지명을 가졌던 것일까? 중국은 21세기에 들어서자마자 가난한 나라의 이미지를 벗어던지고 '금돼지'가 주는 '부'의 이미지를 현실에서 이뤄냈다.

2008년 초, 스웨덴의 한 여행 잡지는 중국에서 오래 생활한 스웨덴 작가의 글을 인용해 중국의 2008년 무자년(戊子年) 쥐띠 해를 소개했다. 그해 작가는 "중국이 올해 무슨 해죠? 금(金)……, 뭐였더라?"라는 질문을 수없이 받았다고 한다. 그때 그는 중국이 황금과 떼려야 뗄 수 없는 관계에 있다는 사실을 새삼 느꼈다. 그는 2008년 '쥐의 해'에 또 다른 함의가 있다고 덧붙였다. 그것은 쥐가 십이지신상 중에서 맨 처음 나오는 동물이기 때문에, 중국도 2008년을 첫해로 삼아 강국으로 거듭나기 위한 힘찬 행보를 내디딜 것이라는 말이다.

중국의 춘제 문화는 해외로 나가 서양 주류 사회의 가치관에 편입, 융화되는 모습이다. 그 저변의 힘은 어디서 나오는 걸까?

베이징 대학의 유명 학자 장이우(張頤武) 교수는 춘제를 서양의 크리스마스와 비교해서 설명한다.

"크리스마스는 유럽 중심주의가 확장되는 과정에서 폭넓게 수용됐습니다. 그래서인지 크리스마스는 짙은 종교성과 문화적 배타성이라는 태생적인 한계를 가질 수밖에 없었죠. 하지만 춘제는 대자연의 흐름에 근원을 두고 화합과 조화를 추구하는 명절입니다. 그래서 그 어떤 문화적인 충격 요인 없이 세계인의 명절로 거듭나기에 충분한 조건을 갖추고 있어요. 춘제야말로 중국 문화의 매력이 한껏 묻어난 대표적인 차이나 코드입니다."

'춘제 열풍'은 반짝했다 사라지는 일시적인 현상이거나 중국인만 즐기는 폐쇄적인 행사가 아니다. 그 뒤에는 '차이나 열풍'이라는 든든한 버팀목이 서서 중국 사회주의 경제의 지속적인 발전과 중국의 국제적 위상을 높이는 데 도움을 주고 있다.

역사를 돌아보면 미국이나 유럽의 경제가 비약적인 성장을 이루기 전에 늘 문화의 수출이 선행됐음을 알 수 있다. 오늘날 중국의 춘제가 세계를 향해 뻗어나가는 것도 중국의 세계경제 재건 활동에 든든한 지원군이 돼줄 것이다. 춘제가 중국 전통문화 수출의 선봉이 될 것임은 물론이다.

중국 영화:
전 세계를 향한 중국 문화의 얼굴

영화는 한 국가의 전반적인 역량을 담아내는 종합예술이다. 따라서 국가의 역량은 영화 시장의 규모, 영화의 수준, 영화배우의 영향력 등 다양한 영역에 걸쳐 반영된다. 오늘날 중국 영화는 각종 국제영화제의 상을 휩쓸고 있으며, 중국 시장은 할리우드 대작이라면 반드시 거쳐 가야 할 전략적 요충지로 거듭났다. 또한 국제 영화 무대에서 활약 중인 중국 영화배우들은 이제 전 세계 영화팬들을 몰고 다니는 화제의 인물이 됐다. 칭화대학 신문방송 대학원의 부원장인 인홍(尹鴻) 교수는 "중국의 문화상품 가운데 영화만큼 큰 영향력을 가진 아이템은 없다"라고 말한다.

1905년, 최초의 중국 영화 《딩쥔산(定軍山)》이 탄생했다. 그 후 100여 년이 지난 지금, 이제 중국 영화는 무르익은 원숙미를 뿜어내며 세계 영화계의 선봉에 서서 중국 문화를 알리는 얼굴이 되고 있다.

초창기 성장의 어려움

중화인민공화국 수립 후, 중국은 소련 영화산업 시스템을 모방해 제작

1905년, 최초의 중국 영화
《딩쥔산》이 탄생했다.

에서부터 관리, 운영을 아우르는 신중국 영화산업의 새로운 체제를 수립했다. 1953년, 중국은 소련 전문가의 도움을 받아 영화산업 제1차 5개년 계획을 확정했다. 이로써 영화 제작사는 국유화의 길을 걸은 후 '창춘(長春)', '상하이', '베이징', '바이(八一)' 등과 같은 대형 영화사로 거듭났다. 영화산업은 문화부와 선전부(宣傳部)의 감독 관리를 받았기 때문에 국가는 영화의 제작과 배급에 절대적인 권력을 보유했다. 모든 영화는 상영 전 엄격한 심사를 거쳐야 해서 최종적으로 관객에게 전달되는 영화가 그리 많지 않았다. 외국 영화도 대부분 사회주의 국가의 작품이었기 때문에 할리우드 영화는 중국에서 상영되지 못했다.

1951년 초, 쿤룬(昆侖) 영화사가 제작한 《우쉰 이야기(武訓傳)》가 전국에 상영되었다. 《우쉰 이야기》는 청나라 말엽, 구걸을 하면서 학교 설립에 힘쓴 우쉰(武訓)을 기리는 내용으로 원작은 1944년에 창작됐다. 쑨위(孫瑜) 감독은 신중국 설립 후 처음 개최된 '문화 예술가 대표대회'에서 영화 《우쉰 이야기》를 상영했다. 그 후 쑨위는 지도자들의 의견을 반영

《우쉰 이야기》는 중국 영화예술 발전에
부정적인 영향을 끼쳤다는 이유로 비판을 받았다.

하여 영화 내용을 우쉰의 의거는 긍정하되 그의 학교 설립 운동은 비극으로 끝맺는다는 방향으로 수정했다. 상영 후 《우쉰 이야기》는 그해 10대 영화 가운데 하나로 선정되는 등 뜨거운 반응을 불러일으키지만, 이에 대한 평론계의 견해는 엇갈렸다.

일각에서는 《우쉰 이야기》를 교육적인 의미가 큰 영화며 주인공 우쉰은 '칭찬받을 만한 학습의 귀감'이라고 치켜세운 반면, 혹평가들은 이를 '사회주의 사상성이 부족하고 결함이 많은 작품', '우쉰은 귀감으로 삼기에는 부족한 인물'이라고 몰아세웠다. 이런 상황에서 《런민르바오》가 1951년 5월 20일자 신문에 《우쉰 이야기》에 대한 마오쩌둥의 의견을 발표하면서 오랜 논쟁은 혹평가들의 승리로 끝을 맺었다. 그가 "《우쉰 이야기》는 근본적인 결함을 지닌 작품으로, 농민 혁명투쟁과 중국의 역사, 민족을 모독하는 반동 선전물이다"라고 밝혔기 때문이다. 7월 23일, 《런민르바오》는 마오쩌둥이 직접 수정한 '우쉰 역사 조사 기록'이라는 글을 추가로 기고했다. 글에서 마오쩌둥은 "우쉰은 불량배이자 채권자, 대지주이다"라고 비판했다. 이에 대한 토론은 정치적 비판으로 변질됐고, 사상, 예술과 정치 문제의 경계를 혼란스럽게 했다. 쑨위 감독은 혹독한 비판을 당했고, 이와 관련된 40여 명의 동료 역시 중국 영화예술 발전에 부정적인 영향을 끼쳤다는 이유로 비판을 받았다.

이로써 1950년 29편이나 만들어졌던 중국 영화는 1951년 단 한 편으로 줄게 됐고, 1951년에서 1954년의 4년간 새로 만들어진 영화도 16편에 그치는 등, 《우쉰 이야기》 논쟁 후 중국 영화계의 창작 열기는 꽁꽁 얼어붙고 말았다.

1962년, 중국이 대약진을 비롯한 정치운동의 광기에서 벗어나자 문화 예술계도 한숨 고를 수 있는 여유가 생겼다. 창작 의욕을 회복한 영화 제작자들은 상당히 높은 수준의 영화 작품들을 만들어내기 시작했다. 《북국강남(北國江南)》, 《이른 봄 2월(早春二月)》, 《무대 위의 자매(舞臺姐妹)》, 《린씨네 가게(林家鋪子)》 등 중국 영화사에서 중대한 족적을 남긴 대표작들도 이때 탄생했다. 그러나 영화계에 잠깐 분 봄바람도 계급투쟁의 격동 속에서 힘을 잃고 감독들의 창작 의욕은 다시 얼어붙었다. 풍자적 색채가 짙었던 《이른 봄 2월》은 전국 57개 도시에서 상영될 예정이었지만 검열을 통과하지 못한 채 '독초와 같이 해로운 작품'이라는 비판을 받아야 했다.

영화가 정치사상과의 갈등 속에서 고통당할 때, 중국 전역은 또다시 문화대혁명이라는 정치적 소용돌이에 휩싸였다. 이로써 꽃 한 번 제대로 펴보지 못한 중국 영화계는 그대로 지고 말았다. 그러나 대륙 밖에서는 중화권 영화를 대표하는 홍콩영화가 1970년대 초반부터 두각을 나타냈다. 그 무렵 등장한 '쿵푸 영화'는 전 세계 영화계를 석권하며 영화팬들을 열광의 도가니로 몰아넣었다.

쿵푸 열기의 선봉에 서서 전 세계에 이름을 날린 중국 영화배우가

1970년대 '쿵푸 영화'를
전 세계에 알린 브루스 리

있었으니, 그는 바로 '쿵푸의 황제' 브루스 리(리샤오룽, 李小龍)였다. 1971년 여름, 브루스 리는 영화사 골든 하베스트와 1만 5,000달러 계약을 맺고 두 편의 영화에 출연했다. 첫 번째 작품은 중국 무술을 소재로 한 《당산대형(唐山大兄)》이었다. 예산은 고작 10만 홍콩달러였고 극본조차 완성되지 않은 상태였지만, 영화는 이내 공전의 히트를 기록하며 300만 홍콩달러라는 수익을 올렸다. 그 뒤 브루스 리는 《정무문(精武門)》이라는 영화로 《당산대형》의 흥행신화를 이어갔다.

거침없고 화려한 액션이 쉼 없이 전개되는 스크린 앞에서 관중들은 떡 벌어진 입을 다물 수가 없었다. 브루스 리가 출연하는 영화는 연일 대박 행진이었다. 그 후 브루스 리가 감독·각본·주연의 1인 3역을 담당한 《맹룡과강(猛龍過江)》, 《사망유희(死亡遊戲)》가 탄생했다. 브루스 리는 《맹룡과강》이 개봉된 후, 할리우드 영화사인 워너브라더스와 손잡고 《용쟁호투(龍爭虎鬪)》라는 영화를 공동으로 제작했다. 그러나 브루스 리가 후속작 《사망유희》를 준비하던 때인 1973년 7월 20일, 홍콩에서 돌연 사망하고 말았다. 그의 나이 겨우 32세였다. 훗날 《용쟁호투》는 미국 전역에서 상영돼 2억 달러의 수입을 거두었다. 할리우드의 새로운 영화 장르, '쿵푸 영화'는 이렇게 탄생하고 세상에 알려졌으며, 이때부터 외국어사전에는 'Kung fu(功夫)'라는 단어가 새롭게 등재되었다.

영화로 소통하는 동양과 서양

브루스 리가 중국인 최초로 중국 영화의 위상을 알리고 세계적인 인기를 누릴 때, 대륙의 중국인들은 대부분 그를 알지 못했다. 중국인들이 세계 정세를 파악할 길이 거의 없었기 때문이다. 사람들의 문화생활은 비정상적으로 단조로웠고, 그나마 유일한 낙은 상영이 허락된 몇몇 영화를 관람하는 것뿐이었다. 그러니 공산권 이외 국가의 영화를 접하게 된 중국인들의 반응이 어땠겠는가?

그들은 인도 영화 《방랑자(Awaara, 아와르)》를 비롯하여 일본 영화 《인간의 증명(人間の證明)》, 《추적》, 옛 유고슬라비아 영화 《사라예보를 지킨 발터(Valter Brani Sarajevo)》, 멕시코 영화 《예세니아(Yesenia)》 등을 통해 중국 외에도 다양한 세계가 있다는 사실을 알게 되었다. 영화는 세상을 향해 열린 창구였고, 훗날 중국에서 탄생하게 될 수많은 예술가의 스승 역할을 했다.

세계인들은 굳게 문이 닫힌 중국에 신비감을 품고 있었다. 당시에는 중국의 정세를 알려주는 매체가 거의 없었기 때문에 중국에서 제작된 몇몇 영화들만이 중국의 상황을 이해할 수 있는 유일한 통로가 됐다. 1979년, 이탈리아의 영화 제작진이 마르코 폴로에 관한 영화를 찍고자 중국을 방문했다. 그런데 그때만 하더라도 중국에는 이에 대응할 그럴듯한

푸이의 자서전 『나의 전반생』을 영화화한 거장 베르나르도 베르톨루치의 《마지막 황제》

문화 기관이나 인프라가 전혀 없었다. 그래서 중앙 지도부의 허가를 받아 영화사인 중국전영합작제편공사(中國電影合作制片公司)가 설립되었다.

원(元)나라 때 이탈리아 여행가 마르코 폴로의 전기를 소재로 한 TV 대작《마르코 폴로》는 개혁개방 이후 최초의 중외 합작 영화로 이름을 올렸다. 당시 중국 지도부가 이탈리아를 순방했을 때 이탈리아 총리가 꺼낸 첫 마디도 "이탈리아 제작진이 지금 중국에서 영화를 찍고 있으니 잘 부탁한다"라는 말이었다고 한다. 양국 고위층의 협조로 《마르코 폴로》 촬영은 순조롭게 이뤄졌다. 장장 5년에 걸쳐 촬영된 이 TV 대작에서 쿠빌라이 칸 역할은 베이징 예술계의 유명 배우인 잉뤄청(英若誠)이 맡았다. 훗날《마르코 폴로》는 미국 TV계의 최고 영예인 에미상을 거머쥐는 영예를 안았다.

《마르코 폴로》 성공 후, 이탈리아 영화인들은 중국에 대한 애정을

1988년 장이머우 감독은
《붉은 수수밭》으로
제38회 베를린 국제영화제에서
'황금곰상'을 수상했다.

버리지 못했지만 후속작을 결정하지 못하던 상태였다. 그런데 그때 마침 중국에서 청(淸)나라의 마지막 황제인 푸이(溥儀)의 자서전 『나의 전반생(我的前半生)』이 출간되었다. 외국문학 출판국에서 근무하던 한 직원이 이 책을 이탈리아 친구에게 소개했고, 그것이 계기가 돼서 중국 마지막 황제의 전기가 한 편의 영화로 재탄생하게 되었다.

《마르코 폴로》의 제작자인 마리오 코톤(Mario Cotone)이 총제작을 맡고, 거장 베르나르도 베르톨루치(Bernardo Bertolucci)가 메가폰을 잡은 《마지막 황제(The Last Emperor)》는 이렇게 만들어졌다. 그들은 특별히 쯔진청(紫禁城) 내부에서의 영화 촬영을 허락받았다. 오랜 노력 끝에 탄생한 《마지막 황제》는 큰 성공을 거뒀고, 브루스 리의 쿵푸 영화를 잇는 가장 유명한 중국 영화로 자리매김했다. 《마지막 황제》가 각종 영화제의 상을 휩쓸자, 영화의 무대가 됐던 쯔진청도 외국 관광객들로부터 가장 인기 있는 여행 코스가 되었다. 영화는 중국에 대한 상상력을 자극했다.

중국 영화계는 《붉은 수수밭(紅高粱)》, 《홍등(大紅燈高高掛)》, 《패왕별희(霸王別姬)》 등을 잇달아 내놓으면서 오랫동안 동양의 정서에 목말랐던 세계인의 갈증을 해소시켰다. 하지만 이들 영화는 대부분 신구 교

1984년 천카이거 감독이 연출한 《황토지》는 국제영화제 수상의 문을 열었다.

체기의 시대상을 소재로 한 탓에, 중국의 진정한 이미지를 제대로 전달하지 못했다는 지적도 받고 있다. 세계인들에게 중국은 경극(京劇)의 분장처럼 두껍고 무거운 색조를 지닌 신비롭고 거리감 있는 나라로 인식됐다. 영화를 통해 문화를 소통하기 시작한 동양과 서양은 이렇게 시작부터 억측과 오해로 맺어져 관계를 이어갔다.

개혁개방은 중국 경제에 활력을 불어넣었고, 중국 영화도 그 조류를 타고 해외로 진출하여 전 세계 관객과 만날 기회를 얻었다. 1984년 천카이거(陳凱歌) 감독이 연출한 《황토지(黃土地)》를 시작으로 중국 영화는 각종 국제영화제에 초청되는 등 유례없는 인기를 누렸다. 1988년에는 장이머우(張藝謀) 감독의 영화 《붉은 수수밭》이 제38회 베를린 국제영화제에서 '황금곰상'을 수상했다. 그 뒤를 이어 천카이거 감독의 《패왕별희》, 장이머우 감독의 《인생(活着)》도 국제 영화계의 주목을 받았다.

이 시기 중국 영화는 대부분 당대의 성공적인 문학작품을 위주로 제작되었다. 영화는 주로 봉건주의의 잔재가 남아 있던 시대의 비극적 스

천카이거 감독의
《패왕별희》는 1993년 칸 영화제
'황금종려상'을 수상했다.

토리나 옛 중국 농촌의 토속적인 인정(人情)을 소재로 삼았다. 이처럼 제한된 배경과 소재를 들고 세계무대에 오른 중국 영화는 세계인들이 중국 문화를 오해하게 한 책임이 없지 않다. 유명 영화제의 상은 휩쓸었을지 몰라도 중국의 빈곤했던 과거사와 신비감이라는 문화 코드를 가지고 외국인의 눈만 즐겁게 했다는 비난을 피할 수 없었다. 하지만 어찌 됐든 중국 영화가 자신만의 울타리를 세우려는 고집을 버리고 세계무대로 나가기 시작했다는 점은 긍정적으로 평가받는다.

초특급 할리우드 영화보다는 중국 대륙의 영화에 투자하는 것이 더 높은 수익을 거둘 수도 있다. 깨끗하고 아름다운 자연환경을 배경으로 한 풍부한 실경과 저렴한 인건비는 유럽과 미국, 홍콩, 타이완의 민간 자본을 끌어들이기에 충분히 매력적인 요소다. 국제영화제 수상에 빛나는 영화들도 대부분 해외 투자를 받아 기획, 제작됐다.

《패왕별희》는 홍콩 회사 탕천(湯臣)이 출품하여 그해 칸 영화제에서 '황금종려상'을 수상했다. 그리고 《인생》의 투자처는 홍콩 회사 녠다이(年代)로 이 영화 역시 칸 영화제 '심사위원상'을 수상했으며, 거여우(葛優)는 칸 영화제의 남우주연상을 수상하는 영예를 안았다. 중국 영화가 해외 자본을 충분히 흡수해서 완성도 높은 영화를 만든 후, 다시 국제 시장에 본격적으로 진출한 것이다.

장이머우, 천카이거, 톈좡좡(田壯壯) 등 우리에게 익숙한 대감독들이 중국 영화계 성장의 물꼬를 튼 '5세대 감독'이라면, 과연 미래 중국 영화계를 이끌 '6세대 감독'은 누구일까? 6세대 감독들의 작품은 초창기 '지하영화(Underground Cinema)'라고 불리며, 촬영 초반부터 국가의 지원을 받지 못한 채 체제 밖의 산물로 버려져 관객들과 만날 기회가 거의 없었다. 운 좋게 제작을 마친 영화라도 훗날 검열에 걸려 국내 상영권을 박탈당하는 것이 다반사였다. 이러한 6세대 감독들의 작품과 영화 제작 방식은 신중국 수립 후 중국의 독점적 영화 제작 시스템에 정면으로 도전한 것이었다. 그래서 이들은 보통 스스로 자금을 모아 영화를 제작한 후 국제영화제에 나가 자신의 이름을 알리는 길을 선택했다. 이렇게 인지도를 쌓으면 국내외에서 더 많은 자금 지원이 들어와 전보다 규모가 큰 영화를 찍을 기회를 얻는다.

대표적인 6세대 감독으로는 장위안(張元), 왕샤오솨이(王小帥), 자장커(賈樟柯) 등이 있다. 1997년, 자장커 감독이 연출한 《소무(小武)》라는 영화가 국제 영화계에서 선풍적인 인기를 끈 후 그는 중국 청년 감독 중에 대표적인 인물로 자리매김했다.

2001년 2월 23일부터 3월 8일까지, 뉴욕 링컨 센터에서 '세대교체, 중국 영화가 변하고 있다!'라는 주제로 중국 영화제가 열렸다. 뉴욕 대학 영화과, 하버드 대학 동아시아 언어문화과가 주최한 이 영화제에는 중국

1997년 자장커 감독이 연출한 《소무》는 국제 영화계에서 선풍적인 인기를 끌었다.

청년 감독 10여 명의 작품 총 11편이 출품됐다. 여기에는 장밍(章明) 감독의 《무산의 비구름(巫山雲雨)》, 허젠쥔(何建軍)의 《우편배달부(郵差)》, 자장커의 《소무》, 《플랫폼(站臺)》 왕취안안(王全安)의 《월식(月蝕)》, 루쉐창(路學長)의 《어른이 되다(長大成人)》, 아녠(阿年)의 《날 불러줘(呼我)》, 장위안의 《아들(兒子)》, 뤼러(呂樂)의 《자오 선생(趙先生)》, 닝잉(寧瀛)의 《민경고사(民警故事)》, 왕광리(王光利)의 《될 대로 되라(橫竪橫)》가 포함되었다. 이들은 대부분 중국 내에서 상영 기회가 박탈된 '지하영화'나 중국의 영화 체제 밖의 독립영화들이다. 그런 면에서 이 영화제는 중국 5세대 감독을 이어 '지하영화'가 국제적으로 인정받는 절호의 기회인 셈이다.

2001년에는 왕샤오솨이 감독의 영화 《북경 자전거(十七歲單車)》가 베를린 영화제에서 심사위원 대상인 '은곰상'을 거머쥐었다. 2005년에는 왕샤오솨이 감독의 또 다른 영화 《상하이 드림(靑紅)》이 칸 영화제 심사위원 대상을 수상했으며, 2007년에는 왕취안안 감독의 《투야의 결혼(圖雅之婚事)》이 베를린 영화제의 황금곰상을 수상하는 영예를 안았다. 5

세대 감독의 공백을 메우고 중국의 차세대 영화계를 이끌어갈 6세대 감독들. 그들은 지금 21세기 초 국제 영화계의 시선을 다시금 중국으로 불러 모으는 적극적인 행보를 보이고 있다.

예술과 상업의 교차점을 모색하다

1990년대 중반, 중국의 영화업계는 기나긴 침체의 터널로 들어섰다. 제작 열기가 얼어붙은 중국 영화계는 불경기의 참담함을 여실하게 드러냈고, 결국 할리우드 대작들을 수입하기 시작했다. 그래서 1994년부터 《도망자》, 《트루 라이즈》, 《메디슨 카운티의 다리》, 《타이타닉》, 《스피드》 등이 중국 시장에 상륙했다. 새롭고 정교한 기법으로 무장한 할리우드 블록버스터들은 이내 중국 영화시장을 석권하고 관객들을 영화관으로 불러 모으기 시작했다. 이를 통해 관객들의 시야는 넓어졌지만 중국 영화계가 할리우드 영화에 스크린을 대부분 내줘야 하는 상황에 직면했다.

이런 가운데 1997년, 펑샤오강(馮小剛) 감독이 침체에 빠진 중국 내수 시장을 살릴 기대작 《갑방을방(甲方乙方)》을 내놓았다. 훗날 흥행 감독으로 자리매김하게 되는 펑샤오강 감독이 내놓은 최초의 새해맞이 특선영화였다. 《갑방을방》은 개봉과 동시에 경이로운 수익을 거두며 침체의 늪에 빠진 중국 영화 시장을 단번에 끌어올렸다. 베이징에서만 1,180만 위안의 수익을 올렸고, 전국적으로도 2,400만 위안의 실적을 거뒀다. 펑샤오강은 당시를 이렇게 회상한다.

"1998년 1월 1일을 전후로 17일간, 배우들과 전국 21개 도시를 돌아다니며 영화를 홍보했어요. 가는 곳마다 관객들은 전에 없는 환호를 보냈죠. 빡빡한 일정이었지만 연일 이어지는 대박 행진에 피곤한 줄도 몰랐

1997년 펑샤오강 감독이 내놓은 최초의
새해맞이 특선영화 《갑방을방》

습니다. 무엇보다 베이징 흥행에 성공한 게 제일 기뻤어요. 정월 초하루에 거둔 수입만 하루에 80만 위안에서 100만 위안 사이였다죠. 영화 홍보를 끝내고 베이징으로 돌아가니, 중국감독협회가 《갑방을방》 성공 기념 축하파티를 열고 기다리고 있더라고요. 텅원지(滕文驥)는 '이건 자네 한 사람을 위한 게 아니라 중국 영화계를 구한 모든 사람을 치하하기 위한 자리야'라고 말하더군요."

《갑방을방》은 중국 영화계에서 최소한 두 개 이상의 최초의 시도를 했다. 첫째, 1949년 이래 최초로 특정 상영 시기, 즉 신년에 맞춰 제작된 특선영화였다. 둘째, 이 영화는 최초로 감독의 보수를 고정하지 않고 흥행 수입에 따라 연동되는 런닝 개런티를 택했다. 그 후에도 펑샤오강은 《올 때까지 기다려줘(不見不散)》, 《몰완몰료(沒完沒了)》, 《거장의 장례식(大腕)》, 《수기(手機)》를 비롯해서 《천하무적(天下無賊)》, 《집결호(集結

號)》,《쉬즈 더 원(非誠勿擾)》을 잇달아 발표한 후 독자적인 팬층을 형성하며 흥행의 보증수표가 됐다. 중국 영화계는 펑샤오강표 영화의 약진에 힘입어 다시금 시장 깊이 뿌리를 내리게 됐다.

칭화 대학 신문방송 대학원의 부원장인 인훙 교수는 펑샤오강 감독을 이렇게 평가한다.

"1994년 해외 영화가 대거 수입됐던 건 영화관에 관객이 사라졌기 때문이에요. 1997년 펑샤오강 감독이 등장하지 않았다면 중국 영화계는 끝내 침체의 늪을 헤어나지 못했을 겁니다. 그 후 몇 년간은 펑샤오강 한 사람이 중국 영화계 전체를 먹여 살렸다고 해도 과언이 아니었죠. 1997년부터 2001년까지 중국 영화관에서 국산영화를 보셨다면, 그건 대부분 펑샤오강 감독의 영화일 겁니다."

펑샤오강의 새해맞이 특선영화로 온기를 회복한 중국 영화계는 21세기에 들어선 후 본격적으로 국제 시장을 향해 눈을 돌렸다.

2000년, 미국·중국·홍콩 등이 제작에 참여하고 타이완의 리안(李安) 감독이 연출한 영화 《와호장룡(臥虎藏龍)》이 세계 영화계에 쿵푸의 부활을 알리며 혜성처럼 등장했다. 《와호장룡》에 상을 안겨준 영화제만도 한두 곳이 아니다. 타이완 영화제인 제37회 진마장(金馬奬)에서 작품상을 포함한 6개 부문의 상을 휩쓴 데 이어, 홍콩 영화제인 진샹장(金像奬)에서도 최우수영화상을 비롯한 8개 부문의 상을 거머쥐었다. 그 외에도 제54회 영국영화제에서 최우수 외국어 영화상 등 4개 상, 제73회 아카데미상 최우수 외국어 영화상에 선정되는 수확을 올렸다. 이는 지금껏 중국 영화가 올린 수상 기록 중 단연 최고 수준이라 할 수 있다.

《와호장룡》은 '중국 감독'의 지휘 하에 '중국 배우'들을 전면에 배치한 '중국'의 영화도 서양 관객에게 통할 수 있다는 사실을 확실히 증명해 보였다. 세계 영화인들은 중국 배우, 중국 이야기, 중국 풍경, 중국 쿵푸, 중국 의학 등 스크린을 통해 보이는 중국적인 요소에 주목했다. 저우룬파(周潤發), 장쯔이(章子怡) 등 중국 배우들은 이 영화를 통해 서양 관객들에게 친숙한 배우가 됐다. 장쯔이는 이 영화에서 위챠오룽(玉嬌龍) 역할을 완벽하게 소화한 덕에, 할리우드 대작의 주연급으로 출연할 기회를 얻었고, 궁리(鞏俐)를 이어 전 세계 영화팬들의 사랑을 받는 중국의 대표 여배우로 이름을 올렸다. 《와호장룡》의 성공으로 세계는 다시금 중국 쿵푸 영화의 위력을 실감했고, 투자가 몰리면서 쿵푸 영화는 제2의 전성기를 맞이했다.

2002년 말, 중국 영화 《영웅(英雄)》이 영화팬 앞에 그 웅장함을 드러냈다. 장이머우가 메가폰을 잡은 이 영화에는 리롄제(李連杰), 량차오웨이(梁朝偉), 장만위(張曼玉), 장쯔이 등 당대 최고의 스타급 배우들이 총출동했다. 화려한 캐스팅만큼이나 웅장한 스케일, 정교한 화면, 실제를 방불케 하는 치열한 전투 장면으로 화제를 불러일으킨 《영웅》은 대륙 영화의 흥행 신기록을 갈아치우고, '중국 전통의 미와 액션의 화끈함이 어우러진 역작'이라는 찬사를 받았다.

영화는 2002년 12월 14일 개봉한 이래 중국에서만 2억 5,000만 위안, 전 세계적으로는 1억 7,700만 달러의 흥행 수익을 거뒀다. 《영웅》은 성공적인 영화 비즈니스의 교본으로 떠오르며 중국 영화시장의 저력을 전 세계에 알렸다. 미국 《월스트리트 저널》은 사설에서 "《영웅》은 중국판 블록버스터 영화 시대의 서막을 열었다"라고 평했다. 《영웅》이 상업성과 예술성 사이에서 일으킨 가치관의 충돌은 많은 논쟁을 불러일으키기도 했지만, 중국 영화계에 영화 비즈니스의 성공적 사례로 길이 남을 것이라는 점에는 논쟁의 여지가 없다.

《영웅》이 보인 비즈니스의 귀감은 다음과 같다. 《영웅》 이후 중국 영화계는 '크게 베팅해야 많이 남는다'라는 말을 신뢰하게 됐다. 또한 해외 배급권 사전 판매, 국내 영상물 제작·판매권 양도에 경매 방식 도입, TV·라디오·인터넷 등 전 매체를 아우르는 강력한 홍보 마케팅, 해적판 대응을 위한 사전 조치, 유사 이래 가장 성공한 사전 프로모션 활동도 좋은 선례를 남기게 됐다. 장이머우 감독은 '중국이야말로 할리우드가 가장 부러워할 만한 알짜배기 시장'이라는 사실을 《영웅》을 통해 증명해 보였다. 그 후에도 《영웅》을 이어 《무극(無極)》, 《야연(夜宴)》, 《쿵푸허슬(功夫)》, 《적벽대전(赤壁)》 등 대작들이 쏟아졌는데, 이처럼 중국 영화계의 은막에는 쿵푸의 열기가 식을 줄 몰랐다.

대륙 영화시장에 나타난 또 다른 변화는 '예술영화관'이 생겼다는 점이다. 2001년 10월, 베이징의 '쯔진청싼롄(紫禁城三聯)' 영화사는 전국 중대형 도시를 위주로 아방가르드 영화(독립·예술·지하영화를 가리킴—옮긴이)의 개념을 알리기 시작했다. 그때부터 200석 내외의 소형 극장을 중심으로 색다른 영화가 상영되기 시작했는데, 여기서 선보인 첫 번째 영화가 바로 왕취안안 감독의 《월식》이다. 중국 영화계는 이렇게 관객들이 취향에 따라 다양한 영화를 만날 수 있는 환경을 조성했다.

이처럼 정부가 체제 밖의 영화들을 포용한 것은 숨어 있던 지하영화가 지상으로 나올 수 있는 계기가 되었다. 비록 초창기에는 예술성이 높아도 관객의 호응을 얻지 못한 경우가 많았지만 지하영화는 여전히 중국 문화를 해외 관객들에게 전달하는 중대한 매개체가 되고 있다. 《그 산

그 사람 그 개(那山, 那人, 那狗)》라는 영화는 가족 간의 따뜻한 정과 인간관계에서의 배려를 잔잔하게 그려냈다. 이는 중국 내 최고 권위와 영향력을 자랑하는 영화상인 진지장(金鷄獎)의 최우수영화로 선정된 후 일본에도 수출돼 2억 6,000만 엔의 흥행 실적을 올렸다.

또한 중국 영화계는 예술영화제 같은 활동을 기획해 예술영화가 시장화에 한 발 더 다가갈 수 있도록 지원했고, 관객들이 감독과 배우를 한자리에서 만날 수 있는 자리도 마련했다. 그 외에도 WTO 규정에 따라 외국자본이 영화사를 소유, 경영할 수 있도록 제도를 정비하는 등 영화시장의 점진적인 개방에 나섰다. 그 결과 지분이 49%인 외국 기업도 녹화·녹음 관련 시청각 아이템의 판매 사업에 참여할 길이 열리게 되었다.

영화계의 성장과 함께 중국 영화와 영화 관계자는 중국의 문화뿐만 아니라 정치, 경제 영역까지도 그 영향력을 뻗치고 있다. 2009년 4월, 일본의 아소 다로(麻生太郎) 전 수상은 베이징에서 펑샤오강 감독을 만났다. 펑샤오강 감독의 인기 영화 《쉬즈 더 원》의 배경, 홋카이도(北海道)가 중국 관광객이 자주 찾는 관광지가 됐기 때문이다. 이렇듯 한 편의 영화가 양국의 경제 교류 영역까지 확대된 것을 보면 영화에는 국경의 한계를 초월하는 힘이 있음을 알 수 있다.

세계시장으로 눈을 돌린 중국 영화

중국 영화시장의 성장세가 무색하게도 중국 영화의 해외 진출은 줄곧 걸음마 신세를 벗어나지 못했다. 간간이 영화제 수상 소식이 들려오긴 했지만 스크린을 통해 해외 관객을 직접 만날 기회는 그리 많지 않앉으며, 그래서인지 중국 영화의 해외 진출 목표는 아직 요원하기만 하다. 중국 상무부 서비스무역 파트의 통계에 따르면, 중국의 서비스무역 수출액 739억 달러 중에서 영화가 차지하는 비중은 터무니없이 낮은 0.18%라고 한다.

2001년 WTO 가입 후 중국의 영화산업은 비약적인 성장세를 보였다. 2007년 중국 대륙에서 개최된 제68회 중국 영화제에는 미국, 영국, 러시아, 남아프리카공화국, 오스트레일리아, 일본, 한국, 타이완, 홍콩, 마카오 등 수많은 나라와 도시의 영화인이 참여했는데, 본 영화제에 출품된 중국 영화는 무려 605편이나 됐다. 중국은 그 외에도 97개의 해외 영화제에 자국 영화 총 208편을 출품했고, 그중에서 19개국의 영화제에 출품된 중국 영화 29편이 49개의 상을 휩쓰는 성과를 거뒀다. 통계에 따르면 2007년 총 78편의 중국 영화가 47개국으로 판매되어 2006년 대비 5배 성장세를 보였다고 한다. 이를 통해 거둬들인 해외 배급수입은 총 20억 2,000만 위안으로 역시 2006년에 견줘 1억 1,000만 위안이 늘어난 성과다.

중국 영화의 국제적 위상이 높아지면서 해외 배급권 판매도 날로 늘었고, 그중 일부가 해외 주요 영화관의 스크린을 다수 확보하는 데 성공했다. 지금까지 대부분의 제작사는 단순히 해외 배급권을 단발성으로 판매하는 데 그쳤지만, 최근에는 수익과 리스크를 공동 분담하는 방식의 영화 수출이 늘고 있다.

2008년, 막바지 제작 작업 중이던 천카이거 감독의 작품 《메이란팡(梅蘭芳)》은 제작이 마무리되지도 않은 상태에서 외국 업체로부터 러브콜을 받았다. 차이나필름의 한싼핑(韓三平) 회장은 직접 대표단을 이끌고 일본과 한국 영화 배급사를 찾아가 배급 협상을 시도했다. 마침내 그들은 일본 카도카와(角川) 영화사와 수천만 위안대의 계약을 체결하게 되는데, 이는 최근 중국 영화계가 체결한 배급 계약 중에서 최대 규모이다. 차이나필름의 스둥밍(史東明) 부사장은 《메이란팡》의 해외 수출에 대해서 "예전엔 주로 에이전시를 통해 배급했지만 이젠 회사가 직접 나섭니다. 대리제에서 직영제로 바꾼 거죠"라고 말했다. 사실 중국 영화가 해외 주요 영화관에서 스크린 수를 확보하기란 매우 어려웠는데, 차이나필름은 《메이란팡》 배급권 협상 시 이를 확실히 약속받은 것으로 알려졌다.

중국 영화가 날로 번창하면서 중국 배우들도 세계적인 인기를 누리게 되었다. 청룽(成龍), 리롄제, 저우룬파를 대표로 하는 중화권 쿵푸 스타들과 유명 배우들이 하나둘 할리우드 입성에 성공하고 있다. 이들은 필사적인 노력으로 할리우드 같은 세계적인 영화 무대에서 뛸 수 있는 입장권을 얻었다. 2007년 북미에서 개봉한 《러시 아워3(Rush Hour3)》는 1억 4,000만 달러의 수입을 올렸고, 총 세 편인 《러시 아워》 시리즈는 북미에서만 총 5억 달러, 전 세계적으로는 총 8억 3,000만 달러를 거둬들였다. 아시아 배우가 주연을 맡은 할리우드 영화가 이렇게 흥행한 것은 《러시 아워》가 처음이다.

그 후 할리우드의 쿵푸 영화는 중국인이 감독하고 중국 배우가 전면에 나서야 흥행이 보장된다는 인식이 형성되기도 했다. 이들은 쿵푸 영화에 감칠맛을 더해주는 중국적인 요소를 가미하여 영화계의 한자리를 차지했다.

중국이 낳은 세계적인 영화배우 청룽은 무명의 코미디 배우로 시작했지만 지금은 일약 국제적인 스타로 발돋움했다. 그의 입지전적인 경력은 수많은 영화팬을 고무시켰고, 이 때문에 청룽은 세계인의 존경을 한 몸에 받았다. 1989년 영국은 그에게 대영제국 훈장 MBE(Member of Order of the British Empire)를 내렸고, 1990년 프랑스도 명예 기사 훈장을 수여했다. 미국 시카고에서는 1995년 1월 26일을 '청룽의 날'로 정했고, 샌프란시스코는 1996년 12월 6일을 '청룽의 날'로 선포했다. 이런 사실들은 모두 청룽이 세계인들의 찬사를 한 몸에 받고 있다는 사실을 보여준다. 청룽은 배우로서의 영향력이 커질수록 중국 영화의 해외 진출 사업을 비롯해 중국의 위상을 높이는 일에 앞장서왔다. 그래서 그는 2010년 상하이 엑스포 홍보대사로 위촉된 후에도 세계에 엑스포의 위상을 알리는 데 전력을 다했다.

청룽을 비롯한 홍콩 배우들이 국제화의 길을 걷게 되자, 대륙의 영화 시장은 큰 자극을 받았고 그 뒤를 이어 많은 배우가 속속 국제 시장으로 진출하고 있다. 궁리가 중국 최초의 국제 여배우였다면, 장쯔이, 저우쉰(周迅), 리빙빙(李氷氷) 등은 그녀를 이어 중국을 대표하는 차세대 여배우들이다. 이들은 지금도 각종 국제 영화제에 귀빈으로 참석하는 등 전 세계 영화팬들의 사랑 속에서 활발한 활동을 벌이고 있다. 2008년, 유엔개발계획(UNDP)의 중국 친선대사로 임명된 저우쉰은 환경보호 캠페인에 적극적으로 앞장서고 있으며, 2009년 리빙빙은 세계자연보호기금(World Wide Fund for Nature, WWF)의 글로벌 대사 및 지구촌 전등 끄기(Earth Hour) 운동의 중국 지역 홍보대사로 위촉됐다.

이들은 세계의 관객들을 중국 영화 앞으로 불러 모으는 데 지대한 공헌을 했다. 2008년 중국 영화는 60여 개 국가로 판매 시장을 확대하면서 아시아태평양, 유럽, 미국 밖으로 진출했고, 수출량은 갈수록 증가하는 추세이다. 2002년 20여 편에 불과했던 수출 규모는 2008년 285편으로 늘어났고, 7년간 누계 수출량은 800여 편에 달한다. 수출액도 2002년에는 5억 위안 미만이었지만 2008년에는 25억 위안으로 반등해 수 배가 성장했고 누적 금액도 100억 위안에 이른다.

칭화 대학 신문방송 대학원 부원장인 인훙 교수는 중국 영화의 약진에 대해 이렇게 설명한다.

"영화는 중국이 가진 문화 상품 가운데 세계 주류 상업시장에서 유통될 수 있는 유일한 콘텐츠입니다. 중국의 TV 프로그램, 도서 등도 수출되지만 영화만큼은 아니죠. 이들은 대부분 '교류' 차원에서 해외로 진출하는 것이지, '거래' 형태의 수출은 시기상조예요. 가끔 해외에서 중국의 문화 행사가 개최됩니다만 대부분은 중국이 투자하고 기획, 연출하는 것이고 참가자도 대부분 화교랍니다. 가끔 수출이 된다고 해도 규모는 크지 않아요. 그래서 영화만이 중국이 해외로 수출할 수 있는 문화 콘텐츠라는 말입니다. 이런 면에서 보면 중국 영화가 아무리 결점이 많아도 우린 그걸 포용하고 해외 진출에 협조해야 합니다."

중국 영화예술 연구센터의 극작가 자오바오화(趙葆華)도 같은 견해를 보였다.

"1997년 아시아 경제위기 때, 일본은 애니메이션 분야를 일으켜서 성공했습니다. 미야자키 하야오(宮崎駿)의 작품이 세계를 놀라게 한 것도 그 시절이죠. 또한 한쥐(韓劇, 한국 드라마—옮긴이)가 아시아 시장을 석권하면서 한국을 단번에 세계 5위 문화산업 대국으로 올려놨어요. 일본, 한국 모두 경제위기를 발판 삼아 문화산업을 육성한 사례죠. 이 사례들은 지금 중국의 상황에 적절한 교훈이 될 수 있어요. 그래서 최근의 경제위기도 영화산업 수출을 위한 절호의 기회가 될 수 있다는 말입니다."

2009년 9월, 원자바오 총리는 국무원 상무회의에서 '문화산업 진흥방안'을 통과시키고 문화산업 진흥을 위한 여덟 개 사항을 요구했다. 그중 하나는 '문화산업의 진흥과 수출을 지원해서 문화 콘텐츠 무역의 저변을 확대한다'는 것이다. 중국의 방송·영화계를 총괄하는 국가 영화·TV 방송총국의 대변인은 이런 분석을 내놨다.

"업계에서는 중국 TV 프로그램이나 영화의 해외 수출이 적극적으로 추진되고 있어요. 또 이를 위해서 '시장의 원리에 맡기고, 기업이 마케팅하며, 정부가 보조한다'라는 내용의 해외 판촉 메커니즘이 수립됐답니다. 앞으로는 중국의 요소를 가지고 세계를 감동시키는 영화 콘텐츠들이 대거 쏟아져 나올 것으로 보입니다."

재미있는 것은 1920~1930년대 경제 대공황으로 전 세계 소비가 위축되고 대부분의 업계가 침체의 늪에 빠졌을 때도 할리우드 영화계만큼은 호황을 누렸다는 사실이다. 그때 할리우드는 위기를 발판삼아 도약하는 기적을 체험했다. 생동감 넘치고 활기찬 뮤지컬 영화는 관객들에게 즐거움과 희망을 심어줬으며, 찰리 채플린과 셜리 템플은 모르는 사람이 없을 정도로 유명한 배우가 되었다. 이런 사례들은 오늘날 중국 영화계에도 위기에서 기회를 찾으라는 메시지를 전해준다.

실제로 중국의 새해맞이 특선영화를 보면 적은 규모의 제작비로도 얼마든지 관객이 원하는 영화를 만들어낼 수 있다는 사실을 입증했다. 《쉬즈 더 원》의 제작비는 5,000만 위안, 《메이란팡》은 8,000만 위안, 《엽문(葉問)》은 6,000만 위안, 《크레이지 레이서(瘋狂的賽車)》는 2,000만 위안에 불과하지만 개봉과 함께 제작비를 뛰어넘는 수억 위안대의 실적을 거두었다. 이처럼 관객을 끌어들이는 힘은 어마어마한 제작비나 과장된 광고가 아닌 영화 자체의 수준에서 나온다.

    중국 영화산업은 거액을 들여 블록버스터급 영화를 만드는 할리우드의 일면을 답습해서는 안 된다. 지난 몇 년간 좋은 반응을 얻었던 소위 '국산영화'들은 결코 할리우드식으로 만들어진 게 아니라는 사실을 기억하자. 중국 영화가 할리우드에서 배울 것은 '창의적인 접근'이다. 또한 중국 영화시장은 소수의 대규모 자본에게 조종되는 꼭두각시 무대로 변질되지 말아야 한다는 점도 명심해야 한다.

03 메이란팡 :
다채롭고 경이로운
중국 무대예술의 산증인

2008년 말, 미국 금융위기의 무거운 그림자가 세계를 뒤덮기 시작할 무렵, 아카데미 전용 시상식장이기도 한 로스앤젤레스의 코닥 극장에서는 메이란팡(梅蘭芳)의 아들 메이바오주(梅葆玖)가 베이징 경극원인 메이란팡 극단과 함께 화려한 무대를 선보였다. 경극의 심오함과 아름다움에 반해 환호와 박수갈채를 멈추지 않는 관중들에게 금융위기에 대한 근심은 온데간데없어 보인다. 금융위기를 바라보는 메이바오주의 시각은 남달랐다.

"금융위기의 피해를 입은 사람들이 적지 않지만 그나마 경극업계는 위기에서 안전한 편이에요. 이런 상황에서 경극의 역할은 좌절한 이들의 마음을 위로하고 격려해서 위기를 극복할 힘을 주는 거죠."

역사 속 순환의 고리가 움직인 탓일까? 경제 공황에 직면한 미국이 중국 예술계의 거장, 메이란팡을 맞았던 것이 지난 1930년의 일인데 80여 년이 지난 지금, 비슷한 경제위기 속 미국의 무대에 그의 아들이 서 있는 것이다. 도대체 메이란팡에게서 느껴지는 감동이 무엇이기에 세계인들은 아직도 그의 무대를 잊지 못하고 열광하는 것일까?

침체의 터널 속에서 미국을 열광시키다

중국 전통극에서는 여자 역할을 '단(旦)'이라고 하는데, 메이란팡은 이 '단' 연기에 탁월했던 중국 4대 명배우[주42] 중 한 명이었다. 지금으로 치면 인기 최고의 스타급 배우인 셈이다.

한번은 메이란팡이 동료들과 자선공연을 열었다. 동료 배우 탄신페이(譚鑫培)가 세 번째 다저우시(大軸戲, 중국 전통극 레퍼토리 중 맨 마지막 공연물 – 옮긴이)를, 양샤오러우(楊小樓)가 두 번째 야저우시(壓軸戲, 중국 전통극에서 다저우시의 바로 앞 프로그램 – 옮긴이)를, 메이란팡과 왕후이팡(王蕙芳)이 맨 처음의 〈판장관(樊江關)〉을 공연하기로 했다. 그런데 메이란팡이 다른 행사 일정 때문에 제시간에 공연장에 도착하지 못하자 하는 수 없이 양샤오러우가 메이란팡에 앞서 공연을 했다. 그러자 객석에서는 "메이란팡이 왜 안 나오는 거죠? 메이란팡이 안 나오면 표를 물러 주시오!"라며 거세게 항의했다. 양샤오러우는 성난 관중 때문에 제대로 마무리도 못하고 무대를 내려와야 했다. 바로 그때 막 당도한 메이란팡이 공연장으로 총총히 들어서는 게 보였다. 그가 무대에 등장하자 관객들은 언제 성이 났냐는 듯 환호와 박수갈채를 보내기 시작했다.

요즘 연예인들도 인기에 따라 출연료가 다르듯, 그때도 중국 경극계의 최고 스타였던 메이란팡의 공연료는 가히 중국 최고 수준이었다.

신중국 수립 전, 한번은 메이란팡이 상하이의 '단구이(丹桂)' 극장에서 공연을 하게 됐다. 단구이 극장은 현지 신문에 '메이란팡'이라는 이름을 큼지막하게 내보내고는 사람들을 불러 모았다. 메이란팡의 공연은 연

메이란팡은 경극의 '4대 명단' 중에서도
으뜸으로 꼽히는 예술계의 거장이다.

일 매진이었고 그는 출연료로 금괴 열 개를 받았다.

　신중국 수립 후 중국이 사회 각 분야의 급여 제도를 개혁하면서 1956년, 메이란팡을 비롯한 무대 공연 종사자들의 급여도 월급 형태로 전환됐다. 그때 메이란팡의 월급은 두 차례나 감봉됐지만 여전히 2,100위안의 높은 수준을 유지했다. 1950년대 마오쩌둥의 급여가 404.8위안이었던 것을 보면 메이란팡의 수입이 얼마나 많았었는지 짐작이 된다. 메이란팡은 그동안 모아두었던 저축도 대부분 신중국 수립 지원금으로 기부했을 뿐만 아니라 항미원조(抗美援朝, '미국에 대항하고 북한을 돕는다'는 뜻으로, 중국의 6·25 참전을 가리키는 표현-옮긴이) 기간에는 군대에 비행기용 대포를 지원하기도 했다.

　한 시대를 풍미한 예술가 메이란팡, 그는 중국 무대예술을 최고봉으로 이끈 경극계의 대가이자 최초로 해외에 경극을 알린 문화 사절이었다. 그는 50여 년에 걸친 무대 인생을 통해 수차례 일본, 미국, 구소련 등

주42. 경극의 대가를 일컫는 4대 명단(明旦)에는 쉰후이성(荀慧生), 상샤오윈(尙小雲), 청옌추(程硯秋), 메이란팡이 있음. 메이란팡은 그중에서도 '경극대왕(京劇大王)'이라고 불리며 단연 으뜸의 인기를 얻었음.

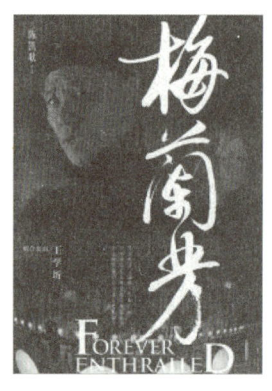

2008년 천카이거는 최고의 경극 배우 메이란팡의 일대기를 그린 영화를 만들었다.

지에서 연기를 선보임으로써 경극이라는 동방의 예술이 세계무대에서 꽃피우게 했다.

외국인이 경극 예술을 처음 접하게 된 시기는 1915년이다. 그해 가을, 메이란팡은 외교부 빌딩 연회장에 초청되어 〈항아분월〉(姮娥奔月, '달나라로 달아난 항아'라는 뜻-옮긴이)이라는 창작 경극을 선보였다. 주중국 미국 대사를 포함한 300여 명의 관객들은 메이란팡의 뛰어난 연기에 압도돼서 경극의 열혈 팬이 되고 말았다. 미국 대사는 중국을 떠나기 전 메이란팡에게 "중국과 미국 국민 간의 관계 개선을 위해서라도 선생님을 한 번 미국으로 초청하고 싶습니다"라고 말했다. 훗날 인도의 위대한 시인 타고르도 베이징을 방문했을 때 수시로 경극을 관람했다고 한다.

1919년 4월, 메이란팡은 중국의 전통 무대예술인 경극을 들고 처음으로 해외 땅을 밟았다. 메이란팡이 일본 도쿄에 도착했을 때는 어찌나 환영을 받았는지 그 열기를 말로 다 표현할 수 없을 정도였다. 일본에까지 뻗어 있던 메이란팡의 팬들이 그가 온다는 소식을 듣고 구름떼처럼 몰려들었던 것이다.

1925년, 미국의 한 여행단이 중국을 방문했는데 여행 일정에 경극 관람이 잡혀 있었다. 귀국 후 그들은 중국의 경극을 널리 홍보했고, 그 결과 경극은 유럽과 미국에서 지대한 관심을 받게 됐다. 1926년, 이탈리아 대사의 부인이 미국, 스페인, 스웨덴 3개국 대사와 대사 부인, 자녀 등 18명과 함께 메이란팡의 집을 찾아와 경극 예술에 대한 이야기를 나눴고, 미국 대사는 메이란팡에게 미국에서 공연을 해달라고 부탁했다.

  1930년 춘제 후 베이징 극단계가 공연을 재개했다. 객석을 가득 메운 관객들은 여느 날과 다름없이 무대 위의 경극을 즐겼지만 그들의 마음속에는 무언가 허전한 게 느껴졌다. 그들은 이내 그 허전함이 메이란팡이 없는 무대 때문이라는 사실을 깨달았다. 그로부터 얼마 후인 2월 8일, 뉴욕의 한 신문에는 '중국 공연예술의 거장 메이란팡, 뉴욕에 상륙하다!'라는 제목의 기사가 보도됐고, 2월 16일에는 최초로 경극이 미국 무대에 올랐다.

  그때 미국은 경제위기로 나라 전체가 얼어붙은 듯 썰렁했기 때문에 사람들은 제아무리 메이란팡이라 해도 뉴욕 공연을 3회 이상 못할 것이며 티켓의 절반만 팔려도 성공이라고 여겼다. 이런 상황에서 메이란팡의 공연은 2주일 분량의 티켓이 전량 매진되는 믿기 어려운 일이 발생했다. 예상외의 선전에 공연은 3주 더 연장됐으며, 최고 5달러였던 티켓은 암시장에서 15달러에 거래되기도 했다. 경극은 불황 속 브로드웨이의 최고 기대주가 되었다.

  메이란팡의 공연이 끝날 때마다 객석에서는 앙코르 요청이 쇄도했다. 뉴욕에서의 마지막 날, 메이란팡이 공연을 마치고 내려가는데 한 관객이 악수를 청했고 메이란팡은 이를 흔쾌히 수락했다. 이를 본 다른 관

1930년 미국을 방문한 메이란팡은
공연하러 가는 곳마다 센세이션을 일으켰다.

객들도 모두 그와 악수하기를 원하자 메이란팡은 그들의 요구를 모두 들어주기도 했다. 관객들은 무대 오른쪽에서 순서대로 올라가 메이란팡과 악수를 하고는 다시 왼쪽으로 내려갔다. 그런데 악수를 시작한 지 수십 분이 지났는데도 사람들이 줄지 않는 것이었다. 이상하게 여긴 메이란팡이 줄 뒤쪽을 살펴보고는 웃음을 터뜨리고 말았다. 메이란팡과 악수를 마치고 내려간 사람들이 또 악수를 하고 싶어서 맨 끝으로 가 다시 줄을 서는 것이었다. 이렇게 해서 그날 메이란팡의 악수 서비스는 오랫동안 진행되었다.

그 후 반년 동안 메이란팡은 시애틀, 시카고, 샌프란시스코, 로스앤젤레스, 산티아고, 호놀룰루 등지를 순회하며 공연을 했다. 메이란팡이 불러일으킨 '중국 열풍'은 불황 속에서 더 열기를 띠었고 경극에 대한 찬사와 호평이 끝없이 쏟아져 나왔다.

미국 공연이 마무리되자 예술계와 정치계 인사들이 메이란팡을 위한 고품격 파티를 열어주었다. 그런데 파티의 분위기가 무르익을 즈음 여기저기 찢어지고 꾀죄죄한 옷차림의 청소부 한 명이 직원들의 저지를 뚫고 파티장으로 뛰어 들어오는 것이었다. 메이란팡에게 성큼성큼 다가온 청소부는 그의 손을 잡고는 "이제야 당신을 만나게 되네요!"라고 소리쳤다. 얼마 후 사람들은 그 청소부가 유명 코미디 스타 찰리 채플린이라는 사실을 알고 깜작 놀랐다. 그때 그는 《시티 라이트(City Lights)》라는 영화를 제작 중이었는데, 메이란팡이 미국에 왔다는 소식을 듣고 촬영 현장에서 급히 달려왔던 것이다. 그러고는 특유의 유머 감각을 살려 자신의 '우상' 메이란팡과 조우했다.

미국의 연극 평론가인 로버트 리틀(Robert Little)은 메이란팡에 대해 "메이란팡의 연기 앞에서 서양의 무대는 더 없이 작고 낮아졌다. 그것은 사람들을 끌어당기는 거부할 수 없는 매력의 완벽한 예술이기 때문이다"라고 극찬했다. 미국 학술계도 메이란팡을 반겼고 캘리포니아 대학과 포모나 학원에서는 그에게 문학 박사학위를 수여했다.

뉴욕의 '오플란'이라는 부호는 메이란팡의 미국 공연을 기념하기 위해 자신의 화원에 '메이란팡 화원'이라는 이름을 붙이고, 메이란팡의 나이 36세를 기리기 위해서 정원에 매화나무 36그루를 심기도 했다.

그런데 부득이한 사정 때문에 메이란팡의 공연을 놓쳐 누구보다도 아쉬워했던 사람이 있다. 그는 바로 당시 미국의 대통령 허버트 후버(Herbert Hoover)였다. 워싱턴 공연이 있던 날 후버 대통령은 외지에 나가 있어서 그의 공연을 보지 못했다. 후버 대통령은 메이란팡에게 별도로 전화를 걸어 워싱턴 재방문을 부탁했지만 관객과의 신용을 중요하게 여긴 메이란팡은 다음 공연 일정 때문에 후버의 호의를 거절할 수밖에 없었다.

그 후 메이란팡은 미국을 떠나 일본, 프랑스, 독일, 영국, 이탈리아,

구소련 등지를 돌며 공연했다. 1935년, 구소련에서는 메이란팡의 공연이 굉장한 센세이션을 불러일으켰다. 메이란팡은 모스크바의 크렘린 궁전에서 3주간 총 14번의 공연을 펼쳤다. 공연이 시작되고 막이 오르면 무대에 '메이란팡'이라는 큼지막한 글자가 화려한 매화, 난 꽃과 함께 황색 비단에 수놓아진 것이 보였다. 막이 내려도 박수갈채는 멈출 줄 몰랐고, 그는 관객들의 커튼콜에 수차례 응답해야 했다. 좀처럼 외출을 나서지 않는다는 스탈린을 비롯해 구소련의 정계 인사들도 하나같이 메이란팡의 공연을 보러왔다. 구소련 희극계의 거물, 스타니슬라프스키(Stanislavski)와 독일 희극계의 권위자 베르톨트 브레히트(Bertolt Brecht), 문학가 막심 고리키(Maksim Gorky)도 직접 그의 무대를 감상했다.

　미처 티켓을 끊지 못했던 관객들은 메이란팡의 얼굴이라도 보기 위해 극장 밖을 서성였고, 소련 경찰이 나서서 그들을 해산시킨 뒤에야 사람들은 자리를 떠났다. 수많은 여인이 "메이란팡, 사랑해요!"를 외치는 등, 소련에서도 메이란팡의 열기는 좀체 가라앉지 않았다.

　1956년, 중국과 일본 간 국교가 아직 정상화되지 않았을 때도 메이란팡은 경극단을 이끌고 일본으로 건너가 메이란팡 붐을 일으켰다. 유명 배우와 각계 인사들이 메이란팡 일행을 환영했으며, 한 국회의원은 양국의 국교가 정상화되지 않은 상태에서도 통례를 깨고 의회 청사에서 대표단 초청 파티를 열기도 했다.

　1957년은 구소련의 '10월 혁명' 40주년이 되던 해였다. 중국은 노동자 친선대표단을 조직해서 40주년 기념행사에 참여했는데, 메이란팡도 그중 한 명에 포함돼 모스크바에서 또 한 차례의 센세이션을 일으킨다. 대표단이 대극장의 오페라 공연에 초대됐을 때 주최측이 메이란팡을 소개하자 극장에는 엄청난 박수갈채가 터졌고 사람들은 '메이란팡'의 이름을 소리 높여 외쳐댔다.

1957년 여름, 스웨덴 무용협회의 헤이글 회장은 메이란팡에게 국제무용협회가 수여하는 영예의 표창을 전달하기 위해 특별히 베이징을 방문하기도 했다. 이로써 메이란팡은 이 영예의 표창을 수상한 전 세계 열네 번째 인물이 됐다.

메이란팡의 정교하고 심오한 연기는 경극을 세계 속 중국 예술의 정수로 각인시켰으며, 일본, 유럽, 미국의 연극 및 영화 예술계에도 지대한 영향을 미쳤다. 스타니슬라프스키, 브레히트와 같은 희극계의 거장들도 창작 과정에서 부지불식간에 메이란팡 공연예술의 영향을 받기도 했다.

풍파 속에서 전진한 중국 무대예술

신중국 수립 초기, 중국의 무대예술은 다양한 장르가 시도되면서 번영하는 모습을 보였다. 그전부터 이미 유명세를 얻었던 예술가들은 그야말로 창작을 위한 황금기를 만났다. 그들은 전통예술을 계승하는 동시에 이를 해방 후의 신조류와 결합시킨 걸작들을 발표했다.

1950~1960년대에 경극 외에 사람들을 감동시킨 무대예술로는 서양에서 전래된 연극이 있다. 라오서(老舍)가 창작하고 자오쥐인(焦菊隱)이 연출한 연극 《찻집(茶館)》이 그 예다.

라오서는 신중국 수립 후 희극 창작에 매진하면서 1950년에서 1966년까지 《방진주(方珍珠)》, 《용수구(龍須溝)》, 《춘화추실(春華秋實)》, 《찻집》, 《여점원(女店員)》 등의 희곡을 집필했다. 1951년작인 《용수구》는 당대 가장 성공한 혁명적 현실주의의 걸작이라고 할 수 있다. 작품에서 라

1950~60년대 사람들을 감동시킨 무대예술에는 라오서가 창작하고 자오쥐인이 연출한 연극 《찻집》이 있다.

오서는 신중국 설립 초기 베이징 시민 생활의 변천을 묘사함으로써 중국의 새로운 사회상을 부각시켰다. 연극 《찻집》은 라오서가 1956년에 완성한 작품으로 1958년 베이징 인민예술극장에서 초연됐다. 이는 20세기 초 위타이(裕泰)라고 불리던 베이징의 한 대형 찻집을 배경으로 하여 청나라 말기에서 중화민국 초기와 말기를 잇는 세월의 변천 과정을 정밀하게 묘사했다. 생생한 줄거리 전개와 사실적인 현장 묘사로 과거 중국의 어두운 그늘과 구제불능의 현실을 보여주면서 인민 혁명과 이를 통한 필연적인 새 시대의 도래를 표현했다.

《찻집》은 천편일률적인 갈등 구조를 지양하고 찻집을 중심으로 3대를 살아간 소소한 인물 군상들의 일상을 잔잔하게 풀어내고 있다. 별개의 인생들을 세월이라는 수직적 시간대 위에 늘어놓음으로써 독자의 공감을 이끌어낸 것이다. 라오서는 이러한 구조적인 탁월함 외에도 작품 전

1950년부터 세상을 떠날 때까지
《방진주》, 《용수구》, 《춘화추실》, 《찻집》, 《여점원》 등의
희곡을 잇달아 집필했다.
그중 《용수구》, 《찻집》이 대표작으로 꼽힌다.

반에 희극의 형식을 도입하여 인물 설정과 스토리 구성에서 냉소적이고 신랄한 풍자와 해학을 담아내 예술적인 감화력을 만들어냈다.

　라오서의 창의력에 중국 전통예술의 격조가 더해져서 희대의 연극 《찻집》이 탄생했고, 이는 관객들에게 참신함과 즐거움을 선사했다. 《찻집》에서 표현된 고상하면서도 속된 대사는 희곡 창작 분야에서 당대 최고 수준이라 할만했다. 또한 민족 예술, 중화 예술, 세계 예술에 대한 작가의 경험이 하나로 융합되어 극을 관통하는 탁월함이 돋보였다.

　《찻집》은 라오서에게 최고의 희곡 작품으로 남았고, 자오쥐인, 샤순(夏淳) 등의 감독에게는 대표적인 연출작이 됐다. 베이징 인민예술극장의 차오위(曹禺) 원장은 1958년 3월 29일, 연극 《찻집》을 관람한 후 라오서에게 "지금까지 봐온 극작품 중에서 최고입니다!"라고 극찬했다. 당시 《찻집》의 초연 무대에는 베이징 예술계의 실력파 연기자들이 총출동해 자리를 빛냈다. 《찻집》은 신중국의 연극 사업에 새로운 지평을 열고 많은 예술가를 양성해낸 선구적인 작품이라고 할 수 있다.

　《찻집》은 중국에서만 센세이션을 일으킨 것이 아니고 특유의 민족적 색채를 바탕으로 해외 무대에서도 큰 호응을 얻었다. 1980년 《찻집》은 독일, 프랑스, 스위스 등지에서도 공연됐는데, 특히 독일 초연 때는 어찌나 반응이 뜨거웠든지 수차례 커튼콜에 답해도 박수소리가 끊이지 않았다고 한다. 이는 중국 연극이 처음으로 나라 밖을 나선 사례로 유럽을 크게 감동시켰으며, 해외 매체는 《찻집》을 가리켜 '중국의 민족적 색채를 품은 예술작품'이자 '동양 연극계의 기적'이라고 표현하기까지 했다.

《찻집》의 명맥은 지금까지도 끊이지 않고 2010년 3월까지 총 600여 차례나 공연됐으며, 매번 공연 시 티켓이 전량 매진되는 신화를 창조했다. 그래서 지금까지도 연극계의 흥행을 보장하는 레퍼토리로 인정받고 있다. 이처럼 《찻집》으로 대표되는 1950~1960년대 중국 무대예술의 독특함은 오늘날 중국의 풍부한 문화유산으로 남았다.

1960년대 후반, 문화대혁명을 겪게 된 중국은 '혁명모범극'이라고 불리는 현대 경극만 남기고 나머지 모든 전통 경극과 근현대 연극의 공연을 금지했다. '혁명모범극'이라는 단어는 《런민르바오》의 1967년 5월 31일자 '혁명문예의 우수 모범극'이라는 사설에서 처음 언급된 말이다. 여기에는 총 여덟 개의 작품이 포함되었는데, 초기에는 경극 《지혜로 위호산을 취하다(智取威虎山)》, 《항구(海港)》, 《홍등기(紅燈記)》, 《사가빈(沙家濱)》, 《백호단을 기습하다(奇襲白虎團)》와 발레극 《홍색 낭자군(紅色娘子軍)》, 《백모녀(白毛女)》, 교향곡 《사가빈》을 가리켰다. 그러다가 나중에 《평원전투(平原作戰)》, 《용강송(龍江頌)》을 비롯한 경극 작품 아홉 개가 추가로 발표되었다.

이 작품들은 대부분 공산당의 지도하에 중국인들이 무장투쟁과 경제건설을 추진한다는 내용으로, 무대에는 정치적 색채가 강하게 드러났

1960년대 후반, 문화대혁명으로 '혁명모범극'만 남고 모든 공연이 금지되었다.

다. 봉건 세력이나 지식인들은 혁명예술 노선에 맞서는 부정적인 세력으로 묘사됐고, 무대는 철저히 수정주의 문예 노선을 비판하는 도구로 활용됐다.

사실 외형적으로만 볼 때 혁명모범극은 전통과 외국 예술의 형식을 조합해 중국의 현대 생활을 묘사하려고 시도했다. 모범극은 서양 회화기법을 이용해서 배경을 묘사하고 무대 소품, 의상을 사실적으로 표현했으며 전통 경극이 중시하던 상징성이나 단계적인 노래 기법, 음성과 감정 처리 기법 등에서 과감하게 탈피했다. 그중에서 교향악단이 경극 반주를 하게 한다거나 예술적인 섬세함을 추구하려고 한 점은 배울 만하다.

그러나 8억 명의 중국인에게 여덟 개 경극만 허용한 이 조치로 인해 문화대혁명 기간에는 소설, 영화, 희극의 창작 열기가 완전히 얼어붙었고 문화생활의 수준은 극도로 낮아졌다. 모범극은 영화, TV, 방송을 통해 얼마나 많이 방송됐는지 희곡에 대해서 전혀 무지했던 사람조차도 몇 마디씩은 흥얼거릴 수 있을 정도가 되었다. 그래서 모범극은 문화대혁명 시기의 피폐하고 빈곤했던 문화생활 수준을 상징하는 대명사로 자리 잡았다.

이탈리아의 안토니오니 감독은 다큐멘터리 《중국》에서 혁명모범극의 선율을 배경음악으로 삼아 풍자적인 분위기를 연출했다. 중국의 현대 작가 바진(巴金)은 일찍이 그의 작품 『수상록(隨想錄)』에서 "모범극이라는 말만 들으면 나도 모르게 혼비백산해서 벌벌 떨었다"라고 밝혔다. 이는 당시 정신적으로 상처받은 예술가의 전형적인 모습이라고 할 수 있다.

문화대혁명의 주도 세력인 '사인방'이 몰락하자 중국에는 개혁개방의 물결이 넘쳐흘렀다. 이때부터 무대예술도 혁명의 굴레에서 벗어나 성장의 봄을 맞았으며, 다시금 창작 열기를 불태우게 된 예술가들은 놀라운 수준의 작품들을 속속 발표하게 되었다.

1980년대 중국인의 소비 수준은 여전히 낮았고, 엥겔계수 통계를 보면 소비 행위도 대부분 먹을 것을 구입하는 데 치중됐다. 게다가 이때부터 TV와 라디오가 점차 보급되기 시작하면서 공연업계는 수많은 관객을 잃을 위기에 처했다. 이렇게 중국 무대예술은 다양한 방송 매체에 맞서 경쟁력을 갖춰야 하는 시장화의 과제를 떠안으면서 새로운 돌파구를 모색하기 시작했다.

예술가들은 전통 예술을 대표하는 경극을 계승하면서 새로운 창작 무대를 선보여 관객을 불러들이려 했다. 《정류장(車站)》, 《야인(野人)》, 《죽은 자가 산 자를 방문하다(一個死者對生者的訪問)》 등이 이때 나온 작품이다.

1980년대 중후반에서 1990년대까지는 대륙과 홍콩, 타이완의 문화 교류가 늘면서 홍콩, 타이완의 대중가요가 대륙의 문화시장을 점령해나갔다. 그리고 덩샤오핑의 남순강화 후 개혁개방이 가속화되자 문화 영역의 소비 규모도 갈수록 커졌다. 사람들은 더 이상 집에서 TV를 보거나 음악을 듣는 것에만 만족하지 않았고 열정을 분출할 생생한 무대 현장으로 뛰쳐나가기 시작했다. 그때부터 다양한 형식과 주제를 가진 공연무대가 등장하는데, '저우쉐(走穴)', '쉐터우(穴頭)'라는 말도 그 시기 생겨난 신조어다.

'저우쉐'는 보통 연예인 브로커가 관객의 입맛에 따라 다재다능한 연예인과 연주자를 모아 한 팀을 만들고 몇몇 도시에서 단기간 순회공연을 하는 것이다. 여기서 얻은 이익은 세금을 내지 않고 공연팀에게 분배됐다. '쉐터우'라고 불리는 연예인 브로커는 연예인과 관객을 연결하는 중개자 역할을 했다.

저우쉐는 시장 기회와 정보를 충분히 활용하고 다양한 루트와 공연자원을 효과적으로 이용해서, 예술무대를 활성화시키고 관객의 수요를 충족시켰다는 공로가 인정된다. 그러나 이와 관련된 규범화 조치가 미흡했던 탓에 저우쉐와 쉐터우가 일으킨 부작용으로 시장은 적지 않은 혼란을 겪게 되었다. 체계적인 공연 기획이나 예산 편제가 없어서 연예인들이 사적으로 소득을 취한 후 납세를 피했으며, 쉐터우는 고액의 리베이트를 요구하고 폭리를 취했는데 이는 저우쉐 공연의 질을 형편없이 떨어뜨리는 결과를 초래했다.

이렇듯 시장화 초기 단계에 있던 중국의 공연예술은 많은 결함을 안고 있었으며, 검증되지 않은 공연 기획이 남발돼 시장 질서가 어지럽혀졌다. 그러나 이러한 모든 부작용 속에서도 부인할 수 없는 한 가지 중요한 수확이 있었는데, 그것은 바로 중국 공연예술의 소비시장이 서서히 형성되기 시작했다는 점이다.

20세기의 마지막 해를 향해 달려가던 시점에서 중국의 공연시장에는 세계의 시선을 한눈에 끄는 메가톤급 작품이 등장했다. 그것은 중국의

세계인의 주목을 끈
장이머우 감독의 《투란도트》 한 장면

두이와이옌추(對外演出) 회사가 스위스의 오페라 공연 제작사와 손잡고 내놓은 장이머우의 야심작 《투란도트(Turandot)》였다. 세계 언론은 오페라의 공연 장소 때문에 또 한 번 놀랐다. 장이머우는 오페라를 올릴 장소로 그 어떤 극장도 아닌 베이징 쯔진청을 선택하고 태묘(太廟) 앞에 야외 특설무대를 마련했다.

1998년 9월 5일, 이 오페라의 거대한 향연을 직접 목도하기 위해 세계 각지에서 사람들이 몰려들었다. 3,500명의 관객들은 준비된 객석을 가득 메웠고 그것도 모자라 임시 좌석을 추가로 설치해야 했다. 주빈 메타(Zubin Mehta)가 지휘를 맡고 장이머우가 이탈리아 플로렌스 오페라극장과 힘을 합해 만든 《투란도트》의 황홀한 무대에 관객들은 눈을 뗄 수 없었고 감동의 여운은 오랫동안 사라지지 않았다.

오페라 《투란도트》는 초연 후 70여 년 만에 중국 공주 전설의 발생지인 중국으로 옮겨와 수대에 걸친 음악가의 꿈을 현실로 이룬 문화 축제였다. 《붉은 수수밭》, 《국두(菊豆)》, 《홍등》 등의 영화로 수차례 국제영화제의 상을 거머쥔 영화감독 장이머우는 중국 문화에 대한 남다른 조예와 지식을 바탕으로 《투란도트》 무대에 중국 문화의 정수를 녹여냈다. 그는 각종 상징적인 기법을 통해 이탈리아 오페라에 신비롭고 우아한 분위기를 덧입힌 후 쯔진청 태묘의 웅장함을 더해 중국의 기풍도 물씬 풍기게 했다. 공연 수입도 세간의 화제가 됐다. 티켓 판매가 어찌나 성황리에 이뤄졌던지 암표상들 손에 2,000달러는 쥐어줘야 표를 살 수 있을 정도였다고 한다.

이번 공연은 장이머우가 다시 한 번 그의 건재함을 세계에 알리는 계기가 됐으며, 성공적인 중외 협력 프로젝트의 선례로 남아 중국 공연시장에 자신감을 심어줬다.

《투란도트》는 음반이나 영상물 배급권을 별도로 판매하지 않았기 때문에 엄밀히 말하면 완전히 상업화된 경영 방식은 아니다. 그렇지만 주최측은 현장 공연만으로도 적지 않은 수익을 올렸다. 관람 티켓의 최고가는 1,500달러, 최저가는 150달러였다. 《투란도트》는 총 열 차례의 공연으로 2만 장의 티켓을 판매해 1,400만 달러의 수입을 거뒀으며, 여기에 TV 중계권 수입을 비롯해서 협찬사 지원금까지 더하면 총수입은 2,000만 달러에 이른다. 《투란도트》는 투자금의 95%가 해외에서 조달됐는데, 이는 중국의 공연업체가 공연 기획과 관련된 사업 모델의 수익성을 확실히 경험하게 된 계기가 되었다.

다양한 사업 모델 모색

21세기 초 WTO 가입 후 중국은 세계 각국과 긴밀한 관계를 유지하며 교류해왔다. 이에 따라 중국의 공연시장도 국제적인 수준의 작품들을 속속 내놓기 시작했다.

2001년, 베이징 쯔진청 태묘 앞에서 막을 올린 '3인의 테너 콘서트'는

2001년 루치아노 파바로티, 플라시도 도밍고, 호세 카레라스의 '세계 3대 테너' 공연이 열린 베이징 쯔진청

세계 성악계의 전설로 불리는 루치아노 파바로티, 플라시도 도밍고, 호세 카레라스가 출연해 중국에 클래식 음악의 붐을 일으켰다.

같은 해 앤드류 로이드 웨버(Andrew Lloyd Webber)의 '뮤지컬 하이라이트'도 인민대회당(人民大會堂)에서 화려한 막을 올렸다. 두이와이옌추가 기획한 이번 공연에서는 전 세계의 대표적인 뮤지컬 작품 중에 하이라이트만을 골라 선보였는데, 이는 뮤지컬이라는 공연 형식을 중국 대륙에 본격적으로 상륙시킨 계기가 되었다.

2002년, 영국 로열 셰익스피어 극단의 《베니스의 상인》과 프랑스의 유명 뮤지컬 《노트르담 드 파리》가 베이징 무대에 올라 티켓 오픈과 동시에 전량 매진되는 흥행기록을 세웠다. 《레미제라블》도 상하이에서 21회나 연속으로 공연하여 그때까지 중국에 선보인 공연 중 가장 완벽한 뮤지컬 무대로 인정받았다. 베이징에서는 2002년 한 해만 총 1만 3,000여 차례의 공연이 개최되었는데, 이는 역대 최고의 기록이었다.

2003년에는 비엔나 필하모닉 오케스트라가 처음 중국에서 공연을 열었다. 미국의 유명 여가수 머라이어 캐리는 상하이에서 단독 콘서트를 가졌는데, 입장표 가격이 120위안부터 시작해 1,600위안까지 달했다. 2004년 휘트니 휴스턴의 상하이 단독 콘서트 티켓 값도 머라이어 캐리와 비슷한 수준이었다. 매체에서는 이를 빗대어 중국에서 휘트니 휴스턴의 몸값은 수천만 위안에 달한다고 보도하기도 했다. 브로드웨이 뮤지컬 《사운드 오브 뮤직》이 중국에 상륙했을 때는 이 고전 뮤지컬을 감상하기 위해 상하이로 운집한 관객이 무려 5만여 명에 달했다.

2009년 베이징의 상업용 공연장 61곳에서 거둬들인 연간 공연 수입은 9억 3,300만 위안에 달했다. 단일 공연으로 천만 위안대를 넘긴 콘서트는 총 두 건이 있었는데, 6월에 열린 쑹쭈잉(宋祖英, 중국의 대표적 민요 가수-옮긴이)의 냐오차오(鳥巢, 2008년 베이징 올림픽 개막식이 열린 주경기장 명칭-옮긴이) 콘서트와 4월과 11월에 있었던 쭝관셴(縱貫線) 슈퍼 밴드(타이완의 유명 가수 뤄다여우羅大佑, 리쭝성李宗盛, 저우화젠周華健, 장전위張震嶽가 임시로 결성한 팀)의 콘서트였다. 이 외에도 집계되지 않은 통계까지 합한다면 베이징시의 2009년 공연 수입은 전년 대비 59.5% 성장한 10억 위안을 넘을 것으로 예측됐다.

2009년 11월 1일, 중국 공연예술 무역박람회가 톈진에서 개최되었다. 이는 중국 공연업계가 최초로 개최한 공연예술 무역박람회로 중국 24개 성·자치구·직할시를 비롯해 타이완, 미국, 독일, 한국, 일본, 오스트레일리아 등지의 공연예술 단체 160곳, 3,000여 명이 참가해 실력을 경주한 자리였다. 통계에 따르면 3일간의 박람회 개최 기간에 성사된 공연물 거래 규모는 총 2억 1,000만 위안에 달했다고 한다.

위의 사례들을 보면 중국의 공연시장이 10년이라는 짧은 기간에 괄목할 만한 성장을 일궈냈음을 알 수 있다. 중국은 뮤지컬을 도입하는 과정에서도 많은 우여곡절을 겪었는데, 이는 그 성장 과정이 결코 쉽지만은 않았음을 보여준다.

1994년, 상하이 대극장은 세계적인 뮤지컬《오페라의 유령》공연단을 초청하기로 결정했다. 상하이 대극장의 요청을 받고 뮤지컬 기획의 아버지라고 불리는 카메론 매킨토시(Cameron Mackintosh)가 사전 답사를 위해 상하이를 방문했다. 일주일간 공연 가능성을 검토한 그는 "상하이는 시장경제가 발달한 도시이긴 하지만 판촉 시스템 등 뮤지컬 보급을 뒷받침해줄 기반이 약합니다"라는 결론을 내렸다.

1996년, 상하이 대극장은《레미제라블》공연을 기획해 대여섯 차례 공연을 올리기로 계획했다. 그런데 제안을 받은 공연팀은 뮤지컬의 공연 횟수가 최소한 20회는 돼야 한다며 고개를 설레설레 저었다. 하지만 대극장이 지금까지 기획한 프로젝트의 연속 공연 횟수는 대부분 한두 차례였고, 네 차례 이상을 넘기는 경우가 드물었기 때문에 난감해했다. 20회 공연은 그야말로 불가능한 일이었던 셈이다. 이런 우여곡절 끝에 2001년 9월, 상하이 대극장은 드디어《레미제라블》초청공연을 위한 계약을 체결했다. 공연은 성황리에 진행됐고, 한 장에 500위안인 티켓은 암시장에서 2,000위안에 거래되기도 했다.

그러나 겉으로 성장세를 보이던 공연시장의 이면에는 시장화의 방향에 대한 불명확성이 제기됐다. 〈경제 30분〉은 위에서 언급한 2001년 '3인의 테너 콘서트'의 문제점을 취재, 보도한 바 있다. 그 문제는 바로 '1,000만 달러를 투입해서 거둔 수익은 얼마인가?', '최고 2,000달러까지 치솟은 티켓 값, 할인 여지는 없나?', '중국 콘서트 전날, 3인의 테너는 왜 한국에서 같은 공연을 열었나?'였다. 이 외에도 중국 공연시장의 입장표 가격이 지나치게 비싸고 그중 일부는 해외 수준을 초과한다는 점도 지탄의 대상이 됐다. 심지어 사라 브라이트만(Sarah Brightman)의 베이징, 상하이 콘서트는 입장표 가격이 1,000위안을 웃돌았다.

이를 보고 어떤 이는 "그런 공연은 멍청하고, 돈 많고, 동작 빠른 사람들만 찾는다"라고 비꼬기도 했다. 이에 비해 '팝의 황제' 마이클 잭슨의 런던 고별콘서트 티켓 가격은 50~70파운드, 위안화로 500~700위안에 불과했다. 중국 대도시의 1인당 수입은 유럽, 미국 대도시의 5분의 1에서 6분의 1밖에 되지 않는데도 푯값이 싸기는커녕 오히려 유럽, 미국 대도시 수준을 상회했다. 이는 중국 공연시장의 무질서와 미성숙한 면모를 여실히 드러내는 대목이다.

공연시장의 성공 사례를 들자면 뮤지컬《캣츠》를 빼놓을 수 없다. 앤드류 로이드 웨버가 창작한 뮤지컬《캣츠》는 1981년과 1982년 각각 런던 서부와 브로드웨이의 무대에 오른 후 지금까지 전 세계 200여 개 도시의 300여 개 극장에서 공연됐다.《캣츠》를 본 관객만도 6,500만 명에 달한다고 하니 가히 그 인기가 실감된다. 브로드웨이에서 선보인 공연에서는 하루 수입만 119만 달러에 달해 기존의 매출 기록을 갈아치웠으며 전 세계 공연 수입도 30억 달러를 넘어섰다. 최근 중국도 해외 공연의 운영 노하우와 성숙한 경영 모델을 배우기 위해 노력하는 중이다.

두이와이옌추는《캣츠》초청공연을 기획하면서 이미지 마케팅 방식을 도입하고 극장의 광고란을 판매하고 협찬사를 모집했다.《캣츠》를 통해 그때까지 거둔 광고 수입은 총 250만 달러였으며, 추가 공연 분량까지 합하면 향후 총 750만 달러를 거두어들일 것으로 예상된다. 이는 중국 공연업계가 전문적인 마케팅에 힘쓴 결과였다.

중국과 외국의 비즈니스 모델을 비교해보면, 중국 공연시장은 마케팅 방식이 천편일률적이고 낙후했으며 시장의 운영 메커니즘이 성숙되지 않았다. 그리고 공연시장의 잠재성에 대한 개발 의지가 약하고 기획사가 공연 타이틀이나 매표 수입에만 관심을 둔다는 등의 문제가 산재해 있다. 극단과 공연 제작사, 그리고 공연에 관계된 모든 서비스 종사자의 급여와 비용이 공연 원가에 포함되어 티켓 값이 최종 책정된다. 그러나 예술은 상품의 경제적 가치로만 평가돼서는 안 되며, 그보다 공연의 사회적 영향력이나 공연업체의 장기적인 발전이 더 고려되어야 할 것이다

중국 무대예술, 해외로 뻗어나가다

오늘날 중국의 무대공연 업계 종사자들은 '중국의 공연예술이 국제시장에 진출해서 메이란팡의 예처럼 세계의 인정을 받으려면 어떻게 해야 하느냐?'는 문제로 고민 중이다.

여기서 우리는 비엔나의 골든홀과 시드니를 뜨겁게 달궜던 쑹쭈잉의 단독 콘서트와 최근 한국에서도 성황리에 막을 내린 장이머우 감독의 오페라 《투란도트》의 성공 사례를 떠올릴 수 있다. 그러나 무엇보다도 세계인의 이목을 집중시킨 것은 2008년 베이징 올림픽의 개막식 공연이다. 이는 엄밀히 말해 무대예술이라고 할 수는 없지만 세계에 중국의 문화적 역량을 과시한 가장 성공적인 사례라고 할 수 있다. 개막식이 끝나고 외국의 주요 언론은 저마다 공연에 대한 호평을 쏟아냈다.

미국 연합통신은 "세계무대의 주연이 된 중국의 개막식과 불꽃놀이 공연은 사람들의 감탄을 자아냈다. 중국은 이를 통해 처음으로 올림픽 주최국이 된 것을 자축했다"라고 밝혔다.

《로스앤젤레스 타임스》는 베이징 올림픽 개막식을 과학기술과 전통 예술의 절묘한 결합을 보여줬다고 평했다.

《로스앤젤레스 타임스》는 "과학기술과 전통 예술 결합이 빚어낸 베이징 올림픽 개막식의 시청각적 효과는 올림픽 선수들에게 힘이 됐을 뿐만 아니라 전 세계에 중국의 아름다움을 알린 화려한 무대였다. 오랜 문명과 역사를 자랑하는 중국이 21세기라는 시대적 배경 속에서 13억 인구를 앞세워 아시아의 기둥을 세우는 첫 행보에 나선 것이다. 그 역사적인 현장은 각종 촬영 장비뿐만 아니라 고대 중국의 위대한 발명품 중 하나인 종이 위에 영원히 기록될 것이다"라며 칭찬을 아끼지 않았다.

《워싱턴 포스트》지는 기사 첫머리에서 "냐오차오 경기장이 하늘을 향해 활짝 펴지자 흡사 신비한 땅이 열리는 듯했다. 현장에 모인 수만 관중의 환호 소리 가운데 수천 명의 연기자가 동시에 북을 치고 춤을 췄다. 이번 개막식은 역사상 가장 많은 시청자가 지켜보는 프로그램으로 개막식 실황을 시청한 사람만도 23억 명이었다"라고 보도했다.

CNN은 "불꽃놀이, 스포츠 선수를 비롯해 각종 장관이 하나가 된 베이징 하계올림픽은 공전의 규모를 자랑하며 세계인에게 그 웅장함을 드러냈다"라고 언급했다.

로이터 통신은 보도를 통해 "완전무결하고 정교하며 다채로운 개막식에는 세계에서 가장 오래된 문명의 아름다움이 충분히 표현됐다"라고 극찬했다.

BBC의 한 기자는 개막식 화면에서 선보인 '시각적 충격'에 주목하며 "TV를 통해 느낀 충격은 참으로 대단했으며 세계인에게 무한한 즐거움과 시각적 만족을 선사했다"라고 평했다.

한편 한국의 연합뉴스는 이렇게 표현했다.

"선명하고 강렬한 색채가 뚜렷한 대비를 이루고 유미적인 이미지를 창조해내면서 파란만장한 역사의 화폭을 풀어냈다. 이들의 수천 년 역사는 다름 아닌 사람의 손에 의해 창조된 것이다. 중국의 유명 감독 장이머우는 중국인의 백년 소망인 베이징 올림픽 개막식에서 신화를 현실로 재현해냈다. 전 세계 67억 인구는 만한전석(滿漢全席, 수백 가지의 만주족, 한족 요리를 갖춘 궁중요리-옮긴이)처럼 다채롭고 풍성한 걸작 앞에서 먹지 않아도 배가 불렀다."

이처럼 중국의 무대예술은 세계를 뒤흔드는 잠재력을 지녔다. 그러나 이것들을 어떻게 시장화의 노선에 올려놓느냐 하는 것은 모든 중국인이 한마음으로 고민하고 노력해야 할 부분이다.

04 'YAO':
야오밍이 이끄는 시대

2005년 일본 아이치 엑스포에서는 '상하이 주간'으로 폐막을 대신함으로써 차기 엑스포가 상하이에서 개최될 것임을 알렸다. 이 '상하이 주간' 행사에서 상하이 부시장이자 엑스포 사무국 국장인 저우위펑(周禹鵬)은 유명 농구선수 야오밍(姚明)을 2010년 상하이 엑스포 홍보대사로 위촉한다고 발표했다. 어떻게 농구선수가 한 도시, 더 나아가 한 국가를 대표하는 대사로 임명되어 세계인에게 초청 메시지를 전하게 됐을까? 그는 도대체 얼마나 큰 영향력을 지녔기에 한 도시, 심지어 한 나라의 이미지를 대표하는 얼굴이 됐을까?

NBA에 첫발을 딛다

야오밍은 1980년 9월 12일, 상하이에서 태어난 중국 농구계의 자존심이자 상징이다. 야오밍은 1998년 중국 남자 농구 갑급(甲級) 리그에서 주목을 받기 시작했다. 키가 2미터 26센티에 달하는 그는 사람들에게 '작은 거인'이라는 별명을 얻기도 했다. 야오밍은 22세가 되던 2002년 6월

22세에 NBA 신인 드래프트에서
전체 1순위로 뽑힌 야오밍

27일, 상하이 샥스팀에서 센터로 활약하다가 미국 뉴욕에서 열린 2002년 미국 NBA 신인 드래프트에 참가했다. 거기서 그는 중국 농구 선수로는 최초로 드래프트 전체 1순위로 뽑혀 휴스턴 로키츠에 입단했다. 이는 드래프트 사상 최초로 해외 리그에서 뛰던 선수가 1순위로 지명된 사례이기도 하다.

2002년 10월, 야오밍은 1,780만 달러를 받고 휴스턴 로키츠와 4년간 입단 계약을 체결했는데, 중국이 미국으로 수출한 아이템에 빗대면 야오밍은 최고 가치의 상품인 셈이다. 야오밍이 휴스턴 로키츠에 1순위로 지명됐을 때 한 매체는 '야오밍의 몸값이 1억 달러를 넘어설 것'이라는 기사를 냈고, 또 NBA 입성 후 2개월째는 그 수치를 3억 달러라고 상향 조정하기도 했다. 또다시 2개월이 지나자 언론에서는 야오밍이 제2의 마이클 조던이 될 것이라고 치켜세웠으며, NBA에서 38세까지 농구를 한다면 2억 7,000만~2억 9,000만 달러 정도를 벌어들일 것이라고 예상했다. 물론 여기에는 광고 출연료나 기타 부수입이 제외됐다는 점도 덧붙였다. 이들의 말대로라면 당시 국제 상품가격으로 환산해봤을 때 야오밍의 가치는 중국이 쌀 102만 톤, 철강재 46만 톤, TV 239만 대, 원유 98만 톤, 견직물 6,489만 미터를 수출해야만 올릴 수 있는 수익과 맞먹었다.

CCTV를 비롯한 중국 언론매체는 야오밍의 NBA 첫 출전 경기를 앞 다퉈 생방송으로 보도했다. 신화사는 그때 떠들썩했던 중국인들의 반응을 이렇게 기록했다.

"학생들은 무단결석도 불사하고 경기를 지켜봤으며 외환거래소 직원들도 모두 TV 앞에 앉아 초조하게 경기를 관전했다. 인터넷에서 '야오밍'이라는 키워드 검색 비율은 당일 전체 검색량의 40%를 차지했다."

야오밍의 일거수일투족이 중국인의 마음을 움직였고, 하늘을 찌를 듯한 그의 인기는 TV와 광고주들의 시선을 NBA로 돌려놓기에 충분했다. 2002년 10월 개막한 NBA 시즌 때는 중국 방송국 12곳이 중계에 나섰고 매주 네 차례씩 방송을 했다. 야오밍이 소속된 휴스턴 로키츠 경기 일정은 최소 일주일에 30번 넘게 방송됐다.

그러나 '작은 거인' 야오밍은 NBA 진출 첫 시즌 초반에 그다지 좋은 성적을 거두지 못해 사람들에게 깊은 인상을 심어주지 못했다. 시즌 초반 야오밍의 부진한 성적에 실망한 사람들은 '저런 친구가 어떻게 드래프트 1위를 차지했을까?'라고 의심하기까지 했다. 그는 정규 시즌 내내 벤치 신세를 면치 못해 주전으로 뛰게 될 날이 기약 없이 미뤄지는 듯했다.

이에 NBA 팬들은 야오밍의 미래를 낙관하고 지지하는 '야오미(姚蜜, '야오姚'는 야오밍의 성이고 '미蜜'는 '달콤하다'라는 뜻)'와 그를 못마땅하게 여기는 '야오헤이(姚黑, '헤이黑'는 '검다'라는 뜻-옮긴이)' 둘로 나눠졌다.

NBA의 소문난 야오헤이라면 전 NBA 스타 찰스 바클리만 한 사람이 없었다. TNT(NBA 중계 채널 중의 하나-옮긴이)의 스포츠 해설가로 변신한 바클리는 야오밍의 성적 부진을 조롱하면서 야오밍이 한 경기에서 19점 이상 득점하면 상대 해설자인 케니 스미스의 엉덩이에 입을 맞추겠다고 내기를 걸었다. 그러나 그 비웃음은 야오밍을 분발하게 한 강력한 동기가 됐고, 11월 중순 결전의 날, 야오밍은 화려한 성적을 거둬 팬들에게 보답했다. LA 레이커스와의 경기에서 9개의 필드골에 자유투 2개를 성공시키면서 20 득점을 기록한 것이다. 그 후 야오밍은 댈러스 매버릭스와의 경기에서도 혼자서 30득점 16리바운드를 기록하며 건재함을 알리고 이내 주전으로 활약하게 되었다.

이쯤에서 사람들은 악동 바클리가 야오밍을 두고 한 장난기 섞인 약속이 떠올랐다. 익살꾼 바클리가 자신이 뱉은 말에 어떻게 책임질지 궁금해서 TNT의 후속 방송을 기대하고 있었다. 그러나 정작 거북함을 느낀 사람은 엉덩이를 내밀어야 하는 스미스였다. 이에 계획을 수정한 바클리는 스튜디오에 당나귀를 끌고 나와 엉덩이에 키스를 함으로써 팬과의 약속을 지켰다. 사실 사람들은 이에 대한 야오밍의 반응이 더 궁금했다. TNT의 한 여기자가 바클리가 당나귀 엉덩이에 입 맞추는 사진을 들고 탈의실 앞에서 기다리다가 야오밍이 나오자 사진을 보여줬다. 야오밍은 기자의 질문에 "그다음 경기에서 30 득점한 걸 봤다면 바클리는 당나귀가 아니라 코끼리 엉덩이에 입 맞춰야 했을 겁니다"라고 재치 있게 대답했다. 또 야오밍을 의식한 샤킬 오닐이 한 방송 인터뷰에서 야오밍의 중국어 말투를 흉내 낸 적이 있었는데, 이 사실을 알게 된 야오밍은 "중국어는 배우기 어렵죠"라며 웃어넘기는 여유를 보였다.

야오밍은 특유의 유머 감각과 시원시원한 성격, 친화력을 바탕으로 농구팬 사이에서 큰 인기를 얻어 빠른 속도로 NBA 스타로 자리매김했다. 또한 애플 컴퓨터와 게토레이, Visa 카드의 광고에 연이어 등장하면서 야오밍이라는 이름을 전 세계에 알렸다.

2003년 2월, 야오밍은 NBA 올스타전에서 서부 콘퍼런스 선발 센터로 출전하게 되었다.

그는 신인 드래프트 1위로 뽑힌 후 지금까지 시종일관 언론의 주목을 받는 핫이슈였다. '야오밍과 샤킬 오닐, 신예 대결!'이라는 문구가 연일 신문 지면을 장식했다. 야오밍은 NBA 입성 후 매년 올스타에 선발되었지만 많은 선수가 그 결과에 불만을 토로했다. 야오밍 때문에 올스타전 선발 출전에서 밀린 '검은 상어' 샤킬 오닐과 덴버 너기츠의 센터인 마커스 캠비가 특히 불만이 많았다. 그들은 수많은 중국 농구팬이 야오밍을 지원하기 때문에 투표 결과가 공정하지 못하다면서 "중국인이 너무 많아요!"라고 볼멘소리를 했다. 야오밍은 이러한 반응에 일절 신경 쓰지 않았다.

"제가 모든 사람을 만족시킬 수는 없어요. 저에 대한 이런저런 이야기가 거론될 수 있겠죠. 하지만 실력에 대한 논쟁이 있다면 앞으로 지켜보시라고 말씀드리고 싶습니다. 전 앞으로도 오랫동안 농구를 할 겁니다. 실력을 증명해보일 시간은 얼마든지 있는 셈이죠."

훗날 야오밍의 투표 결과에 대한 의혹은 깔끔하게 해소되었다. NBA

국제관계부 부총재가 나서서 야오밍의 표는 대부분 미국 지역에서 얻은 것이라고 밝혔기 때문이다. 사실 2004년 올스타전에 앞서 야오밍의 인터넷 득표수는 경쟁상대 오닐보다 4,000표나 뒤졌지만 오프라인 투표 결과 최종적으로 오닐을 앞서게 되었다. 오프라인 투표는 NBA 경기장과 쇼핑센터에서 실시됐기 때문에 중국 농구팬들은 참여할 수 없다. 오프라인에서 전세를 역전한 야오밍은 2만 9,000표 차로 오닐을 누르고 다시 한 번 올스타에 이름을 올렸다.

미국에서도 두터운 팬층을 보유한 야오밍을 가장 반기는 곳은 당연히 휴스턴이다. 로키츠가 홈경기에 나설 때마다 경기장에 모인 미국 농구팬들은 중국어로 된 응원 구호를 목청껏 외쳤다. "야오밍, 터우란(偸懶, '게으름뱅이'라는 뜻—옮긴이)! 야오밍, 터우란!" 주변의 중국인들은 그 소리에 웃음을 터뜨리지 않을 수 없었다. 왜냐하면 그 응원 구호는 팬들이 야오밍 때문에 급조해 배운 중국어라서 성조(聲調, 발음의 높낮이. 중국어는 같은 발음이라도 성조가 다르면 뜻이 달라짐—옮긴이)가 맞지 않아서였다. 제대로 된 발음이라면 "야오밍, 터우란(投籃, '골인'이라는 뜻—옮긴이)! 야오밍, 터우란!"이 됐을 것이다. 야오밍을 향한 미국 팬들의 사랑이 졸지에 '골인'을 '게으름뱅이'로 바꿨고, 그날따라 경기장은 유쾌한 웃음으로 가득했다.

휴스턴의 'YAO'

과거 미국인들에게 '중국' 하면 떠오르는 이미지는 '브루스 리'와 '쿵푸'였지만 이제 서서히 'YAOMING'으로 대체되고 있다. 더욱 놀라운 것은 미국의 제4대 도시인 휴스턴이 중국 색채로 덧입혀지고 있다는 사실이다.

야오밍이 휴스턴 로키츠의 주력 선수로 자리매김한 후 휴스턴 사람들에게서 발견되는 가장 극명한 변화는 야오밍에 대한 광적인 숭배, 그리고 현지 중국인에 대한 태도가 전보다 친근해졌다는 점이다. '작은 거인' 야오밍이 '브루스 리'가 차지했던 공간을 대체해가며 세계 속 차이나 코드로 변화하고 있는 것이다.

　야오밍이 2002년 휴스턴 로키츠에 입단했을 때 미국 팬들에게 아직 검증되지 않은 신인 선수에 불과했지만 2008년 그는 어느새 휴스턴 로키츠의 최고 선수로 발돋움했다. 로키츠 전문매장에서 맨 구석에 처박혀 천대받던 백넘버 11번 운동복은 이제 매장 입구, 가장 눈에 잘 띄는 곳을 점령했다. 이는 5년 동안 야오밍이 휴스턴 로키츠에서 거둔 성과를 상징할 뿐만 아니라 휴스턴에 거주하는 중국인들의 위상이 크게 변화했음을 말한다. 휴스턴 거리를 걷다 보면 야오밍을 향한 휴스턴 시민의 사랑과 열정을 느낄 수 있는데, 이는 곧 중국과 중국인에 대한 호의라고 할 수 있다. 휴스턴 도요타 센터의 흑인 보안요원에서부터 길에서 농구를 하는 청년들, 그리고 배달 아르바이트를 하는 백인 청소년에 이르기까지 거의 모든 시민이 중국어 한두 마디 정도는 기본적으로 할 줄 안다. 이곳에서는 중국어를 몇 마디 정도는 해야 진정한 로키츠와 야오밍의 팬으로 인정받는다.

　휴스턴 출신의 페리라는 고참 기자는 야오밍이 자기에게 지어준 별명 '광터우 라오터우(光頭老頭, '까까머리 노인'이라는 뜻-옮긴이)'를 이름인 줄 알고 중국인들에게 자랑삼아 소개하기도 했다. 도요타 센터의 흑인 보안요원은 건물에 들어서는 사람들에게 "니하오(你好, '안녕하세요'라는 뜻)"라는 인사말을 건네고, 떠날 때는 "셰셰(謝謝, '감사합니다'라는

야오 레스토랑. 야오밍의 인기가 올라가면서 이곳을 찾는 미국인도 점점 늘어나고 있다.

뜻-옮긴이)"라고 말한다. 미국에서 중국어 열풍이 가장 뜨거운 휴스턴은 하늘을 찌르는 야오밍의 인기 덕에 현지 중국인들이 전에 없는 대우를 받고 있다.

이미 중국 대륙을 넘어선 야오밍의 영향력은 홍콩, 마카오, 타이완까지 퍼져 현지 스포츠 채널들은 휴스턴 로키츠의 경기를 중계하지 않는 곳이 거의 없을 정도이다. 야오밍의 성공으로 중국 전체가 무한한 자긍심으로 들떴으며, 그의 영향력은 이제 중국의 범주를 벗어나 아시아 전체로 퍼져 일본, 한국, 동남아시아에 거주하는 화교는 물론 그 외 사람들도 그의 팬이 되고 있다. 야오밍은 지칠 줄 모르는 인기 덕에 수년 연속 올스타에 선발됐으며, 지금까지 전 세계에 퍼져 있는 그의 팬은 15억 명 이상이 될 것으로 추측된다.

"마누라가 예쁘면 처갓집 말뚝에도 절을 한다"라는 말이 있다. 야오밍에 대한 사랑 때문에 외국인들은 중국을 우호적으로 여기게 되었다. 야오밍이 휴스턴에 론칭한 '야오 레스토랑'의 주주 중 한 명인 위디(喻弟) 씨는 최근 야오밍의 영향력이 미국 전역뿐만 아니라 전 세계로 퍼져나가면서 농구를 전혀 모르던 사람까지도 팬으로 바꿔놨다면서 "야오밍은 미국 주류 사회에 들어온 최초의 중국인이에요. 그 영향력은 절대적이죠. 그는 중국인에 대한 미국인의 인식과 태도를 바꾸고 거리를 좁혔습니다"라고 전했다.

진정한 우상이자 영웅

NBA 올스타 대열에 들어선 것은 농구 선수인 야오밍에게는 무한한 영예지만 그가 얻은 영광의 범주는 이미 '농구'라는 영역을 벗어나 더 크게 확대되었다. 2002년 말, 야오밍은 CCTV 선정 '중국 10대 감동의 인물'에 이름을 올렸다. 심사위원 측은 "야오밍은 그가 가진 스포츠 기량으로 세계 최고의 무대에서 중국을 대표해 많은 사람의 꿈을 이뤄줬고, 더 나아가 중국인의 무한한 자랑이 됐다"라고 선정 요인을 밝혔다. 이처럼 야오밍은 탁월한 인품 및 현실에 대한 충실함과 미래에 대한 자신감으로 중국 체육계와 NBA에 역사적인 인물로 남게 되었다.

   2003년 2월 26일, 야오밍이 처음 워싱턴 원정 경기를 떠났을 때 마침 주미 중국 대사관의 파티에 초청을 받았다. 야오밍이 도착하자 대사관 관계자 200여 명이 모인 연회장은 금세 열광의 도가니로 바뀌었다. 한 미국 의원 부부는 야오밍을 만나려고 일부러 시간을 내서 연회장을 찾아 쌍둥이 아들을 각자의 팔에 안고 야오밍에게 사진 촬영을 부탁하기도 했다. 초창기 야오밍의 가치는 주로 프로 선수와 광고 활동 등 물질적이고 상업적인 것으로만 연결됐지만 시간이 지날수록 사람들은 'YAO'의 가치가 비단 여기에만 국한되지 않는다는 사실을 알게 되었다.

주간지 《타임》은 2004년부터 매년 '세계에서 가장 영향력 있는 100인'을 선정해왔다. 리스트는 지도자, 예술가와 연예인, 기업인, 과학자와 사상가, 영웅과 우상의 5개 부문을 아우르며 분야마다 20명씩 선정했다. 2004년 '세계에서 가장 영향력 있는 지도자 20인'에는 미국 부시 대통령과 중국 후진타오 주석이 최상위에 랭크됐고 유엔의 전 사무총장 코피 아난(Kofi Annan), 러시아 푸틴 대통령 등도 이름을 올렸다. 기업가 리스트에는 세계 최대의 유통업체 월마트의 CEO 리 스콧(Lee Scott), HP의 CEO 칼리 피오리나(Carly Fiorina), 델의 CEO 마이클 델(Michael Dell), 검색엔진 구글의 창업주 세르게이 브린(Sergey Brin)·래리 페이지(Lawrence Page), 애플 컴퓨터의 CEO 스티브 잡스(Steve Jobs) 등이 높은 순위를 점했다. 그리고 '세계에서 가장 영향력 있는 영웅 20인' 리스트에는 NBA 휴스턴 로키츠의 중국 농구 선수 야오밍이 올랐는데, 그는 미국 캘리포니아 주지사이자 전 세계인에게 친숙한 영화배우인 아놀드 슈왈제너거도 저만치 따돌렸다. 여기서 우리는 야오밍의 영향력이 프로농구 선수로서 NBA에 국한되거나 중국 선수로서 중국이라는 나라에만 제한되지 않는다는 사실을 알 수 있다.

2006년 미국 매체 《스포츠 뉴스》가 뽑은 '가장 영향력 있는 프로 선수 100인'에서 야오밍은 45위를 차지했는데, 리스트에 랭크된 NBA 농구 선수들 가운데서는 1위였다. 심사위원은 "중국에서 건너온 야오밍은 뛰어난 스포츠 기량과 탁월한 인품을 가지고 자신의 분야에서 성공했습니다. 이를 기반으로 많은 사람에게 영향을 주고 있죠. 무엇보다도 항상 성장하기 위해 노력하는 성실함이 사람들의 귀감이 됩니다"라고 선정 이유를 밝혔다.

중국 'YAO'가 세계에 미치는 영향력

사람들은 스포츠 분야 이외에 야오밍이 지닌 경제적 가치에도 주목했다. 《포브스》가 선정한 2007년 스포츠 선수 연봉 순위에서 야오밍은 2,630만 달러로 17위를 차지했다. 비록 상위 15위권에 들지는 못했지만, 스포츠계의 금광이라 불리는 NBA와 중국이라는 거대 시장을 등에 업은 야오밍에게 성장 공간은 아직도 많이 남아 있다. 2005년, 야오밍은 휴스턴 로키츠와 재계약하면서 향후 5년간 총 7,500만 달러의 연봉을 받기로 했다. 당시 연봉을 살펴보면, 2006-2007년 시즌 야오밍의 연봉 1,250만 달러는 NBA 선수 중에서 28위 수준이다. 계약은 2010년, 야오밍이 30세 되는 해에 만료되었다. 미국의 한 기자는 야오밍이 40세 될 때까지 NBA 선수로 남는다면 수입이 총 3억 달러를 넘어설 것으로 전망하기도 했다. 그 외에도 야오밍은 지금까지 총 13건의 광고 촬영을 통해 만만치 않은 광고 수입을 올렸다. 그리고 야오밍은 이미지 관리를 철저히 하기로도 유명하다. 야오밍이 세계적인 일본 자동차에서 제안한 1억 6,000만 위안 규모의 광고 제의를 거절한 적이 있다. 중국인들은 그의 결정에 큰 박수를 보냈고, 펑샤오강 감독도 그를 가리켜 '민족의 영웅'이라고 치켜세우는 등 찬사가 끊이지 않았다.

《포브스》 중문판이 발표한 '2008년 중국 유명인사 리스트'에서 야오밍은 연간 3억 8,780만 위안의 수입을 기록해 수년 연속 1위를 수성했다. 또한 야오밍은 2009년에 자신이 100% 지분을 소유한 상하이 타이

거샤크 투자회사를 통해 상하이 둥팡(東方) 구단을 인수하기로 결정했다. 둥팡 구단은 자신이 미국으로 건너가기 전 몸담았던 소속팀으로 다음 시즌 출전이 불투명할 정도로 재정난에 빠져 있었는데, 야오밍이 친정팀을 위기에서 건져낸 셈이다.

야오밍이 좋은 이미지를 구축할 수 있었던 것은 그가 자선 공익사업에 헌신했기 때문이다. 2007년 9월 14일, 야오밍과 스티브 내쉬(피닉스 선즈 소속 선수-옮긴이)가 중국 어린이를 돕기 위해 공동으로 기획한 자선 경기가 베이징 서우강(首鋼) 체육관에서 열렸다. NBA 올스타팀과 중국 남자 농구 대표팀 간에 열린 이 경기는 중국팀이 101:92로 NBA 올스타팀을 이기면서 막을 내렸는데, 야오밍은 경기를 통해 얻은 수천만 위안의 수익을 자선사업에 기부하겠다고 밝혔다.

2008년 5월 14일, 야오밍은 지진 피해를 입은 원촨(汶川) 지역에 50만 위안을 지원하고, 중국 적십자회에 21만 4,000달러를 기부하는 등 총 200만 위안을 쾌척했다. 2008년 6월 11일, 그는 원촨 대지진 피해 지역에 200만 달러를 추가로 기부하고 야오밍 자선재단을 설립해 해당 지역 교육기관 재건에 동참하겠다고 밝혔다. 야오밍의 총기부금은 1,600만 위안에 이르러 스포츠 선수로는 최고액을 기부했다. 그 외에도 자비로 공익광고를 제작해 전 세계가 원촨 대지진 원조에 동참해줄 것을 호소했으며, 중국 귀국 후 원촨의 재해 난민을 찾아가 안부를 전하기도 했다.

2008년 9월 4일 오후 2시 30분, '중국 골수은행 사랑의 기부 행사'가 런민 대학에서 개최됐다. 이때 야오밍은 중국 국가대표팀 선수들과 함께 중국 골수은행의 공익 홍보 활동에 참여하면서, 조혈모세포 기증에 대한 사회의 동참을 호소하고 백혈병 환자 치료비 모금 활동을 펼쳤다.

야오밍은 또 유엔의 환경보호 대사로 임명되어 줄곧 환경 보호를 위해서도 노력을 기울였다. 야오밍의 열정에 감동한 유엔 환경계획처는 2008년 9월 1일, 그에게 환경대상을 수여했다.

브루스 리나 청룽이 가상의 스크린을 통해 중국인의 이미지를 구축해 나갔다면, 야오밍은 생생하고 실질적인 NBA 스타 이미지로 전 세계의 이목을 집중시켰다. 작은 거인 야오밍은 청룽이 연기한 영웅 캐릭터와 비슷하지만 거기에서 신화적인 색채를 제외시켰다. 경기에서는 이길 때도 질 때도 있지만 야오밍은 시종일관 여유 있는 자신감과 튀지 않는 유머 감각, 대인배다운 감정 컨트롤 능력으로 변함없는 인기를 과시하고 있다. 그는 이를 통해 중국인의 이미지를 쇄신하는 대사 역할을 하면서 세계에서 가장 영향력 있는 중국인으로 손꼽혔다. 그리고 그는 영어식 이름으로 '밍야오'가 되기보다는 '야오밍'으로 남기를 고집했다. 야오밍의 자서전 『두 세상의 야오(Yao a life in two Worlds)』의 편집에 참여했던 미국인 릭 부처(Rick Butcher)는 이렇게 말했다.

"야오밍의 평평한 아래턱과 두상, 거대한 체구를 통해 코트에 펼쳐지는 화려한 농구 기술, 그의 말 한 마디, 세계적인 인기, 이러한 것들이 중국과 중국인에 대한 전 세계인의 인식을 완전히 바꿔놓았습니다. 마치 그와 관련된 모든 것이 '이제부터는 중국에 대한 모든 선입견을 버리십시오'라고 외치는 것 같습니다."

야오밍은 자비 2,000만 위안을 출자해서 자신이 중국에서 뛸 때 몸담았던 둥팡 구단을 인수했다. 이로써 그는 지금의 야오밍을 있게 한 친정팀을 재정난에서 구했다. 야오밍은 이 인수를 전 소속팀에 대한 보답이라고 말하며, 전 소속팀을 최고의 팀으로 이끌겠다는 포부를 밝혔다. 그에게는 돈을 버는 것만이 인생의 전부가 아니었다.

하지만 이러한 야오밍의 노력에도 중국 스포츠계는 여전히 자력갱생의 힘이 달리는 실정이다. 이런 상황에서 중국은 2008년 올림픽이라는 세계인의 축제를 무사히 치렀다. 중국이 스포츠 산업의 자립을 위해서 설정해야 할 다음 목표는 무엇일까? 누가 뭐라 해도 그 목표는 '스포츠 산업의 시장화'일 것이다.

05 올림픽, 엑스포 건축물 :
도시 문명과 세계 유산

최근 들어 중국의 건축 디자인은 유례없는 주목을 받고 있다. 2006년 《비즈니스 위크》지는 '중국 10대 건축물'을 선정하면서 이렇게 밝혔다.

"최근 중국은 건축 호황기를 맞고 있습니다. 건설공사에 필요한 철강 수요가 중국을 뺀 전 세계 공급량을 초과할 정도죠. 또한 중국은 세계에서 가장 창의적 건축 무대로 성장하는 중입니다."

그 후 미국의 《타임》지도 '2007년 세계 10대 건축 기적'을 선정하면서 베이징의 건축물 세 개를 리스트에 포함시켰다. 그것은 각각 '베이징 올림픽 주경기장(냐오차오)', 'CCTV 본사 빌딩', '베이징 당다이완궈청(當代萬國城)'이다. 중국의 새로운 건축물이 부상하는 것에 대해 어떤 사람은 긍지를 느끼는 반면 한편에서는 우려의 목소리가 나오기도 했다.

자긍심의 이유는 바로 세계적인 건축물들이 중국 곳곳에 들어서기 시작했다는 점이다. 이는 날로 비상하는 중국의 위상과 큰 바다처럼 작은 강줄기를 하나로 모으는 중국의 대범한 기상을 보여주는 현상이다. 우려의 시각은, 외국의 신건축 풍조가 전통이 살아 숨 쉬는 중국 땅 위

1851년 런던 만국박람회가 열린
수정궁의 모습

에 들어서는 것을 무조건 방치해야만 하느냐는 것이다. 중국은 해외 건축 디자이너들의 실험무대가 아니라는 말이다. 어찌 됐든 2008년 베이징 올림픽, 2010년 상하이 엑스포로 이어지는 세계적인 축제를 통해 중국 곳곳에는 세계인의 이목을 집중시키는 새로운 건축물들이 들어서게 되었다.

1851년 엑스포의 효시인 런던 만국박람회는 수정궁(Crystal Palace)이라는 아름다운 건축물을 세계에 선사했는데, 1936년 화재로 소실되기 전까지 85년간이나 영국 왕실의 별궁으로 유지됐다. 1889년 프랑스 파리 마르스(Mars) 광장에 세워진 에펠탑은 세계박람회를 위해 준비한 금속 구축물로, 뉴욕의 엠파이어스테이트 빌딩이 출현하기 전까지 세계에서 가장 높은 구조물이라는 기록을 45년간이나 유지했다.

건축물은 시대를 대표하는 상징이자 후손에게 당대의 기억을 떠올리게 하는 유산이다. 고대 중국도 세계를 놀라게 할 만한 건축 역사를 가지고 있지만 안타깝게도 전쟁 때문에 많은 부분이 소실되거나 훼손됐다. 만리장성(萬里長城)도 열강의 침입을 견디지 못하고 제국주의의 포탄에 무너지고 말았다. 규모와 위엄을 자랑하는 쯔진청 역시 황실의 존

엄을 보호하지 못했던 뼈아픈 역사의 상징이 되었다. 청나라 황실이 150여 년이란 시간을 들여 건설하고 운영해온 별궁인 위안밍위안(圓明園)도 1860년 외세의 약탈에 의해 불타 없어졌다. 오늘날 중국인들은 기적적으로 살아남은 허리 잘린 옛 성벽을 통해 당대의 영광을 상상해볼 뿐이다.

신중국이 수립되자 중국의 건축가들은 고대 건축의 노하우를 계승해 신중국 건축의 혈통을 이어갔으며, 이러한 전통은 서양의 현대적인 건축 이론 및 기술과 융화되어 중국 신건축의 특색을 만들어냈다.

복고주의의 가치 탐색

건축은 특정 지역의 문화를 이해하는 데 중대한 통로가 된다. 신중국 수립 후 중국은 고유의 가치를 끊임없이 탐색하는 과정을 겪으면서 건축의 설계 풍조도 시기별로 네 가지 단계로 구분된다. 첫 번째 단계는 1950년대 이전으로 복고주의 창작이 주류를 이뤘다는 특징을 가진다. 두 번째 단계는 1950~1960년대 중반으로, 복고주의에 대한 저항의 의미로 간략하고 검소한 건축 풍토가 유행했다. 세 번째 단계는 1960년대 중반에서 1970년대를 아우르는 시기로 문화대혁명 사조가 건축 예술에까지 영향을 미쳐 건축을 '정치화'의 길로 내몰았다. 네 번째 단계는 1980년대에서 지금에 이르는 시기이다. 새 시대를 맞이한 중국의 발전 노선을 따라 건축 예술 역시 건전하고 발전적인 모습으로 성장하여 '다원화 건축 시대'라고도 불린다.

1950년대 복고주의는 과거의 전통 전통적이고 민족적인 건축양식을 신건축 사조에 불어넣었다. 이러한 사조의 영향을 받은 건축물에는 베이징 시이(西頤) 호텔과 충칭 인민대회당, 창춘의 디즈궁(地質宮)[주43], 베이징 싼리허(三里河)의 쓰부이후이(四部一會) 오피스빌딩 등이 있다. 이 건물들은 대부분 웅대한 궁전을 연상시키는 큰 지붕과 유리로 된 채색 기와로 이뤄졌으며, 처마 밑은 철근 콘크리트를 부어 만든 박공(중국·한국·일본 등의 전통 목조 건축물에서 사용하는 특유한 지붕받침-옮긴이)으로 돼있다. 모든 콘크리트 들보와 기둥은 목조 구조물을 모방했으며 그 위에는 채색화가 가득 그려져 있고 창문과 문도 옛 목조 양식을 그대로 가져왔다.

복고주의 건축은 공사비가 매우 많이 들었는데 그때 중국은 신중국 수립 후 얼마 되지 않았던 터라 경제 상황이 좋지 않았다. 이에 복고주의 건축 풍격이 수정되면서 저항의 의미로 간소하고 검소함을 강조하는 건축양식이 등장하기 시작했다. 간소화의 핵심은 절약이다. 건축가들은 한순간에 모든 것을 절약해야 했기 때문에 건축 예술이나 건축 문화의 아름다움을 포기할 수밖에 없었다.

그러나 그 무렵 중국은 건국 10주년을 맞아 베이징을 중심으로 예술적 가치가 높은 건축물이 출현하기 시작했다. 그 대표적인 작품이 바로 '인민대회당', '역사박물관', '민족문화궁', '베이징 기차역', '농업전시관', '중국미술관', '톈안먼 광장의 인민영웅기념비' 등이다.

뒤이은 문화대혁명 기간에는 건축도 다른 분야와 마찬가지로 창작 열기가 수그러들면서 쇠퇴의 길로 들어섰다.

건축계의 번영과 세계와의 접목

개혁개방 이후 출현한 수많은 건축 작품은 중국의 건축 예술이 서서히 발전 궤도에 진입하고 있음을 증명했다. 이들은 전통에서 얻은 자양분 위에 당대의 분위기를 반영한 현대적 감각의 작품세계를 개척하고자 했고, 외국의 사조로부터 얻은 영감을 중국의 기풍을 갖춘 작품으로 승화시켰다. 이 시기 건축가들의 창작은 모두 자신의 뿌리에서 출발했지만 한 가지 방식에만 얽매이지 않고 동서고금의 탁월한 기량을 자기 것으로 소화했다. 이런 노력으로 탄생한 작품들을 '유파'라는 개념으로 나누어 정리하면 대략 다음과 같다.

우창(武昌) 신황허(新黃鶴) 빌딩, 베이징 류리창(琉璃廠) 거리로 대표되는 고풍주의, 난징(南京) 위화타이(雨花臺) 기념관, 산시(山西) 역사박물관을 대표로 하는 신고전주의, 푸젠(福建) 우이(武夷) 호텔, 간쑤 둔황(敦煌) 공항청사를 대표로 하는 신향토주의, 우루무치(烏魯木齊)의 신장(新疆) 영빈관, 신장 인민대회당, 티베트 라싸(拉薩) 호텔과 윈난 시솽반나 체육관으로 대표되는 신민족주의가 그것이다. 그 외에도 대륙 현대주의 대표작에는 베이징 국제전람센터, 광저우 바이톈어(白天鵝) 호텔, 항저우 문화센터 등이 있다.

중국이 WTO에 가입하고 올림픽과 엑스포를 유치하는 데 성공하면서 중국 건축계도 국제화의 길을 걷기 시작했다. 이 점은 건축 프로젝트의 경쟁입찰 과정에서도 잘 드러난다. 건축 프로젝트를 발주할 때 해외 유명 건축사무소가 속속 낙찰된 것이다. 이들은 베이징 올림픽을 위주로 한 건설 프로젝트의 주축이 되었다. 해외 건축업체의 참여로 중국

주43. 1932년 수립된 만주국(일본이 청나라의 마지막 황제 '푸이'를 내세워 둥베이(東北) 지역에 세운 국가)의 황궁. 만주국이 망한 뒤 지린(吉林)성 대학의 지질전시관으로 사용되고 있어서 이런 이름이 붙여짐.

땅 위에 세워진 건축물에는 새로운 건축양식이 대거 나타나기 시작했다. 낭만과 우아함을 내세운 프랑스, 기발하고 독특한 네덜란드, 심플하면서도 세련된 감각의 미국, 이들의 스타일에 장중하고 시원스러움을 자랑하는 중국의 풍격이 더해져서 상상을 초월하는 초현대식 건축물이 솟아올랐다. 이런 사조에서 탄생한 극장과 비즈니스센터 등은 일종의 랜드마크가 돼서 신선한 도시 풍경을 연출하며 사람들의 도시 생활을 변화시키고 있다.

'커뮨 바이 더 그레이트 월(The Commune by the Great Wall)'은 소호 차이나의 장신(張欣) CEO와 판스이(潘石屹) 이사장이 투자, 건설한 것으로 휴양지 겸 현대 건축박물관으로 활용되고 있다. 아시아 지역의 유명 건축가 12명이 설계한 이 걸작은 중국 최초로 베네치아 비엔날레에 출전해서 '건축예술 촉진대상'을 거머쥐었고, 목재와 판지로 제작된 전시 모형도 프랑스 파리의 퐁피두센터에 보관됐다. 이는 퐁피두센터가 최초로 중국으로부터 인도한 예술작품으로 센터에 영구적으로 소장된다.

그 외에도 국가대극원(國家大劇院)과 CCTV 본사빌딩이 이 시기 탄생했고, 사람들은 기적적인 이들 건축물에서 눈을 떼지 못했다. 중국 국가대극원은 베이징시 중심부 톈안먼 광장 서부, 인민대회당의 서쪽, 시창안제(西長安街) 이남에 있다. 국가대극원의 중심 건축물과 남북 양쪽 호수 밑을 관통하는 수중 터널, 지하 주차장, 인공 호수, 녹지대가 총면적 11.89만 평방미터 부지 위에 세워져 건평만 16.5만 평방미터를 자랑한다. 이를 조성하는 데만 31억 위안이 들었다. 국가대극원 공사는 프랑스 건축사 폴 앙드뢰(Paul Andreu)가 총설계를 맡아 2001년 12월 13일에 착공하여 2007년 9월에 완공되었다.

국가대극원은 웅대한 타원체 원형을 자랑한다. 이 작품을 설계한 앙드뢰는 '생명을 담은 씨앗을 떠오르게 하는 거대한 반구형 건물'이라고 묘사했다.

대극원은 참신함과 첨단의 미, 독특한 구상이 돋보이며 전통과 현대, 낭만과 현실이 조화를 이룬 작품이다. 국가대극원의 웅대한 타원체 외형은 어느 각도에서 보면 창안제(長安街)에 안착한 유에프오 형상을 떠올리게 하는데, 이처럼 주변 환경과 다른 이질적인 모습 때문에 건물은 더욱 눈에 두드러진다.

사실 국가대극원은 설계 계획이 발표된 날부터 끊임없는 논쟁을 불러일으켰다. 앙드뢰가 "이 건물에는 중국의 전통 요소를 배제했어요. 사람들이 극장에 들어설 때 마치 신세계의 땅을 밟는 것처럼 느끼게 하고 싶습니다"라고 발표했기 때문이다. 하지만 공사를 마친 국가대극원이 2007년 그 모습을 세상에 드러내자 설계를 둘러싼 논쟁은 온데간데없이 사라지고, 사람들은 대극장이 수면에서 뿜어내는 환상적인 아름다움에 빠져들기 시작했다. 국가대극원은 두 가지 세계기록을 세워 중국인들에게 자긍심을 심어줬다. 그것은 바로 세계 최대의 돔형 지붕 설계라는 점, 그리고 세계에서 가장 깊은(건물 전체가 인공 호수에 반쯤 잠긴 형태임-옮긴이) 건축물이라는 점이다. 앙드뢰는 자신의 작품을 '생명을 담은 씨앗을 떠오르게 하는 거대한 반구형 건물'이라고 묘사한다.

"국가대극원을 통해 표현하고자 한 것은 내재된 생명력이에요. 외부의 고요함으로 내부의 생기를 덮고 있죠. 쉽게 표현하자면 이 건축물은 생명력을 잉태한 달걀의 껍데기 같은 겁니다. '껍데기, 생명, 개방', 이는 제 디자인의 영혼이라고 할 수 있죠."

2006년 《비즈니스 위크》는 '중국 10대 신건축물'을 선정했는데, 여기에는 커뮨 바이 더 그레이트 월을 비롯해 상하이 국제금융센터 빌딩, 국가대극원, 상하이 충밍(崇明)섬 둥탄(東灘) 신도시의 에코시티 등이 포함되어 있다. 잡지는 선정 사유에 대해 "갈수록 중국은 가장 창의적인 건축 설계 역량을 갖춘 무대로 성장하고 있습니다"라고 덧붙였다.

2007년에는 '냐오차오', CCTV 본사 빌딩, 베이징 당다이완궈청이 《타임》지가 선정한 '세계 10대 건축 기적' 리스트에 랭크됐다. '냐오차오'는 CCTV 본사 빌딩, 서우두(首都) 공항 제3청사와 함께 영국 《타임스》지가 선정한 '세계 10대 웅장한 건축물'에 선정되기도 했다. 이는 공사 규모나 건설 속도가 세계인의 혀를 내두르게 할 만큼 최고 수준을 자랑했기 때문이다. 베이징 서우두 공항 제3청사 증설 프로젝트는 2004년 3월 28일 첫 삽을 뜬 이후, 총 250억 위안이 투자되고 건평 규모가 98.6만 평방미터인 초대형 공사이다. 이는 축구장 170개를 모아놓은 것만큼 큰 규모지만 공사 기간은 고작 3년 9개월로, 비슷한 규모인 영국 히드로(Heathrow) 공항의 공사 기간이 20년이었다는 것을 볼 때 경이로운 속도가 아닐 수 없다.

2008년 4월, 세계적인 여행 잡지 《콘데 나스트 트래블러(Conde Nast Traveler)》가 '세계 7대 기적의 신건축'을 발표했다. 중국 친황다오(秦皇島)의 친환경 구조물인 '훙퍄오다이(紅飄帶, '휘날리는 붉은 리본'이라는 뜻-옮긴이)'도 이 리스트에 랭크됐다. 붉은 강화유리를 소재로 해서 흔들리는 리본을 형상화한 '훙퍄오다이'는 중국 친황다오시 탕허(湯河)를 따라 이어지는 드넓은 공원 녹지를 길게 가르고 있다. 개발되지 않은 탕허 주변의 녹지와 훙퍄오다이라는 조형물이 어우러져 만들어내는 하모니는 탕허 강기슭을 아름다운 도시 휴양지로 바꾸어놓았다.

2010년 상하이 엑스포의 주제는 '아름다운 도시, 행복한 생활'이다. 머지않은 미래에 중국을 대표할 건축 코드는 웅장함과 기념비적인 의미가 다분한 랜드마크성 건축물에 한정되지는 않을 것이다. 인류의 지혜와 온정이 어우러진 문화 장소가 세계를 향해 중국 곳곳에 모습을 드러낼 것이다.

올림픽 건축

WTO 가입 후, 2008년 베이징 올림픽 건축물들이 가장 위대한 건축 성과를 거뒀다는 점에는 논란의 여지가 없다. '냐오차오', '수이리팡(水立方)' 등의 올림픽 경기장이 발산하는 매력은 세계인의 시선을 베이징으로 집중시키기에 충분했다. 또한 올림픽 건축에서는 신에너지 기술을 폭넓게 적용해서 베이징 올림픽을 친환경 올림픽으로 격상시켰다. 하지만 그 무렵 대부분의 대형 프로젝트 공사를 해외 설계업체가 맡은 탓에 언론에서는 중국 땅이 해외 건축 디자이너의 실험장이 됐다는 쓴 소리가 나오기

베이징 올림픽 주경기장인 '냐오차오'의 모습. 냐오차오는 마치 생명을 담고 있는 요람처럼 인류가 품은 미래의 희망을 상징한다.

도 했다. 그렇지만 '베이징 2008 프로젝트' 총지휘부의 딩젠밍(丁建明) 부총설계사는 "베이징 올림픽 경기장 건설이 실험 무대가 됐다는 비판은 옳지 않습니다"라고 하면서 "올림픽 건설의 세부적인 과정을 살펴보면 해외의 설계사가 중요한 위치에 있는 경우는 얼마 되지 않습니다"라고 덧붙였다.

'냐오차오'의 중국측 총설계사 리싱강(李興鋼)은 "냐오차오를 잘 살펴보면 그 윤곽에서 선의 단순함이 느껴지지요. 이는 중국 전통의 도자기와 비슷한 느낌입니다. 중국 문화를 이해하는 사람이라면 익숙한 친밀함을 느낄 겁니다"라고 말했다.

'냐오차오'는 2008년 베이징 올림픽의 메인 스타디움이다. 2001년, 건축계의 노벨상이라 불리는 프리츠커 상을 받은 스위스의 헤르조그 앤 드뫼론(Herzog & de Meuron)이 중국 건축사 리싱강 등과 함께 설계하고

수이리팡의 설계는 독특함과 창의성 외에 구조적, 시공적인 측면에서도 가히 건축계의 기적이라고 불릴 만하다. 외벽은 세포 배열 방식과 비누거품의 천연 구조를 이용한 투명 플라스틱막으로 디자인되어 경기장 내 자연 채광이 가능하다.

중국인 아이웨이웨이(艾未未)가 디자인 자문을 맡았다. 냐오차오는 마치 생명을 담고 있는 요람처럼 인류가 품은 미래의 희망을 상징한다. 건축 전문가들은 2008년 올림픽에서 탄생한 독특한 건축물 '냐오차오'를 21세기를 맞은 중국과 전 세계 건축사에 상징적이고 역사적인 의의를 가져다 준 위대한 걸작이라고 입을 모으다.

'냐오차오' 외에 다른 경기장들도 모두 중국의 놀라운 창의성을 함축하고 있다. 베이징 올림픽 공원에 세워진 수영 경기장 '수이리팡'은 2008년 베이징 올림픽을 상징하는 또 하나의 대표 건축물이다. '수이리팡'도 중국과 해외 설계자가 공동으로 설계했지만 그 이름에서 느껴지는 심오함과 창의성은 중국 설계사의 아이디어이다. '수이리팡'이라는 이름은 '하늘은 둥글고 땅은 네모지다(天圓地方)'는 중국의 전통적 우주관에 따라 지어진 것이다. 둥근 하늘과 네모난 땅 사이에 사람이 있어 천지인(天地人)이 완성된다는 의미이다. 이에 따라 '냐오차오'의 원형 구조, '수이리팡'의 방형 구조는 베이징 올림픽 공원을 반으로 가르는 주축선을 기준으로 각각 양측에 배치되어 있다.

수이리팡의 설계는 이름에서 느껴지는 독특함과 창의성 외에도 구조적, 시공적인 측면에서도 가히 건축계의 기적이라고 불릴 만한 탁월함을 지녔다. 수이리팡의 외벽은 세포 배열 방식과 비누거품의 천연 구조를 이용한 투명 플라스틱막으로 디자인되어 경기장 내 자연 채광을 가능하게 했다. 이는 건축사에서 유례없이 기발한 아이디어로 칭찬받고 있다. 설계사들은 삼차원 좌표를 이용해 3만여 개의 강철 보를 얽어 수많은 입방체를 만들었고, 이는 서로 연결되어 외벽과 천장을 이루었다. 각각의 입방체는 삼차원 컴퓨터 설계 시스템으로 디자인돼서 하나도 같은 형태가 없다. 이러한 거품 구조는 건물에 구조적인 내구성과 안정감을 더해줬을 뿐만 아니라 미적인 효과를 더해서 세계인의 찬사를 받았다.

수이리팡을 비롯한 대부분의 올림픽 경기장 건물은 설계 과정에서 중국적인 요소를 반영했다. 국가체육관은 마치 활짝 펼쳐진 중국의 전통 부채를 연상시키고, 베이징 대학 체육관은 지붕에 탁구공처럼 작은 공을 형상화한 돔이 있고 그 주위를 회오리바람이 물결치는 모양이다.

국가회의센터의 펜싱 경기장 디자인은 중국 전통 아치형 다리에서 영감을 얻었다. 테니스 센터의 주경기장은 만개한 연꽃과 같은 형상이며, 베이징 사격 경기장의 클레이 사격장 안에는 12개의 만리장성 봉화대 모양을 한 과녁이 세워져 있다. 이러한 건축 조형들은 중국 창의성의 결정체로 올림픽 경기장의 전통적 기풍과 과학적 실용성이 동시에 드러났다.

베이징 올림픽은 이미 막을 내렸다. 하지만 세계 10대 건축 기적 중의 하나인 냐오차오는 쯔진청과 함께 베이징을 방문하는 여행객들이 반드시 들러야 하는 필수 관광코스가 됐다. 전통과 새로움이 연결된 독특하고 아름다운 결합체를 이룬 중국 건축은 '전통의 계승'과 '현대적 도구의 응용'이라는 두 가지 상징적인 코드를 현실화하고 있다.

엑스포축은 상하이 엑스포의 메인 입구이자 주축선이다. 지하 2층, 지상 2층으로 구성된 반개방식 건축물이다.

엑스포 건축

2010년 중국 상하이 엑스포의 '아름다운 도시, 행복한 생활'이라는 주제는 다음의 다섯 가지 세부 주제로 나뉜다. 이는 각각 '도시와 경제발전', '도시와 지속가능 발전', '도시·농촌 상호관계', '도시와 하이테크 발전', '도시와 다원문화 발전'이다. 인류가 금세기 들어 품은 꿈은 '살기에 적합한 환경을 만들고 수준 높은 생활을 누리는 것'인데, 이번 엑스포의 주제도 인간을 근본으로 하는 정신세계 실현과 인류의 도시문화 발전에 대한 희망과 갈구를 반영하고 있다. 엑스포 공원을 가득 메운 신선하고 기술 수준 높은 건축물들은 단순히 도시의 미를 살리는 데만 그치는 것이 아니라 인류의 미래를 견인한다는 의미를 품은 상징물들이다.

'엑스포축'은 2010년 상하이 엑스포의 메인 입구에서부터 길게 늘어선 건축물이다. 지하 2층, 지상 2층으로 구성된 반(半)개방식 엑스포축은 여러 전시관과 지하철을 연결하는 입체 보행 통로가 되기도 하는데, 여기

엑스포 공연센터는 현대적인 감각의 문화오락 콤플렉스로 나비가 날개를 펴고 날아가는 모양이지만 보는 각도와 시간대에 따라서 전혀 다른 모습이 연출된다.

에는 음식점을 비롯한 각종 상점과 시설물들이 들어서 엑스포 관람객들의 이동과 편의를 돕는 콤플렉스 역할을 한다.

상하이 엑스포 공원의 '대동맥'인 엑스포축은 폭 100미터, 길이 1,000미터에 달하는 큰 길에 총 6개의 뒤집어진 원뿔형 철골 구조가 설치되어 있다. 이 철골 구조물은 양광구(陽光谷, '태양의 계곡'이라는 뜻-옮긴이)라고 불리며, 엑스포축 지하의 채광과 태양에너지를 활용하기 위해 설치된 구조물이다. 6개의 양광구는 크기와 디자인이 모두 다르다. 하늘을 향해 손을 벌린 형상의 개방형 지붕은 축구장만 한 크기며 높이는 40여 미터, 즉 10층짜리 빌딩 정도의 위용을 자랑한다. 지하에서부터 초연하게 피어오르는 투명하고 윤기 있는 형상이 한 송이 유리 나팔꽃을 연상케 하며, 각 양광구의 내부에는 불, 나무, 대지, 물, 금속, 대기(大氣)를 주제로 자연과 기술이 한데 어우러져 조화를 이루고 있다.

엑스포 공연센터는 엑스포 공원의 동남단과 엑스포축의 동쪽에 있는 현대적인 감각의 문화오락 콤플렉스로, 실내 공연장은 상황에 맞게 무대 및 관중석의 크기, 형태가 360도, 3차원 구성이 가능하도록 설계됐다. 공연센터는 창의적이고 혁신적인 건축기술을 통해서 에너지 절약과 환경 보호에 역점을 두었다. 건축 설계 면에서 공연센터는 태양에너지 활

주티관은 '아름다운 도시, 행복한 생활'이라는 주제로 지구, 도시, 인간의 유기적 시스템 간의 연관성과 상호작용을 표현하고자 노력했다.

용, 강의 수원(水源) 냉각, 쓰레기 회수, 빗물 회수 및 활용, 원격제어 녹지 관개와 관련된 첨단 시스템을 갖춰 환경 보호와 에너지 절약을 가능하게 했다. 공연센터는 나비가 날개를 펴고 날아가는 모양이지만 보는 각도와 시간대에 따라서 전혀 다른 모습이 연출된다.

주티관(主體館)은 '아름다운 도시, 행복한 생활'이라는 주제를 가지고 지구, 도시, 인간의 유기적 시스템 간의 연관성과 상호작용을 표현해 내는 데 집중했다. 상하이라는 도시가 내뿜는 아름다움과 정, 흡인력이 충만하게 반영된 '도시의 응접실'로 정의할 수 있다. 건축 설계 과정에서는 상하이에 대한 중국 본토 건축사들의 의견이 철저하게 반영됐다. 건축사들이 가장 자랑스러워하는 부분은 바로 주티관이 저탄소 환경보호 설계와 과학기술을 응용한 시스템을 갖췄다는 점이다.

지붕은 3만여 평방미터나 되는 단일 면적 최대의 태양에너지 패널을 갖추고 있다. 이렇게 조성된 태양에너지 발전소의 연간 발전량이 280만 kWh를 넘어서면 4,500만 명의 상하이 시민에게 일 년간 전기를 공급할 수 있다. 이러한 신에너지는 매년 이산화탄소 배출량 2,800톤, 석탄 1,000여 톤을 절약하는 효과가 있다. 과학적인 설계와 넘치는 인간미를 자랑하는 주티관은 건물을 받치고 있는 토지와도 완전하게 융합됐다. 그리

상하이 엑스포의 핵심 구역에 자리하고 있는 중국관은 중앙이 솟아올라 있고 아래로 한 층씩 내려갈수록 폭이 좁아지는데, 이는 중국적인 요소를 하나로 모은다는 의미이다.

고 더욱 내세울 만한 점은 주티관 건설과 관련된 참여측, 감독관리측, 자재 납품측이 모두 중국이었다는 점이다. 이로써 주티관은 엑스포 건축물 중에서도 진정한 '메이드 인 차이나'라고 할 만하다.

2010년 상하이 엑스포의 중국관은 핵심 구역에 자리 잡았다. 중국관은 국가관, 지역관, 홍콩·마카오·타이완관, 이렇게 세 부분으로 구성되어 있다. 국가관은 '동방의 핵심'을 주제로 지어졌다. 전시관 중앙이 솟아올라 있고 아래로 한 층씩 내려갈수록 폭이 좁혀지는데, 이는 중국적인 요소를 하나로 모은다는 의미이다. 지역관은 국가관을 중심으로 수평적인 형태로 배치되어 개방적이고 유연하며 친근하고 풍성한 도시를 보여주는 광장의 이미지를 나타낸다. 국가관과 지역관은 서로 대칭을 이루고 보완 작용을 해 '강성대국'의 주제를 표현해냈다. 엑스포가 막을 내린 후 중국관은 엑스포 박물관이 되어 지속적으로 운영될 것이다. 상하이 엑스포의 영구적 건축물은 각국의 과학기술과 문화를 전시하는 교류센터가 되어 엑스포의 영광을 사람들의 기억 속에 영원히 남길 것이다.

엑스포 건축은 역사의 기억 속에서 불후의 걸작으로 남을 것이다.

엑스포의 건축물들, 특히 각국과 각 지역의 전시관을 대부분 해당 나라와 도시의 유명 건축사들이 설계했기 때문이다. 건축 기술의 발전을 상징하는 엑스포 건축물들은 시대와 문화의 상징이 되어 건축 사조와 건축 기술을 견인하고 있다.

영구적으로 유지될 상하이 엑스포 중국 주티관은 중국 건축사의 주도 하에 설계됐으며, 상하이의 농도 짙은 지역적 특색이 녹아 있다. 이러한 세계적 축제는 중국 건축사들이 기량을 맘껏 펼치는 무한한 활동의 장이 되었다.

역자 후기

대학 시절 교수님께 이런 질문을 한 적이 있습니다. "중국이 패권국이 될 수 있을까요?" 교수님은 "좋은 질문이구나"라고 하셨고, 이내 우리는 여기에 관해 열띤 토론을 벌였던 기억이 납니다. 그렇습니다. 10년 전에는 이것이 중국학에 화두를 던지는 좋은 질문이 될 수 있었습니다. 그때만 해도 중국의 미래에는 약간의 미지수가 드리웠기 때문입니다.

그런데 요즘은 어떤가요? "중국이 패권국이 될 수 있을까요?"라는 질문에 여러분은 어떻게 답하시겠습니까? 이 책을 번역하면서 저에게는 줄곧 이런 생각이 떠나지 않았습니다. '그렇다, 중국은 이미 세계를 움직이고 있다!'

중국 런민은행 총재의 한 마디에 전 세계 경제계가 술렁이고 중국발 증시 소식에 세계 곳곳의 투자자들이 가슴을 쓸어내립니다. 요즘은 미국의 대통령 선거 못지않게 중국 지도층의 인선 소식에 귀를 기울이는 사람이 늘고 있습니다. 우리 역시 한순간도 '메이드 인 차이나'의 도움을 받지 않고는 생활할 수 없는 상황에 이르렀지요. 주변을 둘러싼 거의 모든 일상용품이 '메이드 인 차이나'이기 때문입니다. 이럴 때면 삶이 점차 '글로벌화'되는 것이 아니라 '중국화'되는 것 같다는 느낌마저 듭니다.

이 책을 번역하면서 제조업, 금융, 경제, 인터넷, 문화, 스포츠 등 전방위적으로 성장한 중국의 파워를 접할 때마다 부러움과 두려움, 미래에 대한 고민 등 다양한 감정이 교차했습니다. 부러움은 세계 무대에 성공적으로 데뷔한 중국이 가진 규모의 위력에 대한 것입니다. 두려움은 새롭게 형성된 중화(中華) 파워가 현대판 사대주의로 부활하는 것이 아닌가 하는 소심한 우려 때문입니다. 이러한 추세는 앞으로 더욱 가속화될 것입니다. 그래서 어느 나라보다 중국의 영향권에서 가까운 한국의 미래를 고민하게 되는 것은 비단 저만의 일이 아니겠죠. 국가적인 측면이 아니라도, 개인적으로도 새롭게 재편될 미래의 세계 질서에 어떻게 대비해야 할지 구상해보아야 하겠습니다.

이 책은 '중국이 과연 패권국이 될 수 있을까?'라는 질문을 넘어서서 '중국이 어떻게 세계를 움직이고 있는가?'라는 관점을 제시하고 이를 바탕으로 개인으로서, 그리고 한국인과 아시아, 세계인의 한 구성원으로서 어떻게 미래에 대처해야 할지 생각하게 하는 책입니다.

중국의 현상에 관한 객관적이고도 균형 잡힌 시각을 접할 수 있었던 것은 제게 큰 행운이었습니다. 독자 여러분도 이 책을 통해 올바른 중국관과 세계관을 정립하고 미래를 고민할 수 있는 계기가 되길 기원합니다.

지은이_
가오셴민(高先民)
1969년 산둥 칭다오 출생. 1993년 런민대학 신문방송대학원을 졸업하고 CCTV 경제부에 입사했다. 줄곧 〈경제 30분〉 프로그램에 종사하며 기자, 편집장을 거쳐 2002년부터 총 프로듀서를 맡고 있다. 재정, 금융, 증권 방면 보도에 주력한 저자는 중국 자본시장 건설 및 거시경제 발전에 관심을 가졌다. 중국 새천년 경축행사, '양회(兩會)', 상하이 APEC, 중국 경제 올해의 인물 선정 등 굵직한 보도를 기획했다. 저서로는 『상장회사의 비밀』, 『중국 경제 올해의 인물 선정』, 『워렌 버핏과 도덕경』 등이 있다.

장카이화(張凱華)
1989년 쓰촨대학 신문방송학과를 졸업하고 1993년 중앙 런민 라디오방송국에 입사했다. 2001년부터 〈경제 30분〉팀으로 자리를 옮겨 기자로 재직 중이다.

옮긴이_ **오수현**
숙명여대 중어중문과를 졸업하고 산둥 과기대학 한국어과 교사, (주)효성, 켈리어소시에잇 중국팀을 거쳐 현재는 번역에이전시 엔터스코리아에서 출판전문 번역가로 활동 중이다. 역서로는 『구글 성공의 7가지 법칙』, 『쉬즈 더 원』, 『위대한 탄생』 등 다수가 있다.